인천의 미래 가치를 선점하라

인천
부동산의
미래

스마트튜브(소장 김학렬) 지음

인천의 향후 역할에 주목하자

GS건설에 입사한 지도 30년이 넘었다. 당시는 LG그룹과 분리되기 전이니 LG건설 시절이었다. 인천 지역에서 첫 주택사업을 한 것이 1990년대 초반부터인데, 인천에 있는 모든 GS건설의 아파트들은 내가 입사한 이후에 지어진 단지들이다. 1993년 입주한 연수구 옥련동 소재의 럭키아파트와 동춘동 삼성럭키아파트가 생각난다. 하지만 그 이후로 꽤 오랫동안 인천과는 주택사업 인연은 없었다.

2002년 9월 자이라는 브랜드를 론칭하고 처음으로 인천 지역에 자이 브랜드를 사용한 단지는 2004년 입주한 원당LG자이였다. 그사이 LG그룹과 분리되었고 GS건설로서 본격적인 주택사업을 시작하면서 본격적으로 인천광역시에 자이라는 브랜드 아파트가 곳곳에 들어서게 된다.

4

부평구 GS부평자이, 남동구 간석래미안자이, 연수구 송도웰카운티1단지도 GS건설 작품이다. 중구 영종자이, 서구 검단자이, 현재 건설 중인 미추홀구 용현자이 크레스트, 계양구 힐스테이트자이 계양까지 포함하면 인천 8개 구 중에서 동구를 제외한 7개 구에 자이 브랜드의 아파트가 있는 셈이다. 이즈음 되면 인천광역시에서도 자이라는 아파트 브랜드의 위상이 매우 높다고 할 수 있다. 실제 시공사 경쟁에서도 유리한 위치를 갖게 되었으니 말이다.

● **GS건설의 인천광역시 내 아파트 실적**

지역	단지명	세대수	입주년월
연수구 옥련동	송도 럭키아파트	1,304세대	1993년 4월
연수구 동춘동	연수 삼성럭키아파트	1,080세대	1993년 8월
서구 원당동	원당 LG자이	938세대	2004년 6월
부평구 구산동	GS부평자이	719세대	2006년 9월
남동구 간석동	간석래미안자이	2,432세대	2008년 2월
연수구 송도동	송도 웰카운티 1단지	980세대	2008년 2월
남동구 서창동	서창자이	500세대	2008년 12월
중구 운남동	영종자이	1,022세대	2009년 11월
서구 왕길동	검단자이	831세대	2010년 12월
서구 연희동	청라 자이	884세대	2010년 6월
연수구 송도동	송도자이하버뷰	1,069세대	2011년 2월
남동구 구월동	구월아시아드선수촌센트럴자이	850세대	2015년 6월
서구 경서동	청라파크자이더테라스 1단지	270세대	2016년 3월
서구 경서동	청라파크자이더테라스 2단지	376세대	2016년 3월

중구 중산동	스카이시티자이	1034세대	2018년 7월
중구 운남동	영종 센트럴 푸르지오 자이	1,604세대	2019년 2월
연수구 동춘동	송도파크자이	1,023세대	2019년 5월
미추홀구 주안동	주안파크자이 더 플래티넘	2,054세대	2023년 2월 (예정)
미추홀구 용현동	용현자이 크레스트	2,277세대	2023년 11월 (예정)
서구 원당동	안단테 인천검단 AA13-1블럭	702세대	2023년 12월 (예정)
서구 원당동	안단테 인천검단 AA13-2블럭	964세대	2023년 12월 (예정)
계양구 작전동	힐스테이트 자이 계양	2,371세대	2024년 3월 (예정)
연수구 송도동	송도자이 크리스탈오션	1,524세대	2024년 6월 (예정)
연수구 송도동	송도자이 더 스타	1,533세대	2024년 12월 (예정)
부평구 산곡동	자이 더샵 트리니티 부평	1,451세대	미정
부평구 산곡동	산곡6구역 재개발	2,706세대	미정

하지만 이렇게 되기까지는 큰 노력이 있었다. 적지 않은 시행착오도 경험해야 했었다. 인천이라고 하는 주거 지역을 공략하기가 쉽지만은 않았다는 이야기다.

2021년에 스마트튜브 김학렬 소장을 만났다. 한국갤럽조사연구소 부동산조사본부 팀장 때부터 이미 유명한 부동산 전문가로 알고는 있었으나 함께 일할 기회는 없었다. 김학렬 소장이 갤럽을 퇴사하고 스마트튜브 부동산조사연구소를 창업하면서 함께

업무를 해볼 수 있는 기회가 왔다.

만날 때마다 그를 통해 접하는 부동산 혜안이 참 놀라웠다. 어떤 부동산 상품에 대해 질문하면 상품은 물론이고 그 상품이 있는 입지까지 총체적으로 분석해 설명해준다. 과거를 통해 현재 위상을 이해시켜주었고, 미래 가치까지 연계해주는데, 그의 진심 어린 제안에 늘 고개를 끄덕일 수밖에 없었다.

2022년 초 GS건설 유튜브 '자이TV' 콘텐츠 방향성 협의를 위해 식사를 함께했다. 그때 아주 두꺼운 올 컬러 스프링 제본 교재를 선물로 받았다. 첫 페이지에 '인천 부동산의 미래'라고 적혀 있었다. 페이지 숫자도 정확히 기억난다. 무려 380페이지. 현재 강의하고 있는 교재라며 인천 지역 분양 마케팅에 참고하라고 했다.

그 교재를 보고 깜짝 놀랐다. 인천 8개 구의 과거와 현재, 미래가 부동산이라는 주제에 맞춰 빈틈없이 정리되어 있었다. 인천이라는 지역을 이해하는 데 큰 도움이 되었다. 실제 인천 지역 분양 마케팅을 하는 데도 알차게 활용할 수 있을 듯했다. 그 강의가 책으로 출간된다는 소식을 접했다. 개인적으로 무척 기뻤다.

인천 자체 수요지로서, 서울 대체 수요지로서 인천의 향후 역할이 매우 크다는 이 책의 분석에 동감한다. 그래서 GS건설에서도 전략적으로 인천 사업을 꾸준히 추진하고 있다.

여러분도 이 책을 통해 인천의 부동산을 제대로 이해하고 활용하길 바란다. 김학렬 소장의 전망처럼 인천은 단순한 지역 부동산이 아닌 대한민국의 관문으로서, 수도권의 부동산의 완급 조절을 하는 역할로서, 많은 젊은 세대에게 양질의 가성비 높은 주택 상품을 공급하는 입지로서도 좋은 역할을 할 것이기 때문이다.

김학렬 소장과 친하게 지내는 사람들은 모두 덕을 본다. 그를 직접 만날 기회는 적을지 몰라도 그의 다양한 콘텐츠를 적극적으로 활용해보자. 그의 블로그, 유튜브를 반드시 구독하길 추천한다. 부동산 관련 정보나 인사이트가 생기는 것은 물론 인생 자체를 대하는 태도가 달라질 테니 말이다. 그의 콘텐츠를 계속 만날 수 있다는 것만으로도 여러분들은 복이 많은 존재다.

좋은 책을 출간해준 김학렬 소장에서 고맙다는 인사를 전한다. 부디 건강하게 오랫동안 이 시대 최고의 전문가로 계속 남아주길!

GS건설 마케팅 담당

정명기

인천은 서울과
같이 갈 수밖에 없습니다

2022년 1월 서울특별시 서초구 반포동 아크로리버파크 34평형 아파트가 46억 6천만 원에 거래되었습니다. 2022년 5월에는 반포자이 25평형 아파트가 28억 2천만 원에 거래되었습니다. 대형 평형도 아니고 초고가 하이엔드급 명품 주거상품이 아닌 일반 아파트로서 34평형과 25평형 가격으로는 대한민국 최고가였습니다.

4년 동안 하루도 거르지 않고 평일 아침 8시마다 '빠숑의 세상답사기' 유튜브에서 부동산 뉴스를 생방송으로 진행해오고 있습니다. 이런 신고가 경신 뉴스를 전할 때마다 조금은 씁쓸한 마음을 가질 수밖에 없습니다. "점점 더 멀어져간다~"라는 노래 가사가 연상되기도 하죠.

"에이, 거짓말! 빠숑 님은, 김학렬 소장님은 아파트 시세가 올라가는 거 좋아하시잖아요!"

절대 아니랍니다. 저는 시세가 올라가기만 하는 것을 좋아하지 않습니다. 진심으로 많은 분이 주택 때문에 고생하는 일이 없기를 바랍니다. 그래서 부동산 전문가로서 대중적인 활동을 하는 겁니다. 기득권 세력들의 음모(!)에 빠져서 내 집 마련조차 하지 못하는 사람들을 한 명이라도 더 구원하고자 매일 칼럼을 쓰고 매일 유튜브를 촬영하고 책도 출간하고 강의도 하는 겁니다. 그래서 아파트 가격이 물가 인상률보다 더 크게 상승하고, 수요는 많은데 공급이 적다는 소식을 전할 수밖에 없을 때마다 속상하기도 하고 좌절하기도 합니다.

전 정부의 잘못된 부동산 정책 때문에 내 집 마련이 더 어려워졌습니다. 수요는 더 큰 폭으로 증가했지만, 공급은 크게 줄었거든요. 그래서 시장의 기대와 거꾸로 가는 정책이 나올 때마다 스마트튜브 등 여러 콘텐츠를 통해 정책을 비판할 수밖에 없었습니다. 그렇게 되면 우리 젊은 후배들은, 내 자녀 세대들은 내 집 마련이 더 어려워질 수밖에 없다는 것을 이 분야를 20년 이상 연구해온 전문가로서 알려드리고 싶었던 겁니다.

하지만 제도권에서 "대한민국 부동산 투기 적폐 세력의 수괴"라는 엉뚱한 평가를 받고야 말았습니다. 2018년에는 〈PD 수첩〉

에서 사실의 본질과는 180% 다른 인물로, 악마의 편집을 통해 비자발적으로 등장해 이틀이나 네이버 실시간 검색어 순위 1위를 하게 됩니다.

그런 세상의 편협한 평가들 속에서도 제게 주어진 달란트를 활용하고 싶었습니다. 그래서 더 열심히 활동했습니다. 더 많은 칼럼을 썼고, 더 많은 책을 출간했고, 팟캐스트 방송도 더 열심히 했고, 유튜브라는 새로운 콘텐츠로도 활동하게 되었습니다.

그제야 세상은 '빠숑 김학렬'이라는 존재를 제대로 알아주기 시작했습니다. 이제 주요 공공기관에서도 자문 역할로 초빙도 해주시고, 주요 건설사들과 공동 캠페인을 해오고 있으며, 지방 자치단체에서도 다양한 형태로 제 의견을 반영해주고 있습니다.

그 일환으로 매주 꾸준히 지자체 답사를 다니고 있습니다. 직접 가보면 통계 수치로 보거나 뉴스로 접하는 지역들이 일반인들의 생각과는 다르다는 것을 알 수 있습니다. 그래서 제대로 리서치해서 알기 쉽고 제대로 활용할 수 있는 내용으로 제안드려야겠다고 생각하게 되었습니다.

특히 돈이 부족해서 내 집 마련을 포기하고 살아가고 있는 2030세대들에게 희망의 메시지를 주고 싶었습니다. 서울의 아파트 시세만 보면 한숨부터 나오죠. 결국 내 집 마련이 아닌 엉뚱한 곳에 경제력을 소진해버리는 모습들을 꽤 많이 봤습니다. 그들에게 제대로 된 경제생활을 하게 해주고 싶었습니다.

그래서 지역의 변화를 자주 설명하고 있습니다. 단순히 지금의 모습이 아닌 과거부터 미래까지 부동산의 역사와 방향들을 보여주면 부동산 관련 인식이 크게 달라지는 것을 알고 있으니까요. 서울은 대표적인 것이 뉴타운 지역이었습니다. 과거에는 혐오시설이 많아 관심도 없던 입지들이 뉴타운 개발 완료 후에 최고 선호 입지로 바뀌는 과정들을 생생하게 전달만 해도 이전과는 다른 인사이트를 생기는 것을 보았습니다. 영등포구 신길뉴타운이나 마포구 아현뉴타운 등이 대표적인 지역이 되겠죠.

서울뿐만이 아닙니다. 경기도에서는 1기 신도시의 발전 과정을 설명하면 몇 편의 드라마를 보는 듯하다고 합니다. 분당, 일산, 평촌, 산본, 중동 모두 신도시 출범 후 10년은 지나서야 제대로 평가받기 시작했으니까요. 2기 신도시도 마찬가지입니다. 분당의 후광 효과를 받으면서 탄생한 판교를 제외하면 2기 신도시는 꽤 오랜 기간 푸대접 신세였습니다. 김포 한강, 파주 운정, 양주 옥정 등은 존재 자체를 부정받기도 했었으니까요.

그래도 서울과 경기도의 주요 지역들은 이제 제대로 평가받고 있습니다. 수요도 많고, 점점 더 발전해가는 모습들을 누구나 알 수 있을 정도입니다.

하지만 이에 비교하면 같은 수도권임에도 불구하고 인천광역시는 늘 찬밥 신세였던 것 같습니다. 인천의 10개 구군 지역 중에 인기가 있는 지역이 단 한 곳도 없었습니다. 인천 토박이 시민들끼리만 회자될 뿐 서울시민이나 경기도민에게는 그저 외지였을

뿐입니다. 인천시의 입장에서 그런 평가가 가장 안타까운 일이었습니다.

기존 도심으로는 한계를 느꼈던 인천은 완전 새로운 도시로 업그레이드를 시도합니다. 인천의 신도시 삼총사인 송도, 청라, 영종이 그것이죠. 하지만 이마저도 꽤 오랜 기간 인정을 받지 못합니다. 송도도, 청라도, 영종도 거의 10년 가까운 세월을 그저 수도권의 신도시 중 하나로 취급받을 뿐이었죠. 하물며 인천의 구도심은 아예 관심 대상이 아니었습니다.

최근 몇 년 동안 인천의 위상이 크게 상승했습니다. 3대 신도시도 어느 정도 활성화되고, 구도심에도 꽤 많은 변화가 생기고 있습니다. 그 결과 2021년에는 전국 17개 광역 지자체 중에서 가장 높은 시세 상승을 경험합니다. 인천 역사상 최초의 1위가 아니었을까 합니다.

1위를 하는 것은 의미가 있습니다. 외부에서 관심을 갖고, 관심을 가지면 수요가 증가합니다. 그렇게 되면 서울과 경기에 몰리는 수요를 인천이 어느 정도 해소해주게 됩니다. 수도권 부동산에 있어서는 선순환 효과가 생기게 되는 것이죠. 자연스럽게 서울의 부동산 문제도 어느 정도 해결될 수 있습니다. 서울에 차고 넘치는 수요를 받아줄 수 있는 여지가 커지는 것이니까요.

하지만 인천은 아직 외지인들에게는 잘 알려지지 않은 곳이라 안정적인 수요를 가지고 있지는 않습니다. 그래서 늘 불안하고 어떻게 인천 부동산을 활용해야 할지 의문점이 생길 수밖에 없죠. 실제 10여 년 전에 인천도 한때 투자 광풍이 분 적이 있었습니다. 송도, 청라, 영종 개발 초기였어요. 아울러 검단이라는 개발 호재도 있었고, 구도심 정비사업 이슈가 연일 화제가 될 때도 있었습니다. 2008년 금융위기 이후 화려했던 스포트라이트는 모두 꺼져버리고 꽤 오랜 기간 암흑 속에서 존재만 할 뿐이었습니다. 그 과정에서 인천은 많은 사람의 관심 속에 사라져버리게 됩니다.

2021년 인천 부동산의 부각은 10여 년 전 상황을 다시 떠올리게 됩니다. 또다시 그렇게 되는 것은 아닌가 하고 말이죠. 하지만 이제 그때와는 다른 조건입니다. 인천을 제대로 아는 사람들에게는 말이죠. 오히려 적극적으로 취해야 할 부동산이 더 많아졌고, 반대로 피해야 할 부동산도 여전히 존재하고 있습니다. 이 두 개는 구분할 수 있는 인사이트가 필요합니다.

그래서 이번 책 『인천 부동산의 미래』를 기획하게 되었습니다.

2022~2023년 인천의 입주 물량이 상당히 많습니다. 인구는 1/3도 안 되는데 입주 물량은 서울보다 무려 두 배가 더 많습니다. 상당히 우려되는 수준이죠. 많은 전문가가 인천은 또 한동안 어려운 시장을 겪을 것이라 경고합니다. 그럴 수도 있다고 생각합니다. 하지만 인천을 인천만의 시장이 아닌 서울의 시장으로, 그리고 경기도의 시장으로도 본다면 인천의 역할이 달라질 수 있

습니다. 바로 그 점을 알려주고 싶었습니다.

인천은 이제 인천만의 지역이 아닙니다. 서울과 같은 생활권이고, 경기도와 함께해야 할 일이 많습니다. 아울러 대한민국의 메인 관문 역할을 하는 곳이기도 합니다. 과거의 한정된 수요를 넘어 광역화, 세계화되고 있는 수요층이 생활할 터전이 될 것입니다.

이제부터라도 인천이라는 지역을 제대로 파악하고 활용하기를 기대합니다. 이 책에서는 인천의 과거, 현재, 미래를 모두 이야기합니다. 8개 구의 부동산 이야기를 깊이 있게 다루고 있습니다. 이 책은 향후 20년 동안의 인천 사용 설명서가 될 것입니다. 부디 철부지 어린아이처럼 달면 삼키고 쓰면 뱉어버리는 단순한 의사결정을 하지 말고, 완성도 높은 최상급 꿀단지를 소유하기 위해서는 지금 어떤 의사결정을 해야 하는지의 핵심 자료로 알차게 활용했으면 합니다.

인천 부동산의 미래! 서울과 함께해야 할 미래이고, 대한민국 부동산의 미래이기도 합니다.

스마트튜브 부동산조사연구소

김학렬 소장

차례

 1부

인천 부동산의 미래,
인천의 위상을 확인하라!

구별로 핵심이 다르다,
다른 전략으로 노려라!

1부

인천 부동산의 미래, 인천의 위상을 확인하라!

현재
인천 부동산의 위상

2017~2021년 대한민국 부동산 시장

지금부터 인천 부동산의 미래를 본격적으로 이야기해봅시다. 먼저 2017년, 2018년, 2019년, 2020년, 2021년 17개 광역 지자체의 아파트 매매가격 증감률을 정리한 표를 살펴보겠습니다.

2017년, 2018년의 상승률 1위 지역은 서울입니다. 2018년 2위 지역은 광주인데, 1위와 2위의 격차가 꽤 큽니다. 최근 5년 동안 서울 부동산 가격이 가장 크게 상승했던 2017~2018년에 굉장히 강력한 부동산 규제들이 쏟아져나왔고, 2019년은 실질적인 조정의 해였습니다. 총 17개의 지자체 중에서 두 자릿수 상승률을 보인 지역은 대전과 서울뿐이었고, 9개 지역은 보합시장이었으며, 무려 7개 광역 지자체가 평균적으로 조정시장이었습니다.

● 17개 광역 지자체의 아파트 매매가격 증감률(단위:%)

지역	2017년	지역	2018년	지역	2019년	지역	2020년	지역	2021년
서울특별시	13.72	서울특별시	23.40	대전광역시	16.69	세종특별시	69.65	인천광역시	35.42
세종특별시	11.33	광주광역시	12.88	서울특별시	10.25	부산광역시	27.98	경기도	24.56
전국	7.37	전국	12.70	전국	6.31	경기도	26.41	충청북도	21.06
광주광역시	6.13	전라남도	10.22	경기도	3.81	대전광역시	26.12	부산광역시	19.57
대구광역시	4.91	경기도	9.45	세종특별시	3.42	전국	20.56	대전광역시	19.19
경기도	3.79	대전광역시	7.02	인천광역시	2.72	서울특별시	18.33	전국	18.73
부산광역시	2.57	대구광역시	6.96	충청남도	2.41	인천광역시	17.72	충청남도	16.87
전라남도	2.40	세종특별시	6.51	부산광역시	1.85	충청북도	15.50	경상남도	15.76
대전광역시	2.28	제주도	1.69	대구광역시	1.39	충청남도	13.48	서울특별시	15.06
인천광역시	2.26	인천광역시	1.46	광주광역시	1.07	대구광역시	12.87	강원도	13.50
강원도	2.21	강원도	0.25	제주도	0.06	울산광역시	12.67	경상북도	12.15
제주도	2.18	전라북도	-0.90	전라남도	-0.01	경상북도	9.96	전라북도	11.62
전라북도	1.83	충청남도	-1.06	전라북도	-1.09	전라북도	9.28	울산광역시	11.48
충청남도	-0.50	부산광역시	-2.07	충청북도	-1.41	경상남도	8.10	대구광역시	10.43
충청북도	-1.29	경상북도	-2.38	울산광역시	-1.56	전라남도	2.41	제주도	9.46
울산광역시	-2.11	충청북도	-2.86	경상북도	-2.59	광주광역시	2.36	광주광역시	8.12
경상북도	-2.56	경상남도	-4.12	경상남도	-2.74	강원도	1.96	세종특별시	1.80
경상남도	-3.36	울산광역시	-6.19	강원도	-5.41	제주도	0.83	전라남도	1.49

그만큼 2018~2019년 부동산 시장은 좋지 않았습니다. 특히 지방 분위기는 더욱 안 좋았습니다. 그러나 이건 부동산 규제의 결과와 크게 관계없습니다. 지역별로 각자 다른 이유로 시장이 안 좋았던 겁니다. 다만 대전과 서울은 이때까지 수요가 해소되지 않았습니다. 지역에 따라 계속 상승하는 부동산들이 존재한다는 정도만 알고 있으면 될 듯합니다.

대전광역시는 이때까지 세종특별자치시와 경쟁하다가 2019년 하반기에 살짝 조정 분위기에 휩싸이고, 2020년 시장 분위기는 세종시로 넘어가게 됩니다. 수요층이 세종시로 본격적으로 이주를 가속화했거든요. 2020년은 세종시 첫 마을 입주 이후 10년 차가 되는 해였습니다. 통상적으로 신도시 10년 차가 되면 꽤 살기 좋아집니다. 이때부터 대전시보다 세종시가 더 살기가 좋다는 평가가 실제 입주민들 사이에서 나오기 시작했고, 저렴한 시세 때문에 세종이 대전보다 상대적으로 저렴해 보였던 시기였습니다.

그렇게 세종으로의 본격적인 이주가 시작되었죠. 대전에서 세종으로의 이주 수요만이 아니었습니다. 청주에서도, 천안에서도, 공주에서도 세종으로 이주가 집중되어버리죠. 그러다 보니까 2020년부터는 세종시 거주 희망 수요가 아주 폭발적으로 증가합니다. 이 수요의 폭증은 그대로 시세 상승으로 나타나고요. 결국 연평균이 69.65%라고 하는 전무후무한 상승을 보입니다. '69.65% 상승'이라는 것은 세종시의 거의 모든 아파트가 2배 이상 올랐다는 이야기입니다. 굉장히 놀라운 상승률 수치죠.

투기꾼들이 투기한 것도 아닙니다. 세종은 이미 2017년부터 가장 강력한 규제를 받던 투기지역이었기 때문입니다. 지방에서 유일했죠. 그만큼 강력한 규제지역이었음에도 불구하고 올랐다는 것은 투자수요가 아닌 실수요가 증가한 것이라고 보면 됩니다.

2019년까지는 부동산 시장이 폭등도 폭락도 없고 적당히 오르고 적당히 내리는 안정된 시장이었다고 생각하는데 왜 그렇게 규제를 심하게 했는지 모르겠습니다. 2020년, 2021년의 부동산 가격 폭등은 결국 정책의 부작용입니다. 전국이 모두 상승합니다. 특히 2021년은 제가 20년 이상 부동산 시장을 연구하면서 보게 된 가장 특별한 시장이었습니다. 모든 종류의 부동산이 지역 구분하지 않고 다 올랐습니다. 그러다 보니 안정화되었던 서울도 많이 올랐습니다. 살짝 조정까지 갔던 대전까지도 많이 오릅니다. 문제는 2019년, 2020년보다 훨씬 더 크게 올랐다는 겁니다.

이러한 시장 전개 속에서 2021년에 가장 주목을 받은 지역이 탄생했으니 바로 인천광역시입니다. 2021년 대한민국 부동산 시장의 챔피언이라고 할 수 있죠.

2021년 대한민국 부동산 시장의 챔피언 인천

21쪽의 표에서 인천 시세 증감률만 살펴보겠습니다. 2017년에는 2.26%, 2018년에는 1.46% 상승했습니다. 인플레이션을 감안했

● 인천 아파트 매매가격 증감률(단위: %)

2017년	2018년	2019년	2020년	2021년
2.26	1.46	2.72	17.72	35.42
전국 9위	전국 9위	전국 5위	전국 6위	전국 1위

을 때는 오히려 조정된 수준이죠. 2019년 상승률은 2.72%입니다.

수도권에서 서울과 경기도는 2018년, 2019년, 2020년까지도 상위권이었지만 그에 비해 인천은 크게 안 올랐습니다. 그런데 결국 2020년까지 응축된 기운이 2021년에 폭발한 것입니다.

인천이 이렇게 크게 오른 가장 큰 이유는 인천이 잘해서입니다. 인천이 잘했다는 게 무엇일까요? 부동산은 호재가 있어야 가장 기본적인 경쟁력이 발생합니다. 보통 기초 체력, 즉 펀더멘털이 있다고 이야기하죠. 부동산에 있어 가장 큰 호재가 무엇일까요? 바로 일자리입니다. 일자리가 많거나 많아질 가능성이 있어야 하고요. 이에 더해 일자리까지 연결된 교통망이 좋거나 좋아져야 합니다. 마지막으로 사람들이 선호하는, 거주하고 소유하고 싶어 하는 아파트, 즉 새 아파트가 많아져야 합니다.

사람들은 구축을 별로 안 좋아합니다. 서울 강남구, 서초구, 용산구 등 톱3 지역은 구축이든 신축이든 다 인기가 많겠지만 그 외 지역들은 신규 아파트가 들어오지 않으면 지역 인지도와 인기가 떨어집니다. 심지어는 잘나갔던 강남구의 압구정 현대아파트도 꽤 오랫동안 박스권에 갇혀서 시세가 10년 동안 안 올랐던 시기가 있었습니다. 낡은 아파트로 조합이 결성되지도 않고 언제 재건축이 될지 모르는 상태에서 그냥 입지 가치로만 평가받았던 시기였죠. 그때 반포동 새 아파트가 최고 인기 아파트로 치고 올라가는 바람에 서초구가 현재 1위를 하게 되었던 것입니다.

이런 사례만 보더라도 새 아파트 호재가 없으면 가격이 올라가기 힘듭니다. 하물며 강남구도 이런데 강남구같이 대기 수요가 많지 않은 지역들, 특히 서울이 아닌 지방은 더 그렇겠죠. 수요 측면을 고려해봤을 때 인천의 2017년, 2018년, 2019년은 이렇다 할 호재가 없었습니다. 없었다기보다 많지 않았다는 것이 더 정확한 표현이겠습니다.

2021년에 어떤 변화들이 있었는지, 일자리, 일자리가 연결된 교통망, 새 아파트를 항상 염두에 두면서 봐야 합니다. 그러면 인천이라는 지역이 굉장히 재밌고 드라마틱하게 보일 겁니다.

"이미 많이 올랐는데 더 올라갈까요?"라고 묻는 사람들이 있어요. 이럴 때 저는 인천하고 대전을 비교합니다. 2016년 대전은 놀랍게도 세종보다 더 잘나갈 때도 오르고 있었고, 못 나갈 때도 오르고 있었어요. 대전은 2017~2021년까지 왜 올랐을까요? 인천과 대전을 같이 보면 됩니다.

6개 광역시 중 광역시 자체 수요로만 움직이는 광역시는 부산이 유일할 듯하고, 대구가 그다음, 광주와 울산이 뒤를 잇습니다. 하지만 인천과 대전은 철저하게 수도권 움직임, 수도권 영향을 크게 받습니다. 특히 서울의 눈치를 많이 봅니다. 결국 대전과 인천은 서울의 움직임에 따라서 같이 움직일 가능성이 높다는 것이죠. 이 말은 즉 대전과 인천은 서울에서 수요를 나눠 받는다는 의미입니다. 서울에서 배당을 줍니다. 서울에서 배당을 많이 주면 더 올라갈 여지가 크고, 배당을 안 주면 빠질 가능성도 있습니다.

과거에는 그랬는데, 현재 대전과 인천이 독립하려고 합니다. 서울에서 배당받는 것에 더해 독립적인 자체 수요가 증가했기 때문에 대전도 계속 올라가는 것이고, 인천도 자체 수요가 조금씩 증가하기 시작하면서 상승률이 더 가속화되었습니다.

다양하게 변하는 시장에 대응해야 한다

통상적으로 대한민국 아파트 역사를 보면 서울이 약 50년, 서울을 제외한 나머지 지역들이 약 40년입니다. 그러니 인천도 아파트 역사가 약 30~40년 된 거죠. 인천 아파트 역사상 최고의 호황이 2021년이었습니다. 2022년 이후에도 이 호황이 이어질까요? 호황만 계속 이어진다면 이 책을 쓰지 않았겠죠. 위기도 올 것이고, 그 속에서 새로운 기회도 찾을 수 있을 것입니다. 이번 책을 통해서 여러분들이 직접 기회를 찾았으면 좋겠습니다. 지금까지 누구도 하지 않았던 내용, 누구도 고민하지 않았던 내용으로 처음부터 끝까지 완벽하게 이야기할 테니 말입니다.

2017년, 2018년, 2019년, 2020년, 2021년에 17개 광역시 지자체의 시세 상승률입니다. 노란색 하나가 튀는 곳이 있죠? 세종

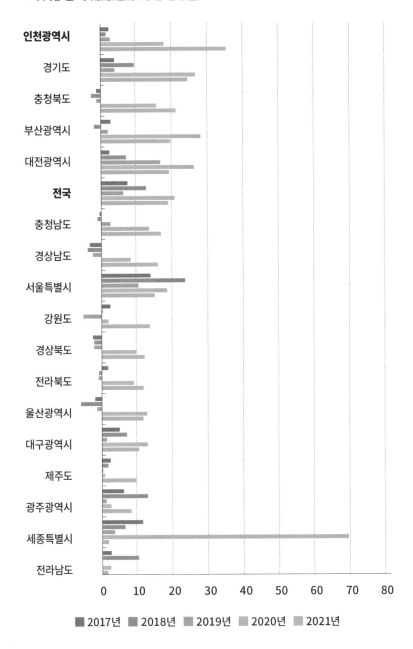

● 17개 광역 지자체의 시세 상승률

인천광역시
경기도
충청북도
부산광역시
대전광역시
전국
충청남도
경상남도
서울특별시
강원도
경상북도
전라북도
울산광역시
대구광역시
제주도
광주광역시
세종특별시
전라남도

0   10   20   30   40   50   60   70   80

■ 2017년   ■ 2018년   ■ 2019년   ■ 2020년   ■ 2021년

시의 2020년 상승률입니다. 인천은 2017년, 2018년, 2019년에는 평범한 상승세를 보이다가 2020년에 살짝 오르더니 2021년에 훅 치고 올라갑니다. 2022년 이후에는 더 상승할 수도 있고, 조정될 수도 있습니다.

제가 이 책을 쓰는 이유는 상승할 수도 있고, 조정될 수도 있기 때문입니다. 무조건 상승하는 시장이라면 더 이상 말할 내용이 없고 전문가도 필요 없습니다. 전문가와 연구원들이 필요하고, 저같이 리서치하는 사람들이 필요한 이유는 더 상승할 곳과 이제 하락할 곳을 분석해내기 위함입니다. 하락할 이유와 하락할 타이밍을 알려주기 위해서 저 같은 시황 분석을 하는 전문가들도 필요합니다. 이 책은 그 정도로만 활용하면 될 것 같아요. 『김학렬의 부동산 투자 절대 원칙』에 입지 분석과 상권 분석 등 기본적인 내용이 담겨 있으니 참고하고, 저는 그 포인트들을 인천이라는 지역에 대입해서 이것을 어떻게 봐야 하는지 이야기할 겁니다.

인천도 모든 지역이 동시에 움직이지 않습니다. 2021년 시장처럼 폭등하듯이 보이는 순간에도 모든 아파트가 다 오른 게 아닙니다. 심지어는 하락하는 지역도 있었고, 계속 시세가 빠진 아파트도 있습니다. 책에서는 기존 아파트뿐만이 아니라 재개발 지역도 이야기하려고 합니다. 그 외 다른 지역 호재들도요. 다만 호재 때문에 수요가 증가해 시세가 더 올라갈 지역들이 분명히 존재하고, 호재에도 불구하고 수요의 증가분이 공급량을 초과하지 못할 경우에는 가격이 오르지 않거나 조정될 지역도 있습니다.

전국적으로 다 올라가는 것처럼 보여도 디테일하게 쪼개보면 분명히 각기 다른 양상들, 각기 다른 높이를 보인다는 게 중요합니다. 똑같다면 공부할 필요가 없죠. 높이가 다르기 때문에, 심지어는 마이너스 지역들도 나오기 때문에 마이너스가 되었다가 플러스가 되는 지역을 선점할 수 있는 것입니다. 플러스가 된 상태에서 매도할 수도 있고요.

부동산 공부를 하는 이유는 이렇게 시장이 다양하게 변화하기 때문입니다. 많은 사람이 저를 상승론자라고 하는데 저는 절대 상승론자가 아닙니다. 시장을 있는 그대로 중계할 뿐이죠. 저는 상승한다거나 하락한다거나 하는 전망을 좋아하지 않습니다. 다

● **인천광역시 지도**

이 책에 포함된 지도는 대부분 인천광역시 누리집이나 인천광역시 산하 구청 누리집에서 인용했습니다. 최근 지자체 누리집에서 양질의 지도를 제공하고 있으니 참고 바랍니다. 지도뿐 아니라 필요한 자료들도 누리집에서 가져왔음을 밝힙니다.

만 지금 이렇게 될 수밖에 없는 것을 이야기하는 것이고, 궁극적으로는 상승이든 하락이든 했을 때 어떻게 대응하고 반응하는 것이 좋은지를 알려주고자 합니다.

지금부터 본격적으로 한번 시작해보겠습니다. '인천을 더 이상 약자로 평가하지 마라!' 『인천 부동산의 미래』의 주제입니다.

시세는 인구와 세대와 일자리가 결정한다

먼저 인구 자료를 보겠습니다. 수요가 인구수와 비례할까요? 대체로 비례한다고 할 수 있기는 합니다. 그리고 세대수가 있습니다. 세대수가 부동산에서는 더 중요합니다. 다음으로는 일자리 수가 있습니다. 수도권보다도 오히려 지방을 분석할 때 가장 중요한 요인이 일자리 수가 아닌가 싶습니다. 이 3가지 요소, 즉 인구수, 세대수, 일자리 수로 결정되는 것이 가격입니다. 아파트 시세가 3가지 요소를 결정하는 것이 아니라 3가지 요소가 가격을 결정한다는 것입니다. 지금부터 수치 그대로 분석해보도록 할게요.

17개 광역시 중 제일 인구수가 많은 곳은 경기도, 세대수가 가장 많은 곳도 경기도입니다. 인구수와 세대수 2위는 서울특별시고, 부산, 경남, 인천이 뒤를 잇습니다. 인천은 지방 광역시 중에서는 5위입니다. 그러나 일자리 수로 가면 상황이 달라집니다. 경기도의 인구수가 압도적으로 많은데 일자리 수는 서울이 더 많습

● 전국 인구 현황 및 평단가

순위	지역	인구수	세대수
0	전국	51,667,668	23,383,689
1	경기도	13,542,284	5,809,524
2	서울특별시	9,542,256	4,421,143
3	부산광역시	3,358,763	1,540,342
4	경상남도	3,319,271	1,501,655
5	인천광역시	2,941,795	1,290,829
6	경상북도	2,628,344	1,271,864
7	대구광역시	2,392,787	1,062,536
8	충청남도	2,118,098	997,516
9	전라남도	1,835,690	900,110
10	전라북도	1,791,110	846,204
11	충청북도	1,596,765	756,520
12	강원도	1,536,765	742,196
13	대전광역시	1,455,058	661,948
14	광주광역시	1,442,827	642,726
15	울산광역시	1,123,236	481,483
16	제주도	676,079	306,252
17	세종특별시	366,560	150,841

지역	일자리수
전국	19,899,786
서울특별시	4,739,883
경기도	4,471,773
경상남도	1,325,862
부산광역시	1,325,781
경상북도	1,028,921
인천광역시	931,822
대구광역시	866,599
충청남도	812,822
전라남도	656,218
전라북도	646,651
충청북도	620,557
강원도	565,568
대전광역시	556,297
광주광역시	537,822
울산광역시	506,899
제주도	235,650
세종특별시	70,661

지역	평단가(만 원)
전국	2,075
서울특별시	4,046
세종특별시	2,038
경기도	1,902
부산광역시	1,555
인천광역시	1,458
대전광역시	1,365
대구광역시	1,278
제주도	1,184
울산광역시	961
충청남도	876
경상남도	829
광주광역시	802
충청북도	776
전라북도	737
경상북도	690
전라남도	685
강원도	671

니다. 인구수는 경기도가 무려 400만 명이 많은데 일자리 수가 서울이 더 많다니 정말 놀라운 역전입니다.

『김학렬의 부동산 투자 절대 원칙』에서 부동산 관련 3대 호재 중 가장 중요한 것이 일자리이고, 일자리와 연결되는 교통망, 그리고 베드타운이 될 새 아파트를 주목하자고 했습니다. 서울이 왜 경기도보다, 세종시보다 더 비싼지 알겠죠? 면적도 훨씬 작고, 인구도 훨씬 적은데 일자리가 많습니다. 이는 경기도에 사는 사람 중에 잠을 자는 곳 혹은 주소지는 경기도이지만 서울로 출퇴근하는 사람이 많다는 의미입니다. 경기도는 서울의 배후 수요지 역할을 하는 것이죠.

경기도만이 아닙니다. 잠은 인천에서 자지만 서울로 출퇴근하는 사람들도 많습니다. 앞에서 인천은 서울에서 배당금을 받는다고 이야기했죠? 경기도가, 인천이, 대전이, 충청도가 배당을 받는다는 것을 기억하기를 바랍니다. 강원도는 인구가 적고 교통 환경도 불편해서 큰 배당이 없었지만, 최근에 서울까지 교통망이 좋아져서 이제 강원도도 서울에서 배당을 받습니다.

제가 『서울 부동산의 미래』라는 책을 썼던 이유 중 하나가 이겁니다. 서울에서 배당받는 지역은 경기도, 인천, 충청도, 대전, 세종, 여기에 강원도까지 포함됩니다. 향후에도 서울의 중요성은 낮아지지 않습니다. 더 높아지면 높아지죠. 서울이 얼마나 대단한 도시인지 말할 것도 없습니다.

그런데 서울에 들어올 수 없는 사람들이 꽤 많습니다. 우리나라 인구가 5천만 명인데 서울이 수용할 수 있는 최대치는 1천만 명이니, 무려 4천만 명이 서울에 못 들어갑니다. 그렇기 때문에 결국 4천만 명이 선택하는 땅(부지)을 공부해야 합니다. 제가 인천을 주목한 이유는 지방에서 수도권으로 올라올 때 인천을 선택하는 비율이 꽤 높아졌기 때문입니다. 심지어 서울에서도 배후 수요지로서 인천을 많이 선택합니다. 이런 이유로 서울을 제외하면 인천에 가장 관심을 가져야 합니다.

그럼 경기도는 어떨까요? 경기도는 너무 커서 나눠야 합니다. 인천보다 영향력이 큰 경기도가 있습니다. 1/3 정도는 인천보다 위상이 크죠. 그런데 1/3 정도는 인천과 비슷하고, 1/3 정도는 인천보다 낮습니다.

광역시를 살펴볼까요? 광역시 중에서는 부산이 제일 크고, 그 다음으로 대구가 큽니다. 그런데도 부산과 대구를 제치고 먼저 인천을 봐야 하는 이유는 부산과 대구는 서울과 무관한 별도 수요가 대부분이기 때문입니다. 그래서 서울과 연계된 지역 중에서는 인천광역시가 지금 공부할 만한 가치가 있습니다.

인구수를 보면 인천이 5위인데, 일자리 수를 봤더니 6위로 내려갑니다. 경상북도가 5위예요. 그런데 경상북도도 일자리 수가 감소하고 있습니다. 제조업 기반의 2차 산업 일자리가 감소하고 있어요. 대표적인 지역이 포항, 구미입니다. 구미에 있던 LG전자가 파주로 한번 대규모 이동을 한 적도 있고, 인도네시아로 큰 공장을 옮긴다는 기사도 있었어요. 즉 경상북도도, 인천도 제조업을 기반으로 하는 지역은 일자리가 줄어들고 있습니다.

다만 경상북도보다 인천이 좋은 이유가 있습니다. 바로 3차 산업, 4차 산업 일자리가 인천에 생기고 있다는 사실입니다. 대표적인 지역이 송도와 청라, 영종입니다. 이와 관련해서는 2부에서 자세하게 설명하도록 하겠습니다.

이렇게 일자리까지 이해하고 나니까 다시 인천이 5위로 올라가죠. 인천만 떼놓고 살펴보겠습니다. 인구수와 세대수 5위, 그다음 일자리 수 6위, 그리고 다시 평단가는 5위입니다.

전국 아파트 매매·전세 증감률

지난 5년(2016년 말~2021년 말) 동안 어디가 가장 많이 올랐는지 전국 아파트 매매·전세 증감률 지도를 보겠습니다. 이전 박근혜 정부와 문재인 정부가 부동산 정책 측면에서 큰 변화가 있었기 때문에 비교한 것이죠.

2017년 이후에 어디가 제일 많이 올랐을까요? 누적으로 봤더니 광역 지자체 중에서는 서울이 제일 많이 올랐고, 2위가 세종입니다. 인천은 5위입니다. 서울, 세종, 경기, 대전, 인천이 상대적으로 더 많이 올랐습니다.

세종을 이야기해보자면, 17개 광역시도 중 시세 순위로는 출발(2012년)이 꼴찌였다가 중간까지 올라왔을 때가 2015년 정도였는

● 전국 아파트 매매·전세 증감률 지도

범례: 상위 10% ■ / + / 하위 10% ■ / −

지역	매매 증감률	전세 증감률
양주	30.47	24.71
도봉구	65.69	26.35
동두천	35.51	12.80
성북구	58.49	33.83
강북구	58.01	30.60
노원구	79.30	32.88
의정부	50.33	24.62
고양	55.53	28.02
서울	62.12	30.29
일산서구	43.01	20.93
파주	34.77	18.91
은평구	56.03	29.95
서대문구	51.23	19.25
종로구	35.22	23.69
동대문구	55.57	29.21
중랑구	51.05	30.42
구리	57.22	23.83
경기	54.29	24.57
일산동구	72.09	33.54
덕양구	47.03	29.12
마포구	67.44	34.29
중구	44.50	21.40
용산구	57.99	32.22
성동구	58.06	26.35
광진구	58.65	30.66
남양주	61.68	33.50
인천	46.34	26.00
김포	49.35	27.40
강서구	61.68	31.13
양천구	66.88	32.37
영등포구	71.51	31.90
동작구	68.19	28.53
서초구	50.66	31.20
강남구	57.64	39.69
송파구	65.22	16.20
강동구	55.63	20.95
하남	48.79	3.71
춘천	9.49	6.46
강원	14.12	6.46
서구	42.58	28.28
계양구	47.20	22.23
부평구	47.90	29.57
부천	64.88	30.03
구로구	27.45	31.90
금천구	55.44	28.42
관악구	54.54	28.36
과천	39.10	5.84
분당구	77.26	24.17
수정구	52.81	20.08
중원구	59.04	20.54
성남	72.69	23.23
강릉	29.40	13.61
동구	15.68	—
남동구	45.15	—
미추홀구	30.03	27.86
중구	27.12	15.06
단원구	22.39	—
광명	72.11	25.77
만안구	51.45	20.30
동안구	69.27	24.69
안양	63.38	23.26
수지구	61.77	29.95
처인구	32.33	21.21
용인	55.41	26.09
광주	35.88	28.95
연수구	41.66	67.32
시흥	51.16	17.44
상록구	28.95	—
안산	37.27	39.94
군포	61.54	15.19
장안구	58.60	18.58
팔달구	60.74	—
의왕	73.21	28.50
기흥구	54.43	23.36
안성	33.43	27.00
이천	16.89	13.31
충북	7.70	8.08
권선구	60.18	27.37
영통구	77.03	23.26
수원	66.12	29.23
오산	46.09	25.08
충주	8.83	5.34
제천	6.04	4.16
원주	10.61	5.21
충남	10.70	8.40
화성	48.90	13.76
평택	20.82	16.02
흥덕구	13.32	9.97
청원구	5.83	8.82
청주	7.67	9.22
북구	6.55	17.14
북구	6.46	7.26
천안	—	—
아산	10.35	17.66
동남구	6.26	7.81
서북구	13.13	4.75
대전	—	—
서구	50.59	9.82
상당구	7.06	29.72
서원구	1.94	12.44
안동	1.25	3.73
중구	8.86	1.43
남구	6.02	3.02
포항	6.51	3.66
당진	-6.93	-1.09
세종	61.60	34.23
대덕구	34.15	16.97
동구	30.23	21.89
양산	11.54	11.73
울산	22.27	10.75
울주군	2.44	-1.53
포항(영일)	10.89	8.91
서산	-1.21	-1.14
공주	21.75	10.85
유성구	55.92	30.63
서구	61.36	35.00
중구	46.98	31.85
구미	2.93	0.03
강서구	19.53	13.64
북구	13.60	7.19
울주군	5.02	8.37
기장군	24.45	15.24
논산	5.72	—
계룡	4.27	—
익산	25.14	—
군산	9.50	11.98
전주	8.02	6.16
덕진구	6.68	7.29
북구	12.83	13.11
대구	24.57	17.23
경산	-1.10	-1.03
사상구	11.11	7.71
부산진구	20.84	11.98
금정구	24.49	14.00
해운대구	50.53	21.52
경북	2.87	1.80
전북	9.36	6.00
완산구	9.03	5.23
서구	29.23	16.34
중구	31.33	19.54
동구	15.86	12.63
김해	1.82	8.43
사하구	17.87	8.95
동구	8.99	3.87
동래구	3.87	25.09
수영구	39.98	14.76
광주	25.49	—
달성군	13.72	13.31
달서구	35.58	11.46
남구	25.07	26.42
수성구	31.40	15.18
의창구	1.43	-0.01
서구	8.99	3.87
중구	2.78	1.44
연제구	23.74	7.08
부산	25.33	11.53
경남	2.07	3.35
광산구	13.31	16.71
북구	11.46	19.68
성산구	5.20	3.96
진해구	1.52	7.32
영도구	13.52	3.34
남구	28.52	11.67
전남	11.08	7.94
서구	9.96	27.19
순천	3.52	14.91
광양	0.59	11.26
마산회원구	-0.77	-1.85
진주	0.75	8.16
마산합포구	-0.75	—
동구	16.26	10.80
거제	1.65	-0.94
남구	4.34	—
통영	-11.46	2.11
여수	19.43	-5.72
제주	20.26	14.81
목포	-1.22	0.73
여수	23.74	12.00
통영	-5.21	-11.10
여수	14.23	—

● 17개 광역시도 아파트 매매·전세 증감률

매매상승 순위	지역	증감률	전세상승 순위	지역	증감률
1	서울	62.12	1	세종	34.23
2	세종	61.60	2	서울	30.29
3	경기	54.29	3	대전	29.72
4	대전	50.59	4	인천	26.00
5	인천	46.34	5	경기	24.57
6	광주	25.46	6	대구	17.23
7	부산	25.33	7	제주도	14.81
8	대구	24.57	8	광주	13.31
9	제주도	20.26	9	부산	11.53
10	강원	14.12	10	울산	8.91
11	전남	11.08	11	충남	8.40
12	울산	10.89	12	충북	8.08
13	충남	10.70	13	전남	7.94
14	전북	9.36	14	강원	6.46
15	충북	7.70	15	전북	6.00
16	경북	2.87	16	경남	3.35
17	경남	2.07	17	경북	1.80

데. 제가 서울 다음으로 갈 거로 예측했었습니다. 2015~2016년에 제 블로그 칼럼(빠숑의 세상 답사기)을 본 사람들은 기억할 겁니다. 중위권이던 세종시가 서울시 다음으로 갈 거라고 했죠.

50% 전후로 오른 지역으로 서울, 세종, 경기, 대전, 인천이 있습니다. 인천 같은 경우는 송도가 있는 연수구는 67% 이상 올랐고, 부평구는 47.9%, 계양구, 남동구, 서구 등도 많이 올랐어요.

다른 지역들은 서울이나 경기도의 다른 지역보다 많이 올랐다고 보기가 어려운 수치죠. 이 책으로 함께 공부하며 '아직 인천이라는 지역이 수요가 좀 애매한 걸까.' '왜 오를 때 같이 못 올랐을까.' 하는 의문도 풀어보면 큰 도움이 되겠습니다. 지방을 공부할 때 정말 중요한 포인트를 찾을 수 있을 겁니다.

중요하게 봐야 할 포인트는 각각 다르다

인천광역시 하부 행정 지자체는 총 10개입니다. 8개 구가 있고, 2개 군이 있어요. 2개 군, 강화군과 옹진군에는 아파트가 거의 없기 때문에 제외하고 『인천 부동산의 미래』에서는 기본적으로 계양구, 부평구, 서구, 중구, 동구, 미추홀구, 연수구, 남동구, 이 8개 구만 설명하겠습니다.

8개 구역에 대해서 구체적으로 이야기하기 전에 전반적으로 인천 부동산 시장 전체를 설명한 뒤, 그다음 구별로 하나하나 아주 자세하게 세부 아파트까지도 설명하겠습니다. 생소한 지역도 많아 여러 번 읽으면서 자꾸 눈에 익혀야 합니다.

마지막으로 책을 읽는 것으로 끝내지 말고 직접 현장에 가봐야 합니다. 인천은 가지 않으면 절대 안 됩니다. 서울, 경기와는 분위기가 완전히 달라요. 일단 바다가 있잖아요. 같은 이유로 부산도 꼭 가봐야 해요. 바다에 따라서 부동산 평가가 다르거든요. 청

강원도 특강을
보고 싶다면?

라 앞바다가 다르고 송도 앞바다가 달라
요. 월미도 앞이 다르고 영종도 앞 바다가
달라요. 평가하는 프리미엄이 다를 거란
의미입니다.

무조건 바다가 앞에 있다고 좋은 것도
아니에요. 예를 들어서 제가 유튜브에 올
려드렸던 강원도 특강에서 강릉과 속초를 비교합니다. 강릉은 바
닷가에 있는 아파트보다 내륙 쪽에 있는 아파트가 비쌉니다. 속
초는 내륙 쪽에 있는 아파트보다 바닷가에 있는 아파트가 비쌉니
다. 즉 자연환경 쾌적성이 가격 결정의 전부는 아니라는 이야기
입니다.

결국 인천도 입지에 따라서 중요하게 볼 포인트가 다릅니다.
그 포인트들을 찾아서 지역별로 아파트별로 프리미엄을 따로따
로 정리하는 것이 이번 책의 목적입니다. 그래야 조정장이 오든
폭락장이 오든 사야 할 것과 팔아야 할 것을 명확하게 구분할 수
있을 테니 말입니다. 다시 한번 강조하지만 이 책을 꼭 여러 번 읽
으세요. 지금부터 본격적으로 어디서도 볼 수 없던 생생하고 날
것의 인천 이야기를 시작하도록 하겠습니다.

인천에서도 계양구와 부평구, 서구 이 3개 구는 서울의 영향을
더 많이 받는 지역입니다. 부천시도 같은 큰 권역으로 보면 돼요.
그런데 부천시가 좀 더 비쌉니다. 서울에 더 가깝고 기반시설이
제대로 갖춰진 신도시이기 때문에 그렇습니다. 하지만 부천도 인

천의 한 권역이라고 할 수 있습니다.

다음은 중구, 동구, 미추홀구, 연수구, 남동구입니다. 이 5개의 구는 말 그대로 오리지널 인천 구역입니다. 원래는 서울의 영향권이 아니었는데 최근에 영향을 받는 지역이라고 기억하면 인천의 8개 구를 완벽하게 이해하는 겁니다.

그리고 이와 무관하게 인천의 신도시들이 개발되고 있습니다.

서구에는 청라국제도시, 중구에는 영종국제도시, 연수구에는 송도국제도시가 개발되었습니다. 이 3개 신도시뿐만 아니라 루원시티 같은 곳도 신도시가 될 수 있을 듯하고요. 검단신도시도 대단히 크잖아요? 그래서 기존 인천의 구도심 정비사업 혹은 구축들과 신도시의 새로운 아파트들이 서로 경쟁합니다.

서로 한정된 파이에서 1/N을 나눠 갖는 것이라면 시세가 엄청나게 빠질 수 있습니다. 하지만 그러지 않고 서울과 경기, 기타 비수도권 지역에서의 외부 수요를 빨아들일 수 있다면 인천은 모두가 윈윈할 수 있는 지역이 될 수도 있습니다.

기억해야 할 인천의 아파트

기본적으로 인천에 어떤 아파트들이 있고 어떤 아파트들의 시세가 높은지를 기억해둘 필요가 있습니다. 책의 자료는 2022년 6월을 기준으로 했습니다. 어느 아파트가 신고가를 경신했고 가장 비싸고는 수시로 확인해주세요.

평형대 관계없이 가장 비싸게 거래된 아파트가 송도에 있는 더샵센트럴파크2차 119평, 48층에 있는 45억 원이죠. 인천에도 이렇게 굉장히 비싼 아파트들이 있음을 잊지 말기 바랍니다. 다음으로 송도더샵퍼스트월드도 마찬가집니다. 120평형이 35억 원에 거래되었습니다. 63층 아파트는 펜트하우스일 가능성이 높습

● 인천 아파트 상위 거래 순위

전체 평형	84m²(약 34평) 기준
1위 더샵센트럴파크2차 2011 입주 45억 인천 연수구 송도동 | 21년9월 | 119평 | 48층	**1위 송도더샵퍼스트파크(F15BL)** 2017 입주 14억7천만 인천 연수구 송도동 | 21년9월 | 35평 | 19층
2위 송도더샵퍼스트월드 2009 입주 35억 인천 연수구 송도동 | 20년9월 | 120평 | 63층	**2위 송도더샵퍼스트파크(F14BL)** 2017 입주 13억7천만 인천 연수구 송도동 | 21년9월 | 35평 | 14층
3위 송도아트윈푸르지오 2015 입주 31억 인천 연수구 송도동 | 21년6월 | 90평 | 60층	**3위 송도센트럴파크푸르지오** 2015 입주 13억6,500만 인천 연수구 송도동 | 22년2월 | 35평 | 39층
4위 청라푸르지오 2013 입주 29억5천만 인천 서구 청라동 | 20년4월 | 114평 | 57층	**4위 송도더샵퍼스트파크(F13-1BL)** 2017 입주 13억1천만 인천 연수구 송도동 | 21년12월 | 35평 | 22층
5위 힐스테이트송도더스카이 2024 입주 27억4,421만 인천 연수구 송도동 | 20년10월 | 71평 | 56층	**5위 청라한양수자인레이크블루** 2019 입주 12억9,500만 인천 서구 청라동 | 21년8월 | 34평 | 23층
6위 송도푸르지오하버뷰 2011 입주 26억 인천 연수구 송도동 | 21년3월 | 103평 | 38층	**6위 송도더샵마스터뷰23-1BL** 2015 입주 12억5천만 인천 연수구 송도동 | 21년10월 | 34평 | 20층
7위 더샵센트럴파크1차 2010 입주 24억9천만 인천 연수구 송도동 | 21년9월 | 69평 | 27층	**7위 더샵송도마리나베이** 2020 입주 12억4,500만 인천 연수구 송도동 | 22년2월 | 33평 | 13층
8위 힐스테이트레이크송도3차 2023 입주 24억8,510만 인천 연수구 송도동 | 21년1월 | 63평 | 45층	**8위 힐스테이트레이크송도2차** 2020 입주 12억 인천 연수구 송도동 | 21년9월 | 33평 | 17층
9위 송도국제도시디엠시티시그니처뷰(주) 24억8,330만 인천 연수구 송도동 | 21년9월 | 66평 | 42층	**9위 송도글로벌파크베르디움** 2017 입주 11억9,500만 인천 연수구 송도동 | 21년12월 | 35평 | 9층
10위 송도더샵센트럴시티 2018 입주 24억5천만 인천 연수구 송도동 | 21년2월 | 72평 | 47층	**10위 송도더샵마스터뷰21BL** 2015 입주 11억9천만 인천 연수구 송도동 | 21년9월 | 34평 | 22층

자료: 아실(asil.kr)

니다. 송도에서 세 번째로 비싼 아파트는 송도아트윈푸르지오로 90평, 31억 원입니다.

1위부터 10위까지 대부분 송도신도시 아니면 청라신도시입니다. 인천에서 네 번째로 비싼 아파트가 청라푸르지오 114평이니까요. 즉 신도시가 인천 아파트 시세를 이끌고 있다고 기억하면 됩니다. 하지만 대형 평수라 일반적인 수요층이라고 할 수는 없

습니다. 펜트하우스를 원한다든지 인천의 고위층이라든지 고소
득층이죠. 인천에 살지 않으면서 세컨드하우스로도 갖고 있을
수도 있기 때문에 일반적인 시장이 아니죠. 일반적인 시장의 기
준은 국민주택 규모입니다. 84m²(약 34평) 기준으로 보도록 하겠
습니다.

1위는 송도더샵퍼스트파크 15블럭으로 14억 7천만 원, 거의
15억 원에 육박하고 있습니다. 송도신도시도 대출을 받을 수 없
는 금액까지 왔네요. 또 송도더샵퍼스트파크 14블럭이 13억 7천
만 원에 거래되었고, 5위 청라신도시의 청라한양수자인레이크블
루는 12억 9,500만 원, 약 13억 원 정도 됩니다. 결국 현재 송도
신도시가 주로 시세를 이끌고 청라신도시의 몇몇 단지가 시세에
합세하고 있습니다.

기본적으로 인천 아파트는 신도시 위주로 돌아갑니다. 인천의
구도심보다 신도시가 더 인기가 많다는 것은 즉 수요가 많다는 것
입니다. 신도시 중에서도 송도가 대부분을 차지하고 청라가 뒤를
이어서 따라가고, 영종도는 아직 상위 순위에 포함되지 않았다고
정리하면 됩니다.

다시 한번 전국의 지역 위상을 정리해봅니다. 서울이 제일 비
싸고, 광역시 중에서는 세종, 경기도, 부산까지가 비쌉니다. 광역
시 중에서 인천은 서울과 무관한 수요인 부산을 제외하고 나면 그
래도 두 번째 위상에 있다고 볼 수 있습니다.

이는 인천이 잘해서이기도 하지만 서울의 옆에 위치하기 때문

● 2021년 전국 시도 평균 평단가, 인천 시군구 평단가

순위	시도	평단가(만 원)
1	서울특별시	4,046
0	**전국**	**2,075**
2	세종특별시	2,038
3	경기도	1,902
4	부산광역시	1,555
5	인천광역시	1,458
6	대전광역시	1,365
7	대구광역시	1,278
8	제주도	1,187
9	울산광역시	961
10	충청남도	876
11	경상남도	829
12	광주광역시	802
13	충청북도	776
14	전라북도	737
15	경상북도	690
16	전라남도	685
17	강원도	617

순위	인천 시군구	평단가(만 원)
1	연수구	1,961
2	부평구	1,489
3	남동구	1,437
4	서구	1,352
5	미추홀구	1,270
6	중구	1,177
7	계양구	1,153
8	동구	922
9	강화군	542

에 서울 영향권 아래에 있는 지역들에서도 수요를 받고, 서울 영향력이 적은 지역에서도 수요를 받고 있습니다. 최근 인천 경쟁력이 올라간 이유 중 하나는 송도신도시의 가격이 올라갔기 때문인데 송도는 아무래도 서구나 계양구, 부평구보다 서울의 영향력을 덜 받는 곳이에요. 이런 부분까지 고려해서 인천을 이해하면

좋겠습니다.

인천 시세를 보죠. 송도가 포함된 연수구가 제일 비싸고, 부평구, 남동구, 서구, 미추홀구, 중구, 계양구, 동구 순입니다. 만약 송도 가격을 제외하면 아마 부평구가 제일 비쌀 겁니다. 부평구의 시세가 높은 이유는 부평구 자체 수요도 있겠지만 일자리가 많아서 그렇습니다. 한국지엠이라는 자동차회사가 있잖아요. 또 다른 이유로 서울의 영향권이라는 점도 있습니다. 7호선이 연장되는 덕분에 서울 수요도 받고 있죠.

3위는 남동구입니다. 실질적으로 인천 구도심 중에서는 연수구보다는 남동구가 가장 비싸다고 할 수 있겠습니다. 서구는 원래 크게 주목받지 않던 지역이었는데, 최근 청라신도시와 가정신도시, 검단신도시가 들어서면서 시세 순위가 올라왔습니다. 과거에 남구였던 미추홀구가 5위고요. 중구, 계양구, 동구가 하위권을 형성하고 있습니다. 중구도 영종신도시를 빼면 더 아래로 내려가겠죠. 상위권과 하위권의 시세와 수요가 이렇게 구성되어 있습니다.

인천의 규제지역과 시세의 관계

인천의 규제지역 지정 현황을 살펴보겠습니다. 규제지역으로 지정된 가장 최근 자료가 2022년 7월 5일 기준입니다.

● 규제지역 지정 현황 및 지정 효과

참고 1 투기과열지구 및 조정대상지역 지정 현황 ['22.7.5일 기준]

	투기과열지구(43곳)	조정대상지역(101곳)
서울	전 지역('17.8.3)	전 지역('16.11.3)
경기	과천('17.8.3), 성남분당('17.9.6), 광명, 하남('18.8.28), 수원, 성남수정, 안양, 안산단원[1], 구리, 군포, 의왕, 용인수지·기흥, 동탄2[주2]('20.6.19)	과천, 성남, 하남, 동탄2[주2]('16.11.3), 광명('17.6.19), 구리, 안양동안, 광교지구[주3]('18.8.28), 수원팔달, 용인수지·기흥('18.12.31), 수원영통·권선·장안, 안양만안, 의왕('20.2.21) 고양, 남양주[주4], 화성[주5], 군포, 부천, 안산[주6], 시흥, 용인처인[주7], 오산, 안성[주8], 평택, 광주[주9], 양주[주10], 의정부('20.6.19) 김포[주11]('20.11.20) 파주[주12]('20.12.18) 동두천시('21.8.30)[주13]
인천	연수, 남동, 서('20.6.19)	중[주14], 동, 미추홀, 연수, 남동, 부평, 계양, 서('20.6.19)
부산	-	해운대, 수영, 동래, 남, 연제('20.11.20) 서구, 동구, 영도구, 부산진구, 금정구, 북구, 강서구, 사상구, 사하구('20.12.18)
대구	-	수성('20.11.20)
광주	-	동구, 서구, 남구, 북구, 광산구('20.12.18)
대전	-	동, 중, 서, 유성, 대덕('20.6.19)
울산	-	중구, 남구('20.12.18)
세종	세종[주15]('17.8.3)	세종[주15]('16.11.3)
충북	-	청주[주16]('20.6.19)
충남	-	천안동남[주17]·서북[주18], 논산[주19], 공주[주20]('20.12.18)
전북	-	전주완산·덕진('20.12.18)
경북	-	포항남[주21]('20.12.18)
경남	-	창원성산('20.12.18)

주1) 대부동동, 대부남동, 대부북동, 선감동, 풍도동 제외

주2) 화성시 반송동·석우동, 동탄면 금곡리·목리·방교리·산척리·송리·신리·영천리·오산리·
장지리·중리·청계리 일원에 지정된 동탄2택지개발지구에 한함

주3) 수원시 영통구 이의동·원천동·하동·매탄동, 팔달구 우만동, 장안구 연무동, 용인시 수지구상현동,
기흥구 영덕동 일원에 지정된 광교택지개발지구에 한함

주4) 화도읍, 수동면, 조안면 제외

주5) 서신면 제외

주6) 안산시 단원구 대부동동, 대부남동, 대부북동, 선감동, 풍도동 제외

주7) 포곡읍, 모현읍, 백암면, 양지면 및 원삼면 가재월리·사암리·미평리·좌항리·맹리·두창리 제외

주8) 일죽면, 죽산면, 삼죽면, 미양면, 대덕면, 양성면, 고삼면, 보개면, 서운면 , 금광면 제외

주9) 초월읍, 곤지암읍, 도척면, 퇴촌면, 남종면, 남한산성면 제외

주10) 백석읍, 남면, 광적면, 은현면 제외

주11) 통진읍, 대곶면, 월곶면, 하성면 제외

주12) 문산읍, 파주읍, 법원읍, 조리읍, 월롱면, 탄현면, 광탄면, 파평면, 적성면, 군내면, 장단면,
진동면, 진서면 제외

주13) 광암동, 걸산동, 안흥동, 상봉암동, 하봉암동, 탑동동 제외

주14) 을왕동, 남북동, 덕교동, 무의동 제외

주15) 건설교통부고시 제2006-418호(2006.10.13.)에 따라 지정된 행정중심복합도시 건설 예정지역
으로, 「신행정수도 후속대책을 위한 연기·공주지역 행정중심복합도시 건설을 위한 특별법」
제15조제1호에 따라 해제된 지역을 포함

주16) 낭성면, 미원면, 가덕면, 남일면, 문의면, 남이면, 현도면, 강내면, 옥산면, 내수읍, 북이면 제외

주17) 목천읍, 풍세면, 광덕면, 북면, 성남면, 수신면, 병천면, 동면 제외

주18) 성환읍, 성거읍, 직산읍, 입장면 제외

주19) 강경읍, 연무읍, 성동면, 광석면, 노성면, 상월면, 부적면, 연산면, 벌곡면, 양촌면, 가야곡면,
은진면, 채운면 제외

주20) 유구읍, 이인면, 탄천면, 계룡면, 반포면, 의당면, 정안면, 우성면, 사곡면, 신풍면 제외

주21) 구룡포읍, 연일읍, 오천읍, 대송면, 동해면, 장기면, 호미곶면 제외

투기과열지구 및 조정대상지역 지정효과

구분		투기과열지구	조정대상지역
금융	가계대출	• LTV : 9억원 이하 40%, 9억원 초과 20% 　15억원 초과(아파트) 0% 　* 서민·실수요자 : 6억원 이하 60%, 　　6~9억원 구간 50%(최대 20%p 우대) • DTI : 40% 　* 서민·실수요자 : 60%(20%p 우대)	• LTV : 9억이하 50%, 9억초과 30% 　* 서민·실수요자 : 5억원 이하 70%, 　　5~8억원 구간 60%(최대 20%p 우대) • DTI : 50% 　* 서민·실수요자 : 60%(10%p 우대)
		• 중도금대출발급요건 강화(분양가격 10% 계약금 납부, 세대당 보증건수 1건 제한)	
		• 2주택이상 보유세대는 주택신규구입을 위한 주담대 금지(LTV 0%)	
		• 주택 구입 시 실거주목적 제외 주담대 금지	
	사업자대출	• 주택매매·임대사업자, 이외 업종 사업자 주택 구입목적 주택담보 　기업자금대출 신규 취급 금지	
		• 주택임대업 개인사업자대출 RTI → 1.5배 이상	• 주택임대업 개인사업자대출 RTI → 1.25배 이상
		• 민간임대매입(신규) 기금융자 중단	-
세제		-	• 2주택 이상자 취득세 중과 • 다주택자 양도소득세 중과·장기보유특별 　공제 배제(2주택+20%p, 3주택+30%p) • 분양권전매시 양도세율 50% • 2주택이상 보유자 종부세 추가과세 • 일시적 2주택자의 종전주택 양도기간 　(2년이내 양도) • 1주택이상자 신규 취·등록 임대주택 세제 　혜택 축소(양도세 중과, 종부세 합산과세) • 법인이 8년 장기 임대등록하는 주택 종부세 과세
전매제한		• 주택 분양권 전매제한 　(소유권이전등기일까지, 최대 5년)	• 주택 분양권 전매제한 　(소유권이전등기일까지, 최대 3년)
		• 오피스텔 분양권 전매제한(소유권이전등기일 or 사용승인일로부터 1년 중 짧은 기간) 　‣ 100실 이상 오피스텔	
청약		• 청약 1순위 자격요건 강화 / 해당지역 거주자 우선 공급	
		• 민영주택 가점제 적용비율 　(85㎡이하 100%, 85㎡ 초과 50%)	• 민영주택 가점제 적용비율 　(85㎡이하 75%, 85㎡ 초과 30%)
		• 재당첨 제한(10년)	• 재당첨 제한(7년)
		• 분양가격 9억원 초과 주택 특별공급 제한	-
		• 오피스텔 건설지역 거주자 우선 분양 　‣ (100실 이상) 분양분의 10~20%이하/ (100실 미만) 분양분의10% 이하	
정비사업		• 재건축사업 조합원당 재건축 주택공급수 제한(1주택)	
		• 재건축사업 조합원 지위 양도제한 　(조합설립인가 후 소유권이전등시까지) • 재개발사업 조합원 지위 양도제한 　(관리처분계획인가 후 소유권이전등시까지) • 정비사업 분양주택 재당첨 제한(5년)	-
기타		• 주택 취득 시 자금 조달 및 입주계획 　신고 의무 + 증빙자료 제출	• 주택 취득 시 자금 조달 및 입주계획 　신고 의무

자료: 국토교통부 주택정책과

연수구, 남동구, 서구 3개 구가 투기과열지구입니다. 투기과열지구가 조정대상지역보다는 규제가 더 강합니다. 이는 결국 수요가 더 많다는 이야기고요. 연수구는 송도신도시 때문에 수요가 늘었고, 남동구는 GTX-B 역세권 주변 구월동이라든지 인천시청역 주변 수요가 증가한 듯합니다. 서구는 지금 청라신도시를 비롯해 검단신도시, 가정신도시, 루원시티 등의 지역 시세가 올라가면서 수요가 늘었기 때문에 투기과열지구로 지정했습니다. 그런데 지정한 날짜를 보면 2020년 6월 19일, 2년밖에 되지 않았습니다. 원래는 투기과열지구로 지정할 만큼 강력한 수요가 몰린 지역이 아니었는데 최근에 수요가 많이 몰렸다는 것이고, 이 때문에 2021년에 시세가 크게 올랐다고 보면 되겠습니다.

흥미로운 사실은 인천이 2020년까지만 하더라도 이렇게 크게 오르지 않았다는 겁니다. 그런데 2021년에 폭등합니다. 규제지역으로 지정된 이후에 올랐다는 거죠. 결국 인천은 지금 투자수요가 들어가기보다는 실수요가 증가하고 있다는 것입니다. 실수요는 인천 자체 인구가 증가했다기보다 서울과 경기, 다른 지방에서 밀려 올라오는 수요들을 받아주고 있다는 것이고요.

수요를 가장 많이 받아주고 있는 지역이 연수구, 남동구, 서구이고, 그다음이 중구, 동구, 미추홀구, 부평구, 계양구입니다. 그래서 이 지역은 대출 규제, 세금 규제, 전매 제한 등의 규제사항이 있으니까 참고해주세요. 3개 구(연수구·남동구·서구)는 모두 투기과열지구이자 조정대상지역이고, 나머지 지역(중구·동구·미추홀구·

부평구·계양구)도 조정대상지역이기 때문에 분양권 전매 제한이 있습니다. 투기과열지구는 최대 5년이고, 조정대상지역은 최대 3년까지입니다.

그러니 지금 인천에서 거래되는 분양권들이 얼마나 인기가 많겠습니까? 거래가 안 되는 것들은 인기가 없고요. 그럼에도 불구

● 규제지역 지정 현황 '주)'

경기	과천('17.8.3), 성남분당('17.9.6), 광명, 하남('18.8.28), 수원, 성남수정, 안양, 안산단원[1], 구리, 군포, 의왕, 용인수지·기흥, 동탄2[주2]('20.6.19)	과천, 성남, 하남, 동탄2[주2]('16.11.3), 광명('17.6.19), 구리, 안양동안, 광교지구[주3]('18.8.28), 수원팔달, 용인수지·기흥('18.12.31), 수원영통·권선·장안, 안양만안, 의왕('20.2.21) 고양, 남양주[주4], 화성[주5], 군포, 부천, 안산[주6], 시흥, 용인처인[주7], 오산, 안성[주8], 평택, 광주[주9], 양주[주10], 의정부('20.6.19) 김포[주11]('20.11.20) 파주[주12]('20.12.18) 동두천시('21.8.30)[주13]
인천	연수, 남동, 서('20.6.19)	중[주14], 동, 미추홀, 연수, 남동, 부평, 계양, 서('20.6.19)
부산	-	해운대, 수영, 동래, 남, 연제('20.11.20) 서구, 동구, 영도구, 부산진구, 금정구, 북구, 강서구, 사상구, 사하구('20.12.18)

...

주10) 백석읍, 남면, 광적면, 은현면 제외

주11) 통진읍, 대곶면, 월곶면, 하성면 제외

주12) 문산읍, 파주읍, 법원읍, 조리읍, 월롱면, 탄현면, 광탄면, 파평면, 적성면, 군내면, 장단면, 진동면, 진서면 제외

주13) 광암동, 걸산동, 안흥동, 상봉암동, 하봉암동, 탑동동 제외

주14) 을왕동, 남북동, 덕교동, 무의동 제외

주15) 건설교통부고시 제2006-418호(2006.10.13.)에 따라 지정된 행정중심복합도시 건설 예정지역으로, 「신행정수도 후속대책을 위한 연기·공주지역 행정중심복합도시 건설을 위한 특별법」 제15조제1호에 따라 해제된 지역을 포함

하고 미분양이 안 나고 시세가 올라간다는 것은 실수요가 증가하기 때문입니다.

규제지역 지정 현황을 좀 더 살펴보겠습니다. '주)'라고 적힌 부분은 실질적으로 제외되는 지역들이 있는 거죠. 중구의 경우는 을왕동, 남북동, 덕교동, 무의동은 제외됩니다. 저기에 아파트가 있으면 아파트에 투자하면 되는데 아파트가 없는 지역이죠. 바꿔 말해 인천이 아니더라도 다른 지역에서 '주)'라고 적힌 부분에 아파트가 있다고 하면 한번 주목해볼 필요는 있을 거 같아요.

역사를 알아야
방향성이 보인다!

인천의 역사를 살펴보겠습니다. 부동산 전문가 중에 역사를 먼저 이야기하는 사람은 저밖에 없을 듯합니다. 하지만 반드시 역사를 이해하고 다음 단계로 가야 합니다. 역사를 알아야 인천이 어디부터 시작해서 어떻게 확장하고 있는지 그 방향성을 알 수 있기 때문입니다. 자료는 인천광역시 누리집에서 가져온 것이고, 일부를 생략했어요. 더 자세한 역사를 알고 싶다면 인천광역시 누리집(www.incheon.go.kr)을 참고 바랍니다.

인천이라는 지명이 역사적으로 처음 나온 것은 1414년(태종 13년)이라고 합니다. 인천군(仁川郡)이 『조선왕조실록』에 등장합니다. 이전에는 인주(仁州)라고 썼다고 하고요. 고려시대나 삼국시대에 가끔 등장하죠. 일제강점기를 거쳐 실질적으로 인천시가 시작되는 시기는 1940년도입니다. 이때는 부천군이 포함되어 있었

● **인천광역시 연혁**

1400's
- 1413. 10. 15 조선 태종 13년 「仁州」에서 「仁川郡」으로 변경

1940's
- 1940. 04. 01 부천군 문학(文鶴), 남동(南洞), 부내(富內), 서곶(西串) 등 4개면이 仁川府에 편입
- 1949. 08. 15 지방자치법 시행에 따라 仁川府를 仁川市로 개칭

1960's
- 1963. 01. 01 부천군 작약도를 인천시에 편입
- 1968. 01. 01 區制 실시로 4개區 설치(중구, 남구, 동구, 북구)
  - 중부출장소에 북부출장소 관할 송월동을 편입하여 中區 설치
  - 북부출장소와 동부출장소를 통합하여 東區 설치
  - 남부, 수안, 문학, 남동 4개의 출장소를 통합하여 南區 설치
  - 부평출장소와 서곶출장소를 통합하여 北區 설치
  - 남동출장소, 서곶출장소 및 7개 행정동 설치 《4區 2出張所 66개洞》

1980's
- 1981. 07. 01 경기도에서 분리하여 정부직할시로 승격(仁川直轄市)
- 1988. 01. 01 2개구 설치 《6區 94개洞》
  - 南區(1출장소 40개동) → 南區(27개동), 南洞區(13개동)로 분구
  - 北區(1출장소 29개동) → 北區(19개동), 西區(10개동)로 분구
- 1989. 01. 01 경기도 3개면을 仁川直轄市에 편입
  - 경기도 옹진군 永末面, 龍遊面 → 인천직할시 중구
  - 경기도 김포군 桂陽面 → 인천직할시 북구
  - 3개 행정동(영종동, 용유동, 계양동) 설치 《6區 97개洞》

1990's
- 1995. 01. 01 인천직할시에서 인천광역시로 명칭변경
- 1995. 03. 01 8개 自治區 설치
  - 北區(32개동) → 富平區(21개동), 桂陽區(11개동)로 분구
  - 南區(31개동) → 南區(23개동), 延壽區(8개동)로 분구
  - 市·道間 경계조정
  - 북구 서오동 일부 → 경기도 부천시로 편입
  - 경기도 江華郡(1읍 12면), 甕津郡(7면), 金浦郡 黔丹面 인천광역시에 편입 《2郡 8區, 1읍 19面 124개洞》

2000's
- 2001. 12. 28 서구 검단동이 검단1동, 검단2동으로 분동
- 2003. 03. 01 연수구 옥련동이 옥련1동, 옥련2동으로 분동
  계양구 계산3동이 계산3동, 계산4동으로 분동
- 2018. 1. 1. 중구 영종동이 영종동, 영종1동으로 분동
  (2군 8구, 1읍 19면 131개동)
- 2018. 7. 1. 남구를 미추홀구로 명칭변경
  - 미추홀구 숭의 1·2·3동 일부 → 용현2동에 편입
  - 미추홀구 학익1동 일부 → 용현1.4동에 편입

인천의 역사를 더 알고 싶다면?

자료: 인천광역시 누리집

어요. 그래서 부천군에 있는 문학, 남동분, 서곶 등이 인천시에 있었다고 합니다.

1968년 1월 1일부터 우리가 알고 있는 구제(區制)를 실시합니다. 이때 처음 인천시에 중구, 남구, 동구, 북구 4개 구가 생겼습니다. 처음에는 서구가 없었어요. 중구는 서해안에 붙어 있는 구였고, 중구를 중심으로 남구, 동구, 북구가 있었습니다. 즉 이때 중구는 영종도와 월미도 사이 부분을, 남구는 미추홀구나 남동구 부분으로 생각하면 될 것 같아요. 동구는 계양구와 기존 서구 일부 지역을, 북구는 아마 지금의 서구를 생각하면 되겠고요.

이후에 2개 구가 추가됩니다. 1988년 '88올림픽'이 있을 때 남구가 남구와 남동구로, 북구가 북구와 서구로 분구가 됩니다. 남동구와 서구가 1988년에 생겼다는 사실을 기억해야 합니다. 즉 남구는 구도심이라 낙후되었을 테고, 남동구는 남구에 비해 신도시일 겁니다. 북구도 분구되면서 구도심인 북구보다 서구가 신도시가 되었을 테고요. 이 신도시의 시작이 1988년입니다. 그리고 옹진군과 김포군이 각각 중구와 북구로 편입됩니다. 이렇게 일단은 6개 구가 되었습니다.

1995년에 8개 구가 됩니다. 6개 구에서 북구가 없어지고 부평구하고 계양구로 나뉩니다. 부평구와 계양구에 택지 개발 사업을 1995년도 전후로 시작하죠. 부평구 삼산지구와 계양구 계양지구에는 아마 1990년대 초반에 만든 아파트들이 있을 겁니다. 정리하자면 북구가 1995년에 역사적으로 없어지고, 새로 생긴 부평구

● 인천광역시 2개 군 8개 구 지도

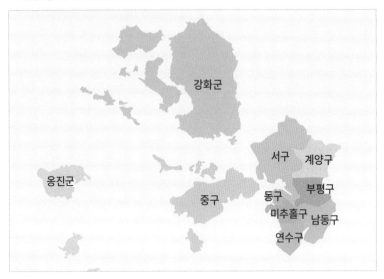

와 계양구 내에 있는 택지 개발 지구는 당시 신도시였고, 남은 구 도심들이 예전의 오리지널 북구였다고 기억해주세요.

그리고 남구는 남구와 연수구로 분리됩니다. 1990년대 이후에 연수구 동춘동 같은 신도시가 생깁니다. 이곳의 많은 아파트가 이때 생겼습니다. 이렇게 이해하니까 현재의 인천이 어떻게 만들 어졌는지 확실하게 이해가 되죠?

그리고 1995년 인천이 광역시가 되면서 몸집을 키우고자 옆 에 있는 강화군과 옹진군, 김포시(당시 김포군) 검단면을 편입시킵 니다. 제가 간혹 검단은 원래 김포 생활권이라고 '빠세 뉴스 브리 핑' 유튜브나 다른 책을 통해 말했는데 그 이유를 아시겠죠. 원래 검단이라는 지역은 김포였어요. 강화군과 옹진군은 그냥 군이고,

검단면은 지금 서구에 포함되어 있습니다. 이렇게 8개 구를 다 이해한 겁니다.

2018년 7월 1일 남구가 미추홀구로 명칭이 변경됩니다. 남구 밑에 연수구가 있으니 남구라고 하기에 명분이 부족했던 거죠. 그리고 남구가 조금 낙후된, 취약한 이미지가 있었나 봅니다. 이미지를 개선하기 위해서 명칭을 변경했습니다. 정리하자면 미추홀구가 남구이고, 일제강점기 때부터 있었던 구입니다.

개인적으로 이름이 조금 아쉬워요. 미추홀은 주몽의 아들이 세운 나라의 이름이죠. 비류와 온조가 고구려에서 남하해서 백제를 세우잖아요. 그때 온조는 한강 유역에 자리를 잡아 백제를 세우고, 비류는 지금의 인천을 차지해서 미추홀을 건국하는데 결국 멸망해서 백제가 통합 흡수합니다. 그러니 멸망한 나라의 이름에서 따온 미추홀이라는 이름이 아쉽다는 거죠. 물론 지극히 개인적인 의견입니다.

인천의 현재가 미래 가치를 좌우한다

인천광역시의 일반 현황

일반 현황을 살펴보겠습니다. 시청은 남동구에 있으며 인천시청역이 있습니다. 구월동 근처고요. 인천 시장은 국민의힘 성향이고, 국회의원은 더불어민주당이 11석, 국민의힘이 2석을 갖고 있는데, 정책을 해석할 때 참고하세요.

권역별 출신 인구 비율을 보면 실제로 거주하는 사람 중 인천 출신이 많지 않습니다. 지방에서 올라온 사람들이 꽤 많은데 수도권에서 52.5%가 올라왔습니다. 인천의 원주민들은 31.2%고, 11.7%가 서울에서 왔습니다. 이것은 서울에서 계속 이전해 온다는 것을 의미합니다. 호남권과 충남권에서도 굉장히 많이 옵니다. 각각 15%인데, 특히 충남에서 많이 왔고요. 이후 경기, 전남,

● 권역별 출신 인구 비율	
권역명	비율
수도권	52.2%
호남권	15.6%
충청권	15.4%
영남권	10.0%
강원권	5.2%
해외권	1.9%
제주권	0.3%

● 광역 지자체별 출신 인구 비율	
지자체명	비율
인천	31.2%
서울	11.7%
충남	10.8%
경기	9.3%
전남	8.9%
전북	5.9%
강원	5.2%
경북	5.0%
충북	4.0%
경남	2.5%
해외(화교)	1.9%
부산	1.5%
광주	0.8%
대구	0.8%
대전	0.6%
제주	0.3%
울산	0.2%

전북, 강원 순입니다. 즉 인천 자체 수요를 빼고 서울부터 강원, 경북 등지에서 많이 오네요.

군·구별 읍·면·동 명칭도 볼까요? 어떤 동이 어떤 구에 속하는지 알아야지 해당 구의 일반적인 현황을 알 수 있습니다. 예를 들어 중구와 동구는 처음부터 있었으니 낙후되었겠구나, 여기에 속한 동들도 다 낙후되었을 테니 택지사업은 안 되고 재생사업이나

● 군·구별 읍·면·동 명칭 현황

구분	읍면동 (155)	관할 읍·면·동
중구	11	신포동, 연안동, 신흥동, 도원동, 율목동, 동인천동, 개항동, 영종동, 영종1동, 운서동, 용유동
동구	11	만석동, 화수1·화평동, 화수2동, 송현1·2동, 송현3동, 송림1동, 송림2동, 송림3·5동, 송림4동, 송림6동, 금창동
미추홀구	21	숭의1·3동, 숭의2동, 숭의4동, 용현1·4동, 용현2동, 용현3동, 용현5동, 학익1동, 학익2동, 도화1동, 도화2·3동, 주안1동, 주안2동, 주안3동, 주안4동, 주안5동, 주안6동, 주안7동, 주안8동, 관교동, 문학동
연수구	15	옥련1동, 옥련2동, 선학동, 연수1동, 연수2동, 연수3동, 청학동, 동춘1동, 동춘2동, 동춘3동, 송도1동, 송도2동, 송도3동, 송도4동, 송도5동
남동구	20	구월1동, 구월2동, 구월3동, 구월4동, 간석1동, 간석2동, 간석3동, 간석4동, 만수1동, 만수2동, 만수3동, 만수4동, 만수5동, 만수6동, 장수서창동, 서창2동, 남촌도림동, 논현1동, 논현2동, 논현고잔동
부평구	22	부평1동, 부평2동, 부평3동, 부평4동, 부평5동, 부평6동, 산곡1동, 산곡2동, 산곡3동, 산곡4동, 청천1동, 청천2동, 갈산1동, 갈산2동, 삼산1동, 삼산2동, 부개1동, 부개2동, 부개3동, 일신동, 십정1동, 십정2동
계양구	12	효성1동, 효성2동, 계산1동, 계산2동, 계산3동, 계산4동, 작전1동, 작전2동, 작전·서운동, 계양1동, 계양2동, 계양3동
서구	23	검암경서동, 연희동, 청라1동, 청라2동, 청라3동, 가정1동, 가정2동, 가정3동, 신현원창동, 석남1동, 석남2동, 석남3동, 가좌1동, 가좌2동, 가좌3동, 가좌4동, 검단동, 불로대곡동, 원당동, 당하동, 오류왕길동, 마전동, 아라동
강화군	13	강화읍, 선원면, 불은면, 길상면, 화도면, 양도면, 내가면, 하점면, 양사면, 송해면, 교동면, 삼산면, 서도면, 볼음출장소
옹진군	7	북도면, 연평면, 백령면, 대청면, 덕적면, 자월면, 영흥면, 장봉출장소, 소청출장소

자료: 인천광역시 누리집

정비사업만 해야 하는 곳이구나 생각할 수 있겠죠. 남구에서 이름을 바꾼 미추홀구도 오래되었기에 1990년대 아파트가 많고, 여기에 속한 동이 나오면 대부분 재개발·재건축(대부분 재개발일 듯하지만)이 나올 것 같고요. 남동구 역시 구도심이었다가 신도시가 생겼기에 아파트가 많겠죠?

부평구는 원래 북구였다가 분리되었기 때문에 구도심 쪽은 아파트가 없을 것이고 정비사업을 해야 할 겁니다. 아파트 단지를 개발한 지역 같은 경우는 신도시겠죠. 그래서 부평동이라든지 삼산동, 부개동에는 아파트가 많을 것입니다. 청천동이나 상곡동에는 아파트가 없는데 재개발을 하고 있겠다는 것도 유추할 수 있죠.

계양구도 마찬가지로 계산동에는 아파트가 많을 텐데 효성동이나 그 외 지역들에는 아파트가 없겠구나 짐작할 수 있습니다. 서구는 아까 신도시라고 말했으니 말할 것도 없고요. 강화군과 옹진군은 따로 언급할 게 없네요. 이렇게 지역을, 역사를 이해한다면 재미있게 인천을 공부할 수 있을 듯합니다.

구와 동을 구분한 지도를 살펴보겠습니다. 강화군이 면적은 제일 넓고, 옹진군도 보이지만 논외로 할게요. 먼저 중구에는 북성동, 항동이 포함되어 있고 현재 영종도를 중심으로 돌아가고 있어요. 서구는 불로동, 원당동, 당화동, 경소동이 있습니다. 당화동은 검단신도시, 경소동은 청라신도시예요.

동구는 작죠. 동구랑 중구랑 통합해도 될 것 같은데 왜 통합을

● 인천광역시 행정경계

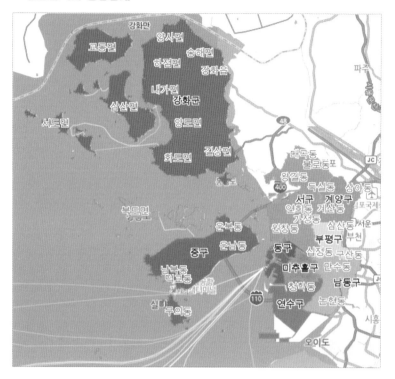

자료: 인천광역시 누리집

안 하는지 모르겠네요. 미추홀구도 오래된 구심이고요. 연수구는 나름 신도시고 매립지입니다. 여기에 송도가 있고요. 다음은 남동구가 있습니다. 남동구에는 공장 지대가 많아요. 논현지구라든지 남동공단이 있는데 공장과 배후 수요지 주택들이 많은 편입니다. 부평구는 자체 일자리도 많지만 서울 수요를 제일 직접적으로 받는 지역이고요. 부평구랑 부천은 통합해도 될 것 같다는 생각이 들기도 해요.

인구 추이와 세대수 이동

인구 추이를 보겠습니다. 여기서는 지금 몇 명인가보다는 인구가 계속 증가하고 있다는 게 중요합니다. 인천을 빼고 모든 지방 광역시는 인구가 감소하고 있거든요. 2022년 5월 기준 295만 명인데, 이제 곧 인천 인구는 300만 명이 넘어갈 것이 확실합니다. 왜냐하면 신도시들이 아직 개발 중이고, 개발되는 신도시에 입주가 시작되면 300만 명이 훌쩍 넘어갈 수밖에 없기 때문입니다.

인구 밀집도에 따라 색으로 구분해보았습니다. 당연히 색이 진할수록 인구 밀집도가 높은 것이고, 하늘색에 가까울수록 밀집도가 떨어지는 곳입니다. 섬 지역의 밀집도가 떨어지고, 서구도 밀집도가 떨어지네요. 쓰레기 매립지와 신도시 미개발지이기 때문입니다. 그래서 서구는 아직도 개발할 여지가 많은 지역입니다.

● **인천광역시 연도별 인구수 현황**

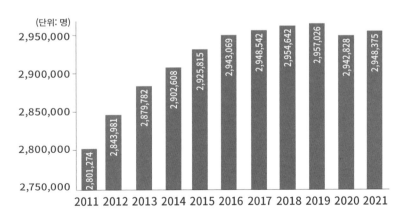

● **인천광역시 인구 밀집도**

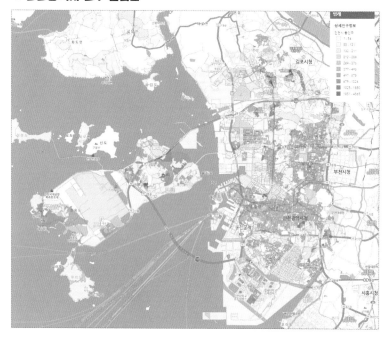

자료: 인천광역시 누리집

기본적으로 택지사업, 신도시 사업은 이렇게 인구가 느슨한 지역
에서 많이 이루어지고요. 밀집된 지역들은 이미 아파트와 다세대
빌라가 많고, 재개발이나 재건축을 해야 한다고 생각하면 될 것
같아요.

송도는 좀 느슨하죠. 밀집된 지역들도 있고요. 밀집된 지역들
은 아파트가 들어온 구역이고 느슨한 지역들은 일자리라든지 학
교가 있겠죠. 이렇게 이해하면 이 지도도 알차게 활용할 수 있을
것 같습니다.

● 전국 인구 추이(단위: 명)

지역	2012년	2013년	2014년	2015년	2016년	2017년	2018년	2019년	2020년	2021년
전국	50,948,272	51,141,463	51,327,916	51,529,338	51,696,216	51,778,544	51,826,059	51,849,861	51,829,023	51,638,809
서울특별시	10,195,318	10,143,645	10,103,233	10,022,181	9,930,616	9,857,426	9,765,623	9,729,107	9,668,465	9,509,458
부산광역시	3,538,484	3,527,635	3,519,401	3,513,777	3,498,529	3,470,653	3,441,453	3,413,841	3,391,946	3,350,380
대구광역시	2,505,644	2,501,588	2,493,264	2,487,829	2,484,557	2,475,231	2,461,769	2,438,031	2,418,346	2,385,412
인천광역시	2,843,981	2,879,782	2,902,608	2,925,815	2,943,069	2,948,542	2,954,642	2,957,026	2,942,828	2,948,375
광주광역시	1,469,216	1,472,910	1,475,884	1,472,199	1,469,214	1,463,770	1,459,336	1,456,468	1,450,062	1,441,611
대전광역시	1,524,583	1,532,811	1,531,809	1,518,775	1,514,370	1,502,227	1,489,936	1,474,870	1,463,882	1,452,251
울산광역시	1,147,256	1,156,480	1,166,377	1,173,534	1,172,304	1,165,132	1,155,623	1,148,019	1,136,017	1,121,592
세종특별시	113,117	122,153	156,125	210,884	243,048	280,100	314,126	340,575	355,831	371,895
경기도	12,093,299	12,234,630	12,357,830	12,522,606	12,716,780	12,873,895	13,077,153	13,239,666	13,427,014	13,565,450
강원도	1,538,630	1,542,263	1,544,442	1,549,507	1,550,806	1,550,142	1,543,052	1,541,502	1,542,840	1,538,492
충청북도	1,565,628	1,572,732	1,578,933	1,583,952	1,591,625	1,594,432	1,599,252	1,600,007	1,600,837	1,597,427
충청남도	2,028,777	2,047,631	2,062,273	2,077,649	2,096,727	2,116,770	2,126,282	2,123,709	2,121,029	2,119,257
전라북도	1,873,341	1,872,965	1,871,560	1,869,711	1,864,791	1,854,607	1,836,832	1,818,917	1,804,104	1,786,855
전라남도	1,909,618	1,907,172	1,905,780	1,908,996	1,903,914	1,896,424	1,882,970	1,868,745	1,851,549	1,832,803
경상북도	2,698,353	2,699,440	2,700,794	2,702,826	2,700,398	2,691,706	2,676,831	2,665,836	2,639,422	2,626,609
경상남도	3,319,314	3,333,820	3,350,257	3,364,702	3,373,871	3,380,404	3,373,988	3,362,553	3,340,216	3,314,183
제주도	583,713	593,806	607,346	624,395	641,597	657,083	667,191	670,989	674,635	676,759

숫자 작아짐 ↔ 숫자 커짐

전국의 인구 추이를 보겠습니다. 초록색이 인구가 감소하는 지역이고, 빨간색이 인구가 증가하는 지역입니다. 일단 전국적으로 인구가 증가하고 있긴 해요. 그런데 조금씩 조금씩 완연한 하락이 시작되고 있습니다. 하지만 인천은 증가하는 지역 중 하나고요. 세종시, 경기도, 충청북도, 충청남도, 제주도만 증가하고 있습니다. 나머지 광역시나 도 지역들은 감소하고 있죠.

결론을 말씀드리면 인구가 증가하고 있는 지역들은 신도시 사업이 필요합니다. 하지만 인구가 감소하는 지역들은 신도시보다는 재건축·재개발 위주로 보아야 합니다.

세대수 이동도 살펴보겠습니다. 지도는 다음 페이지를 봐주세요. 지난 3년 동안 인천에서 2,202세대가 이주해 나갔습니다. 들어오고 나간 것을 모두 감안한 순유출 세대수입니다. 전국에서 인천으로 몰려들고 있지만 1만 1,568세대가 경기도로 이주했네요. 지금 인천에서 세대가 유출되는 곳은 경기도, 충청북도, 충청남도입니다. 인천에 있던 공장들이 확장 또는 이전해서 해당 지역에 있는 산업단지로 이주하는 경우라고 할 수 있죠. 나머지 지역들은 대부분 서울의 배후 수요지로서 인구를 받고 있다고 보면 될 것 같습니다. 또 인천에 있는 일자리 혹은 서울이나 경기를 출퇴근하기 위한 상경 인구를 받아주는 지역으로 봐도 될 듯합니다.

인천 내에서 인구가 많이 늘어나는 지역을 보니 연수구가 보입니다. 3년 동안 2만 4천 세대가 늘어났어요. 남동구도 9천여 세대가 늘어났고, 미추홀구도 7천 세대, 중구도 1만 3천 세대가 증가

● 인천의 세대수 이동: 전국

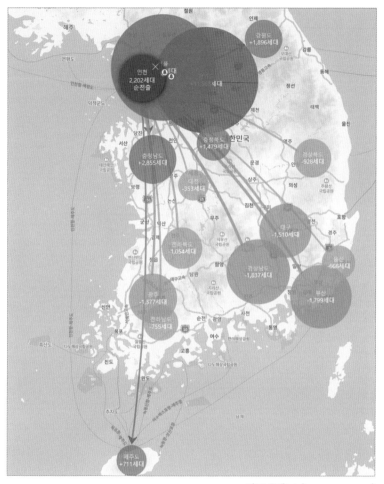

자료: 호갱노노(hogangnono.com)

했습니다. 중구는 영종도가 있어서 그렇고요, 서구도 2만 3천 세
대가 증가했습니다. 동구는 감소했습니다. 아마 정비사업으로 이
주가 이루어져서 그렇습니다.

결론부터 말하자면 인천은 인구가 감소하는 지역보다는 증가

● **인천의 세대수 이동: 인천 내**

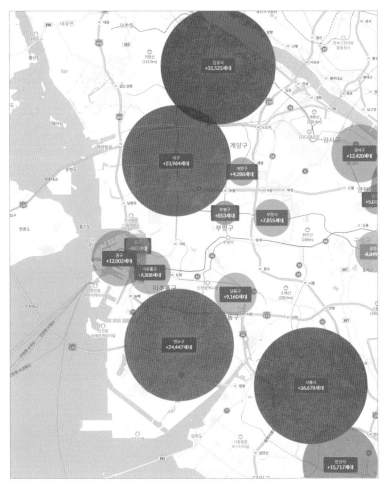

자료: 호갱노노(hogangnono.com)

하는 지역이 월등히 많습니다. 특히 연수구하고 서구가 많이 증
가하고 있습니다. 서구와 중구, 연수구의 공통점은 모두 신도시
지역들, 그래서 인구가 없었다가 증가하는 지역이라고 이해하면
정확할 것 같습니다.

10년 전 빠숑 수첩 메모

중구 - 영종국제도시
연수구 - 송도국제도시, 연수지구
남동구 - 논현지구, 서창지구, 시청 소재지
부평구 - 삼산지구
계양구 - 계양신도시
서구 - 청라국제도시, 루원시티, 검단신도시

전국에 226개 시군구가 있는데, 제가 10여 년 전에 아파트 투자 가능 지역으로 검토 및 분석, 연구한 곳이 약 170개 정도고요. 그중에서 인천에서는 6개 구를 정리한 적이 있어요. 하나씩 살펴보겠습니다.

10년 전, 2008~2009년 중구는 영종국제도시를 개발할 때거든요. 하늘도시지역 아파트들이 미분양이 나서 분양을 받아야 하나 말아야 하나를 고민하고 있을 때. 그러니까 택지 개발하기 전에 이런 고민을 하면서 영종국제도시를 주목하고 있었습니다. 연수구도 송도국제도시 때문에 주목하고 있었고요.

개인적으로도 조사를 했지만, 시공사들이 제게 "이 지역에 아파트를 지어도 돼요?"라고 물어보는 일도 있었어요. 그런데 10년 전에는 1군 시공사들이 연수구에 관심이 별로 없었어요. 그래서 인천도시공사(당시 인천광역시 도시연구소)에서 아파트 분양을 하는데 1군 시공사를 못 잡아서 굉장히 고민했었습니다. 물론 지금은 인기가 많죠. 1군 시공사도 많이 들어가고요.

남동구는 논현지구를 기억하면 됩니다. 지금도 아파트 택지개발지구가 많습니다. 서창지구도 있었고 인천시청역, 구월지구 등도 10여 년 전에 재개발·재건축을 했었습니다.

부평구는 삼산지구에 아파트가 많았기 때문에 분석했었고요. 계양구는 계양신도시, 서구는 청라국제도시랑 루원시티, 검단신도시에 주목했었습니다. 루원시티와 검단신도시를 이미 10년 전부터 검토했었는데, 루원시티는 2년 정도 전부터 사업을 시작했고, 검단신도시는 요새 하잖아요. 그만큼 신도시 사업도 시간이 오래 걸려요.

10년 전에 제가 메모해뒀던 것들을 다시 옮겨봤는데, 이것들이 지금에야 꽃피우고 발현하고 있습니다. 10여 년 전 인천 부동산 시장은 좀 어려웠었거든요. 최근 들어 서울, 경기 수요와 지방의 수요를 받아 시세가 올라가면서 인천이 제자리를 찾아가고 있고 발전적인 모습을 보이고 있습니다.

인천의 미래 가치는 어디에?

그러면 과연 지금 인천에는 어떤 것들을 봐야 하는지 미래 가치를 한번 살펴보겠습니다.

개별 입지를 전반적으로 평균을 내서 보기보다는 구별로 따로 보아야 합니다. 왜냐하면 같은 인천이라 하더라도 같은 조건이 아니거든요. 서울 같은 인천이 있고, 서울과 전혀 무관한 인천이 있고, 서울보다 훨씬 더 좋은 인천이 있습니다. 그렇기 때문에 미래 가치를 따지면 모두 다른 방향으로 움직일 것입니다. 8개 구에 대해서는 별도로 2부에서는 분석할 예정입니다.

8개 구를 개별 구로 분석하기 전에 인천광역시는 어떻게 인천 광역시의 미래를 준비하고 있는지 검토해보도록 하겠습니다. 인천광역시에서 만든 자료를 어떻게 분석하는지 같이 보면서, 인천 시를 보는 노하우뿐만 아니라 다른 지역을 분석할 때도 참고하면 좋겠습니다.

'2040년 인천도시기본계획(안)'이 있습니다. 인천광역시에서 2040년까지의 인천 도시기본 계획을 장표로 만든 거예요. 이 자료를 살펴볼 겁니다. 물론 지금 살펴보는 자료는 '계획(안)'이고 2022년 2월에 '2040년 인천도시 기본계획'이 발간되었으니 인천 광역시 누리집을 참고 바랍니다.

2001년에 인구가 190만 명이었네요. 10년 단위로 점점 인구가

2040 인천도시
기본계획 보기

많아지고 있습니다. 2020년에 300만 명이 안 됐는데, 거의 300만 명이 됐다고 볼 수밖에 없는 이유 중 하나가 집들은 이미 있어요. 아직 입주하지 않았지만요. 입주를 완료하게 되면 최소한 340만 명까지는 갈 것 같고, 목표한 대로 350만 명이 넘어갈

● 인구 변화

인천의 성장과 변화, 그리고 도시의 새로운 미래를 준비하는 초석

	2001년 1980-2001	2011년 1990-2011	2020년 2000-2020	2025년 2006-2025	2030년 2010-2030	2040년 2020-2040
계획인구	190만명	300만명	310만	340만	350만	2040년 새로운 미래의 초석
면적	344km²	1,613km²	1,298km²	1,439km²	1,381km²	
주택수	19만호	58만호	73만호	100만호	104만호	
경제활동인구	76만명	112만명	129만명	148만명	157만명	

수도 있습니다.

2030년에 350만 인구를 달성하기 위해서는 일단 집이 많아야 하고, 일자리가 많아야 하고, 서울의 영향권에서 좀 벗어나야 해요. 서울의 영향을 받지 않는 자체 수요 입지가 단단히 있어야 합니다. 그래야 인천 밖으로 인구가 안 빠져나가거든요. 예를 들어 단단한 수요가 있는 송도처럼요. 서울과 독립된 수요 입지들이 좀 더 생길 수 있다고 하면 계획 인구를 넘길 수 있습니다.

그래서 지금 눈여겨봐야 하는 입지 중 하나가 재개발·재건축하는 인천 구도심입니다. 여기에는 제대로 된 입지가 없어서 이사하겠다는 수요가 최근 20년 동안 꽤 많았었거든요. 이런 인구들을 다시 인천에 정주하게 유도해야 하는 것이 중요합니다. 심지어는 경기도나 서울에 사는 사람들도 '이 정도면 괜찮은데?' 하고

계획의 범위

• 인천광역시 행정구역 전역(8구·2군)
• 면적 : 1,381.348㎢

기준연도 2020년 ➡ 목표연도 2040년

추진경위

• 2019. 04. 과업착수
• 2019. 06.~10. 시민계획단 토론회 및 전문가 자문
  - 토론회 3회, 자문회의 3회
• 2019. 10. 시민제안서 전달
• 2019. 10.~ 관련부서 및 군·구 협의
• 2021. 03. 도시기본계획(안) 수립
• 2021. 03.~04. 전문가 자문회의
  - 분야별 4개 분과, 총 2회

올 수 있게 만드는 기반시설을 만들어야 합니다.

인천에서도 기본적으로 이런 목표로 열심히 준비하고 있다고 봐주세요.

인천광역시가 여러 가지 계획들을 세웠는데, 개요 페이지에 삽입된 지도 한 장에 모두 표시되어 있습니다. 이 지도는 저장해두고 인천에 갈 때마다 체크해보면 좋겠습니다. 새로 생겼을 수도 있고 안 생길 수도 있으니까요. 강화군과 옹진군은 제외하고 나머지 영종도는 어딘가요? 영종도는 중구입니다.

기본적으로 도로망 계획이 있습니다. 도로가 제일 중요해요. 도로가 들어왔다는 것은 거주지와 일자리가 생겼다고 하는 하나의 표시거든요. 철도랑 달라요. 철도는 그저 지나갈 수 있고 땅값이 싸면 생길 수 있죠. 그래서 철도망이 지나간다고 해서 정주 요건이 생긴 건 아닙니다. 그러나 도로가 생기면 상업시설이든 집이든 생깁니다. 그런 측면에서 보면 도로가 더 중요하다고 볼 수 있죠. 물론 서울에서는 역세권이 더 중요해요. 서울은 이미 도로가 없는 데가 없으니까요.

그런데 철도가 지나가거나 새로 들어온다고 해도 역이 생겨야지 프리미엄이 생기는 거잖아요. 도로는 정거장이 필요 없으니 아무 데나 나갈 수 있죠. 그러니까 도로가 없던 지역에 도로가 생기면 프리미엄이 무조건 생깁니다. 이 차이를 이해하고 있어야 합니다. 프리미엄을 평가할 때는 이렇게 새로 생기는 도로를 반드시 따져보세요.

수도권제1순환고속도로는 기존 1기 신도시를 잇는 도로죠. 수도권제2순환고속도로는 2기 신도시를 엮는 거고요. 파주, 운정, 양주까지 잇습니다. 인천국제공항고속도로는 이미 있고요. 그리고 인천대교가 있고요. 지금 경인고속도로가 청라까지는 왔고요. 청라에서 영종하늘도시까지 제3연륙교를 착공했어요.

강화군까지 가는 길에 영종-신도평화도로를 착공했죠. 서해남북평화도로는 아직 착공을 안 했고요. 이 다리가 준공되면 강화군에서 김포나 고양을 갈 수 있고 파주도 갈 수 있잖아요. 이렇게 도로망이 좋아지면 좋아질수록 영종도 땅들은 가치가 더 올라갈 수밖에 없습니다. 그래서 기본적으로 2040년까지의 새로 생길 인천 도로들이 확정되어 있는 거예요.

철도망 중에서는 제일 중요한 노선이 GTX-B입니다. 송도는 지금까지 서울과 무관했어요. 송도에서 서울까지 출퇴근하는 극히 일부 사람들이 있긴 한데 적극적으로 출퇴근하지 못했죠. 전철이 없기 때문에요. 전철을 타더라도 환승을 두세 번을 해야 했고요. 그런데 GTX-B가 생겨서 송도에서 20분 만에 여의도까지 갈 수 있다면 서울까지 출퇴근이 가능해집니다. 그렇기 때문에 굉장히 중요한 노선이고요.

서울과 무관할 때도 올랐던 송도는 GTX-B가 개통되면 당연히 더 올라갈 것입니다. 송도뿐만이 아니라 그전에 생기는 인천시청역(남동구 구월동) 바로 앞에 최근 아파트 가격 진짜 많이 올랐잖아요. 이런 이유 때문입니다. 부평역도 눈여겨봐야 합니다. 일단 인천에서는 GTX-B 부평역, 인천시청역, 송도역은 머릿속에다가 팍 새겨두세요.

현재 인천이 당면한 문제

인천 원도심의 인구가 감소하고 있습니다. 살 만한 집이 없기 때문이죠. 지금 인구가 증가하는 곳들이 연수구, 중구, 서구 같은 지역들이에요. 신도시 덕분에 그렇습니다. 연수구는 송도, 중구는 영종도, 서구는 검단과 청라가 있어 인구가 증가했는데 기존 도심이라고 할 수 있는 계양구, 부평구, 동구, 미추홀구, 남동구는 인구가 별로 증가하지 않았죠.

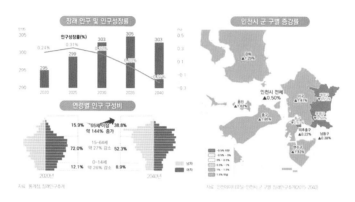

인구성장 둔화 및 원도심 인구 감소

그런데 여기도 개발하기 시작하면 다시 인구가 늘어날 수 있어요. 새 아파트가 생기면 아파트 때문에 들어왔다가 아파트가 없어도 주변에 정착하기도 합니다. 결국 계양구, 부평구, 동구, 미추홀구, 남동구는 정비사업이 이슈일 것 같고, 서구, 중구, 연수구는 계속 신도시가 인구 유입의 가장 중요한 역할을 할 것입니다.

연령별 인구 구성비에서 중요한 것이 생산가능인구(15~64세)인데, 감소 추세입니다. 일할 수 있는 연령층의 감소는 지역에 자체 수요를 묶어두는 데는 좀 문제가 있을 수 있습니다. 하지만 인천은 이제 인천만의 인천이 아니라 반 이상은 서울의 영향권이기 때문에 생산가능인구가 서울과 경기도의 일자리 지역까지 출퇴근할 수 있다면 인구가 늘어날 수 있다는 것도 생각해둬야 합니다.

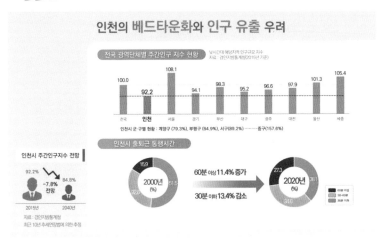

현안 2 "인천의 베드타운화와 인구 유출 우려"라고 하는데, 이 사항은 지금부터 인천이 어떻게 하느냐에 따라 다릅니다.

위상은 서울, 경기, 인천 순이기 때문에 수도권에서 제일 낮은 것이 사실입니다. 그런데 최근 지방에서 수도권으로 올라오는 사람들은 서울과 경기 다음으로 인천으로도 꽤 많이 이사 오고 있습니다(당연히 서울, 경기로 많이 오기는 합니다). 그럼 서울, 경기와의 경쟁에서는 지겠지만 다른 지방과의 경쟁에서는 이기고 있다는 이야기죠. 아마 인천은 서울로 경기도로 출퇴근 시간이 줄어들 가능성이 커질수록 인구는 훨씬 더 증가할 것입니다. 그 역할을 GTX-B가 할 거고요. 하지만 GTX-B는 2030년 이전에는 개통이 어려울 듯합니다.

● 현안 3

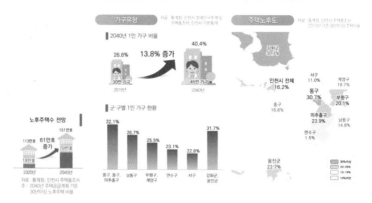

현안 3 가구 유형의 변화 및 원도심의 주택 노후화 진행도 살펴보겠습니다. 기본적으로 노후화되는 지역은 정비사업을 계속 추진하고 있어요. 그리고 1인 가구가 많아지는 지역의 경우는 아무래도 인구층이 젊고 주택에 대한 니즈가 좀 다릅니다. 이런 트렌드에 맞춘 주택 공급도 필요하지만 그럼에도 아파트는 계속 공급되어야 하고, 구축은 신축으로 바꿔줘야 한다는 것을 염두에 두어야 합니다.

지금 인천에서 1인 가구가 가장 많은 지역이 중구, 동구, 미추홀구, 강화군, 옹진군입니다. 1인 가구가 많은 곳은 정주 여건이 안 좋아요. 결국은 중구, 동구, 미추홀구, 강화군, 옹진군이 정주 여건이 나쁘다는 거죠. 이곳에 만약 정주 여건이 좋아지는 시설이 들어오면 호재가 되겠죠. 그런 것들은 미리 투자하는 겁니다.

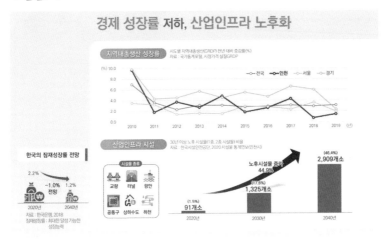

경제 성장률 저하, 산업인프라 노후화

주택 노후도도 파악하고 있습니다. 기본적으로 구도심들이 좀 많이 낡았고, 연수구는 1.5%. 완전 새 지역이죠. 새 아파트라고 해도 주변 환경도 노후하지 않은 신도시가 더 비쌀 수밖에 없습니다.

지역 내 총생산 성장률이 상승하고 있기는 합니다. 하지만 잠재성장률 전망이 낮아지는 걸 감안해야 합니다. 양질의 일자리들도 좀 더 들어와야 하고요. 산업 인프라 시설도 낡아 있기 때문에 개선이 필요합니다.

2040년 인천도시
기본계획 톺아보기

성장을 위한 인구와 일자리 계획

내적 성장 및 장기적 정책 목표 실현을 위한 인구 계획을 보겠습니다. 2020년에 295만이었었는데 2040년까지는 330만을 목표로 하고 있습니다. 자연 증가 인구와 전출 인구를 감안해 목표를 이루기 위해서 제일 중요한 것은 개발 사업으로 인해서 정주의 질이 높아졌을 때 증가하는 인구입니다. 일자리가 증가할 수도 있지만 대부분은 서울과 경기로 출퇴근하는 사람들의 베드타운, 결국은 신도시가 필요하죠.

제가 서두에 인천은 신도시가 필요한 곳이라고 이야기했죠. 그것을 절대 놓치면 안 됩니다. 구도심은 더 이상 확장이 어려워 증

● 인구 계획

내적 성장 및 장기적 정책목표 실현을 위한 인구계획 수립

2030년 도시기본계획
✓ 계획인구 : 350만명
✓ 2020년 기준 달성률 : 95%

단계별 인구계획

2040년 계획인구

295만명
2020년

약 35만명 증가

개발사업 증가인구
▲ 42만명
자연적 증가인구
▲ 8만명
전출인구
▼ 15만명

330만명
2040년

※ 계획인구 = (현재인구 295만명 + 자연증가인구 8만명 - 전출인구 15만명) + 개발사업 증가인구 42만명

가하는 수요층을 수용하기 위해 신도시가 추가로 필요합니다. 신도시로 개발되어야 한다는 것을 잊지 말기 바랍니다.

인구 유인 전략으로 고부가가치 산업이 중요합니다. 지금 고부가가치 산업이 들어오고 있는 지역으로 송도가 있죠. 송도를 주목할 수밖에 없는 게 들어오는 일자리가 일반 제조업이 아니고 바이오입니다. 삼성바이오로직스, SK바이오사이언스, 그러니까 2개의 대기업 삼성과 SK가 이곳에 바이오 벨트를 만들고 있습니다. 굉장히 좋은 일자리들이죠. 그래서 친환경 미래 에너지 산업을 발굴하는 데 송도가 중심이 되지 않을까 싶어요.

또한 이쪽으로 놀러 오게 만드는 관광 산업이 특화되면 일자리가 증가하기도 하거든요. 놀러 왔던 사람들이 좋다고 판단하면 세컨드하우스 수요도 증가합니다. 제주도나 속초처럼요. 그러니

● 인구 유인 전략

일터 ~ 쉼터 ~ 삶터의 조화를 통한 도시활력 증진

시민의 삶의 질 향상을 위한 성장지표 마련

세컨드하우스가 증가할 지역들도 눈여겨볼 필요는 있습니다. 송도, 내항 워터프론트, 소래습지 생태공원, 캠프마켓 등이 있습니다. 특히 캠프마켓은 주한 미군의 복합단지였던 ASCOM 도시의 일부를 말합니다. 인천에도 꽤 많은 미군 부대가 아직 남아 있거든요. 이곳들도 100% 개발될 예정이니까 미군 부대들이 없어지는 지역 주목해볼 필요가 있습니다. 인천의 여러 섬을 이용한 섬 관광 콘텐츠들도 개발할 수 있습니다.

정리하자면 이런 노력을 통해 주택은 38만 호를 더 공급할 예정이고, 일자리를 22만 개를 더 만들 예정이라고 합니다.

3도심, 5부도심, 8지역 12지구 중심 도시 개발

그래서 어떻게 개발을 할 것인가. 도심 개발 축을 일단 다핵 분산형으로 바꾸겠다고 합니다. 3도심, 5부도심, 8지역 12지구 중심으로 말이죠. 도심, 부도심, 지역 및 지구 중심은 『서울 부동산의 미래』에서 제가 처음으로 분석했습니다. 같은 방법으로 인천도 분석해보는 겁니다.

도심은 절대 수요가 있기에 중요합니다. 절대 수요가 있는 지역들은 무조건 사는 겁니다. 특히 인기 있는 부동산을 사는 것이 중요합니다. 3도심을 어디로 지정했는지 보면, 1등이 송도, 2등이 인천시청이 있는 구월동입니다. 그다음 3등이 부평이죠.

3도심은 GTX-B의 역세권입니다. 3도심이기 때문에 역이 생긴다고 생각하면 되겠습니다. 왜 3도심에 역을 만드냐면 일자리가 많기 때문입니다. 서울로 따지면 강남구, 영등포구(여의도), 종로구, 중구잖아요. 강남구는 집도 많지만 일자리가 전국에서 제

● 다핵 분산형 중심지 체계

포스트 코로나에 대응한 다핵 분산형 중심지체계

공간구조 3도심 5부도심 8지역중심 12지구중심

GTX기반 광역교통 중심의 3도심(송도/구월/부평) 설정
공항철도 및 인천지하철 중심의 5부도심 설정
· 영종, 청라, 계양, 검단, 동인천
지역별 발전방향을 고려하여 8지역 12개 지구중심 설정
▶ 2030 인천도시기본계획 : 4도심 3부도심 9지역중심

발전축 철도 및 광역도로 중심의 지역 연계형 발전축 설정

미래성장 · 국제기반 · 도시재생 · 평화벨트의 4개 축 설정
· 인천 공항경제권과 4차 산업혁명 대비를 위한 발전축
· 원도심 재생과 남북 교류협력을 위한 연계 강화

일 많은 곳입니다. 그러니까 3도심, 도심은 무조건 일자리가 많은 곳이고, 인천에서는 송도, 구월동, 부평구입니다.

3도심에 GTX-B가 들어오고, 또 하나 공항철도도 있죠. 서구로 지나갑니다. 인천지하철도 2개 호선이 있어요. 이 지하철, 전철이 2개 이상 지나가는 지역들이 있죠. 환승이 되는 지역에 5개 구역을 정했는데, 그게 바로 도심 다음으로 일자리가 많은 부도심입니다. 바로 영종도, 청라, 계양, 검단, 동인천입니다.

영종도와 청라는 이미 송도만큼이나 중요합니다. 청라 오른쪽에 계양이 있는데, 지하철 역세권이자 계양신도시입니다. 예전에 김포였다고 하는 검단, 여기도 검단신도시가 있습니다. 동인천은 동구, 이런 계획들이 발표되며 동구가 최근 가격이 좀 오르고 있습니다.

일단 여유가 있으면 3도심, 송도, 구월, 부평을 투자하는 거예요. 여유가 좀 없으면 그다음 5부도심, 영종, 청라, 계양, 검단, 동인천을 투자하는 겁니다.

이제 8지역과 12지구가 있습니다. 앞에서 말한 3도심은 3개의 호재가 있죠. 일자리, 교통망, 새 아파트. 이 3개가 제일 많은 지역이 3도심이고, 그다음이 5부도심입니다. 8지역이나 12지구는 일자리, 교통망, 새 아파트의 3개 호재 중에서 하나 또는 둘만 있는 곳입니다. 3개가 다 있을 수 있지만 완벽하지는 않을 것이고, 대부분 하나씩만 있을 겁니다. 수요가 있긴 있는데 적극적으로 몰리는 수요는 아닌 지역이죠.

8지역은 오류, 공항철도와 인천2호선의 더블 역세권인 검암, 계산, 루원시티 가정, 재개발·재건축로 주목받는 주안, 연수(송도를 제외한 동춘동·옥련동 일대), 소래, 논현이 있습니다. 12지구는 간석, 계양구에서 인기 있는 아파트가 있는 귤현, 성곡, 가좌, 간석, 숭의, 학익, 동춘, 남동, 서창, 만수가 있습니다.

정리하자면 인천을 3도심, 5부도심, 8지역 12지구 중심으로 개발하고 있습니다. 가장 우선으로 봐야 할 것은 당연히 3도심이고, 그다음에 5부도심, 8지역 12지구 중심 순으로 우선순위를 두면 됩니다.

인천 8개 권역생활권

8개 권역생활권을 보겠습니다. 이것은 구와 상관없이 같은 권역끼리 묶는 겁니다. 강화권과 옹진권은 논외로 하겠습니다. 물론 강화권도 인구가 증가하고, 당연히 부동산이 필요합니다. 강화도에 투자하는 사람들도 많고요. 특히 석모도 쪽은 땅값이 한 10배 올랐어요.

이렇게 인구가 덜 증가하고 개발한 곳들은 아파트가 별로 없습니다. 그래서 아파트 투자는 할 수 없지만 다른 투자들, 예를 들어 땅 투자는 얼마든지 할 수 있습니다. 강화와 옹진을 제외한 6개 생활권을 살펴보도록 하죠.

먼저 영종권입니다. 인구는 20만 명이 넘는 송도보다는 영종

● 8개 권역생활권 설정

일상생활 영향권과 균형발전을 고려한 생활권 설정

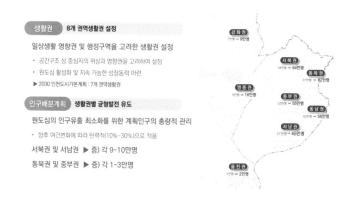

도가 무조건 적어요. 그래도 면적과 부지가 송도보다 훨씬 크고, 지금 무에서 유를 만들고 있다는 점에서 영종도를 주목해야 합니다. 일자리가 생길 때마다 아파트 공급이 줄게 되면 올라갈 타이밍이 생기기 때문에 늘 예의주시하고 있어야 합니다.

다른 권역생활권을 보면 서구권은 서구, 동부권은 부평구와 계양구, 동남권은 남동구, 중부권은 중구와 미추홀구, 서남권은 송도 포함한 연수구입니다. 대부분 지역에 인구가 증가하는데, 특히 많이 증가하는 지역들을 눈여겨볼 필요가 있습니다. 영종권이 인구는 적은 편이지만 거의 2배 가까이 상승하잖아요. 옹진권은 아예 인구가 증가하지 않고요.

그다음 서남권의 송도도 37만 명에서 46만 명으로 9만 명이 증가합니다. 나머지 지역들은 이제 1만 명 단위인데 지금 영종도와 송도는 인구가 꽤 많이 증가하고 있다는 것도 포인트입니다. 그리고 서북권도 인구가 많이 증가하고 있죠. 지금 증가할 지역이 검단입니다. 3지구까지 개발해야 하는데 이제 1지구 입주를 시작했거든요. 아직 분양도 안 끝났죠. 검단, 영종도, 송도는 인구가 증가하는 것만으로도 30만 명, 40만 명은 채울 것 같아요. 물론 유출되는 인구도 있으니 눈여겨봐야 합니다.

최초와 최고 '중부생활권'

권역생활권을 하나씩 보도록 하겠습니다. 먼저 "최초와 최고가 공존하는 한반도의 문화 중심지" 중부생활권입니다. 헤드라인은

● **중부생활권**

최초와 최고가 공존하는 한반도의 문화 중심지

2030
· 지역의 역사문화 자원을 활용한 원도심 활성화
· 도시 정비를 통한 새로운 도시환경 창출
· 공원 확충 및 광역교통 연계체계 강화

2040
· 52만명 ⇒ 55만명 (증 3만명)
· 기초생활인프라 1,757개소 ⇒ 1,774개소
· 내항·남항 재생을 통한 원도심 활성화
· 역세권 입체·복합개발 유도
· 경인선 지하화 상부공간 녹지축 형성

주요 기초생활인프라 공급계획

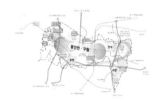

이 지역에서 자랑할 수 있는 겁니다. 인천을 대표하는 최고가 무엇일까요? 우리나라는 유교 사회이기 때문에 사농공상이 아직까지도 반영되고 있습니다. '사'라고 하면 관청 같은 공공기관이 있죠. 소위 말하는 '사'자가 붙은, 사법고시나 행정고시를 통과한 사람이 많은 곳, 즉 시청이겠구나 생각할 수 있어요.

중부생활권이 동인천과 구월동이잖아요. 구월동에 시청이 있습니다. 다른 지역을 볼 때도 이렇게 제목을 보며 지역 특성을 생각해보세요. 최초, 최고니까 오래된 구역, 그러면 공공시설이 많겠구나 이해하면 됩니다.

10년 전에 만들었던 계획에서는 원도심을 활성화하겠다고 했습니다. 실제로 구월동 주변이 크게 활성화되었고요. 정비도 어느 정도 됐고, GTX-B가 들어오면 더 좋아질 겁니다. 하지만 동인천 쪽은 10년 전이나 지금이나 솔직히 별 차이가 없어요. 초기 단계이기 때문에 아직도 정비가 필요합니다. 그래서 2030년 전후로 해서 기회는 오히려 동인천 쪽의 정비사업 혹은 지식산업 쪽에서 얻을 수 있을 겁니다.

앞서 송도나 영종도, 검단처럼 신도시가 들어오거나 논밭 같은 땅이 개발되어야지 인구가 대폭 증가합니다. 그런데 여기는 인구도 부동산도 이미 꽉 차 있어요. 중부이고 최초라고 이야기했잖아요. 10년 동안 3만 명이 증가한다고 계획했지만, 실질적으로 증가할지 아닐지는 모르겠습니다.

하지만 분명히 낡은 시설을 새 시설로 바뀌는 것들은 주목해야 합니다. 내항과 남항 재생을 통해서 원도심을 활성화하겠다는 부분입니다. 지금 항구 역할이 옛날보다 많이 위축되어 있다고 하니 활성화시켜 항구 역할도 하겠다고 하는 것이죠.

그리고 지난 10년 동안 새로운 역들이 생겼고, 앞으로 10년 동안 GTX-B를 비롯한 새로운 역이 생길 겁니다. 이런 역세권이 생기면 그 주변으로 입체 복합 개발을 유도하겠다고 합니다.

마지막으로 경인선 지하와 상부 공간 녹지축을 형성하겠다고 합니다. 그런데 서울도 서울역부터 용산역, 서빙고역, 이촌역 구간을 다 덮기로 했는데 10년째 못 덮고 있거든요. 뚜껑 덮는 게 보통 일이 아니에요. 수요가 많아야 하는데 천하의 용산도 못 하는 걸 여기에서 가능할지 걱정됩니다.

일단 계획은 계획일 뿐이니, 이런 계획이 있다는 것 정도만 알

아두세요. 남동구나 중구, 동구를 말할 때 구체적으로 다시 이야
기하겠습니다.

10년 후 가장 크게 변화할 '영종생활권'

두 번째, 영종생활권입니다. 일단 부지가 크고, 10년 전과 10년
후를 비교했을 때 가장 큰 변화를 보일 곳입니다. 그전에는 송도
가 가장 크게 변했지만 향후 10년 동안은 영종도가 제일 많이 변
할 듯합니다. 왜냐하면 영종도는 새로운 것이 계속 만들어지는,
일자리든 주거든 교통이든 제일 많이 발전하는 지역이기 때문입
니다.

인구가 무려 7만 명이 늘어날 예정이라고 합니다. 중산동, 운

● **영종생활권**

비행기 타고, 배 타고 세계인이 어울리는 국제도시

2030
· 공항 중심의 융·복합 관광산업 육성
· 국제항공 물류 중심지 활성화
· 항공산업 육성으로 성장기반 마련

2040
· 9만명 ⇒ 16만명 (증 7만명)
· 기초생활인프라 295개소 ⇒ 474개소
· 항공산업 클러스터 조성 및 리조트형 마이스 거점 개발
· 제3연육교 및 제2공항철도 개통으로 접근성 강화

■ 주요 기초생활인프라 공급계획

남동, 운서동 이 3개 동에서 7만 명이 증가한다는 것은 굉장히 많이 증가하는 겁니다. 왜냐하면 5만 명이 1개 도시 인구잖아요. 7만 명이면 도시 1개의 인구를 넘는 거죠. 군이 3개 정도 생기는 거예요.

그러니 여러 생활 인프라 시설도 많이 갖추겠다는 것이죠. 인프라가 갖춰지면 정주 여건이 좋아져서 일자리도 증가하고 사람들도 유입될 것입니다. 제3연륙교는 이미 착공했고 제2공항철도는 계획 중에 있습니다.

일자리에 주목해야 할 '서남생활권'

서남생활권을 보겠습니다. "글로벌 감각의 교통, 문화, 교육, 해양레저가 어우러진 야경 있는 젊고 안전한 도시"라고 합니다. 체크 포인트는 글로벌, 교통, 문화, 교육, 그리고 젊은 도시입니다.

기본적으로 교육 체크 포인트는 정주 여건이 좋다는 이야기고, 교통은 일자리가 많다는 의미입니다. 글로벌은 국내 기업뿐만이 아니라 외국 기업도 들어올 수 있다는 의미가, 젊다는 것은 생산가능인구가 좋아하는 지역이라는 의미일 수 있습니다. 그래서 인구도 무려 9만 명이 증가합니다. 9만 명이면 도시가 2개 생기는 정도라고 이야기했죠.

그러면 교통부터 보겠습니다. 교통은 GTX-B, KTX복합환승센터입니다. KTX는 송도에서 출발해서 대구, 부산, 광주, 목포 등으로 이어집니다. 부산 수요가 인천까지 오는 데 기여할 것이

● 서남생활권

글로벌 감각의 교통, 문화, 교육, 해양레저가 어우러진 야경 있는 젊고 안전한 도시

2030
· 산업간 융·복합을 통한 국제경쟁력 강화
· 광역교통망을 활용한 관광거점 육성
· 소래·시흥 광역생활권의 중심지

2040
· 37만명 ⇒ 46만명 (증 9만명)
· 기초생활인프라 747개소 ⇒ 1,183개소
· GTX-B, KTX 복합환승센터 조성
· 바이오 융합산업 생태계 조성을 통한 일자리 창출
· 도심해양관광 거점 조성 및 비즈니스형 마이스거점 구축
· 람사르습지 등 소래포구와 연계 해양명소 조성

고요. 그래서 GTX-B와 KTX복합환승센터 조성은 중요한 이슈가 될 것입니다.

그리고 글로벌 감각의 여러 일자리를 제공할 바이오 융합산업 생태계 조성은 삼성과 SK만 보더라도 충분하죠.

도심 해양관광은 외지 사람들이 자발적으로 이 지역에 놀러 오게 만들기 위함입니다. 일자리가 늘어나 수요가 증가하겠지만 여기에 플러스알파가 있어야 합니다. 서울과 부산을 생각해봅시다. 일자리도 많지만 놀러 가는 사람들도 많습니다. 즉 일자리도 많지만 놀 거리도 많은 지역으로 만들어야 프리미엄이 더 올라갑니다.

비즈니스 마이스. 마이스라고 하는 것은 뭐죠? 국제 컨벤션으로 국제 업무를 볼 수 있는 그런 비즈니스 공간들을 만들겠다는 거죠.

그리고 람사르습지 등 명소도 있고 소래포구 회센터로 유명하죠. 노량진수산시장이 활성화되어 있는 것처럼 여기도 관광 명소를 만들겠다고 합니다. 아래 지역의 정주 여건을 개선하거나 일자리를 만드는 데는 크게 기여하지 않지만 플러스알파는 되겠죠.

서남생활권은 GTX-B, 바이오 융합산업 생태계, 비즈니스 마이스 등으로 인천에서 가장 확실하게 멋진 일자리들이 눈에 띄게 증가할 지역으로 체크해두세요.

제조업의 재발견 '동남생활권'

동남생활권은 남동구죠. 남동구는 제일 일자리가 많은 지역 중 하나입니다. 아까 일자리가 많은 지역은 3도심이라고 했는데 거기에 남동구는 없었어요. 앞서 사농공상이라고 말씀드렸잖아요. 남동구는 공상이죠. 공이 많은 곳입니다. 세 번째 직업군 제조업의 남동공단입니다. 좋은 일자리입니다.

지금은 제조업의 재발견이죠. 미국도 3차 산업, 4차 산업 위주로 발전하다가 최근에 제조업들을 키우기 시작했거든요. 제조업의 기반이 약해지니까 중국과의 경쟁에서 밀렸던 거예요. 제조업 분야를 중국에 거의 99%를 뺏겼잖아요. 그러니까 미국도 중국과의 경쟁에서 향후 어떤 분야에서도 지지 않기 위해서 제조업을 활성화시키고 있는 거예요.

그만큼 제조업은 일자리의 하단을 지탱해주는 시설로서 굉장히 중요합니다. 인천에서 제조업 베이스로서 가장 크고 좋은 규

● 동남생활권

꿈을 키워가는 행복한 도시! 자연이 숨쉬는 행복도시

2030
- 지역의 역사문화 자원을 활용한 원도심 활성화
- 도시 정비를 통한 새로운 도시환경 창출
- 공원 확충 및 광역교통 연계체계 강화

2040
- 53만명 ⇒ 56만명 (증 3만명)
- 기초생활인프라 1,183개소 ⇒ 1,440개소
- GTX-B 복합환승센터 조성 등 공공행정업무 중심지
- 소래습지 생태공원 조성
- 산업단지 재생 및 도시첨단산업단지 개발

■ 주요 기초생활인프라 공급계획

모가 국가산업단지인 남동공단이고요. 다만 맹점이 있어요. 규모도 크고 부지도 크고 잘되어 있는데, 제조업 베이스다 보니까 업종이 거의 바뀌지 않아요. 첨단시설들이 들어와야 하는데 낙후되었죠. 첨단 업종으로 전환되면 더 좋을 겁니다.

그리고 GTX-B 송도역과 인천시청역이 있는데, 남동공단이 이 사이쯤에 있어 2개의 역을 다 이용할 수 있어요. 앞마당까지는 아니더라도 옆 마당 정도는 생기는 것이니 시너지 효과는 볼 수 있을 겁니다.

지금까지는 제조업 베이스지만 산업단지 재생 및 도시첨단산업단지를 개발할 예정이니, 상당히 매력적인 지역으로 발전할 것입니다. 뒤에 남동구를 분석할 때도 이야기할 내용이지만, 보통 대기업이 들어오면 2차 협력업체, 3차 협력업체 등 벤더라고 하

는 업체들이 뒤따라 입주합니다. 예를 들어 삼성전자가 들어오면 삼성전자만 있는 것이 아니라 삼성전자의 부품들을 납품하는 1차, 2차, 3차 심지어는 5차 벤더 업체까지 같이 들어가는 것입니다. 그래서 평택이나 화성, 용인 남사면 등의 지역도 주목해봐야 하는 이유죠.

그래서 송도에 SK그룹, 삼성 등 대규모 바이오 회사들이 들어오면 또 협력업체의 협력업체까지 들어오고, 주변에 여러 가지 일자리가 생깁니다. 즉 송도에 일자리가 많이 생기고 인천시청과 부평까지도 많이 생길 텐데, 남동구는 이 양쪽의 인프라를 누릴 수 있는 지역입니다.

생태 환경이 숨 쉬는 '동북생활권'

동북생활권은 부평구와 계양구입니다. 구도심이고 철저하게 서울 영향권 지역입니다. 서울 구로구에 있던 제조업 베이스 업체가 안산, 안양으로도 많이 이주했지만 부평구, 계양구 쪽으로도 이주했습니다. 그래서 인구가 부평구와 계양구에 제일 많아요. 광역시급의 인구인 82만 명입니다. 인구가 많기 때문에 신도시 개발을 할 수 있는 부지가 계양신도시 밖에는 없고, 남은 부지도 거의 없습니다.

기존에 있는 공장들을 다른 시설로 개발할 것인가 고민해야 하겠지만 신도시급으로 주거시설이 생길 수 있는 부지는 많지 않기 때문에 정비사업 위주로 가야 합니다. 이런 이유로 부평구는 정

● **동북생활권**

생태 환경이 살아 숨 쉬는, 걷고 싶은 문화관광 미래도시

2030
- "아라뱃길-계양산-부평" 역사 문화관광 벨트 조성
- 산업단지 구조고도화 및 첨단산업 유치
- 부평 부천 광역생활권의 도시기능 연계

2040
- 81만명 ⇒ 82만명 (증 1만명)
- 기초생활인프라 1,843개소 ⇒ 2,138개소
- 계양신도시 거점 개발 및 GTX-B 복합역사 지역상권 활성화
- 부평캠프마켓 문화공원 조성
- 경인고속도로 지하화를 통한 상부공간 공원 조성

비사업이 활발히 진행되고 있습니다. 계양구는 이런 공공택지가 신도시로 개발될 예정이고요.

부평구랑 계양구 옆에는 경인고속도로가 있습니다. 경인고속도로를 지하화하고 있는 데다 새로운 도로가 보강되면 좀 더 활성화될 수 있으리라 생각됩니다. 부평역세권은 GTX-B가 들어오기도 하고요.

여기는 재생산업도 한번 봐야 합니다. 재생산업이 이루어지면 주변이 더 살기 좋은 입지가 됩니다. 정비사업을 통해서 새 아파트들이 공급하면 서울의 수요를 일차적으로 받는 공간이 됩니다. 따라서 서울의 배후 수요지로서 역할을 할 수 있을 뿐만 아니라 자체 일자리도 좋아질 수 있습니다. 정주 여건이 좋으면 이곳에 직장을 잡고 싶어 하는 사람들도 증가하기 때문이죠.

서울의 수요를 받는 신도시 '서북생활권'

서북생활권은 서구입니다. 서구의 대표하는 지역이 청라죠. 개발이 거의 마무리되어서, 주거는 거의 다 들어왔고 일자리가 들어오고 있습니다. 향후 일자리가 얼마나 들어오는지도 한번 관심 있게 봐주세요. 루원시티라든지 가정지구 등의 지역들도 계속 개발되고 있습니다.

그리고 지금 가장 큰 신도시 중 하나인 검단신도시가 계속 개발되고 입주 중입니다. 검단신도시의 경우 자족 기능을 강화한다고는 하지만 아무래도 서울의 베드타운으로서 역할이 더 크지 않을까 하는 생각이 들기도 합니다.

수도권 매립지였던 서구는 생태형 미래도시를 추구합니다. 그 위에 골프장도 만들고 이것저것 시도하며 개발하고 있어 더욱더

● **서북생활권**

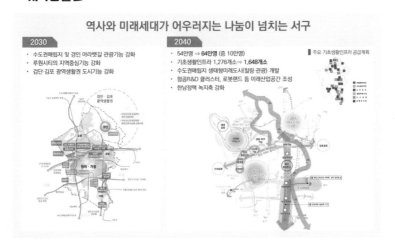

좋아지고 있습니다. 그리고 항공 R&D 클러스터, 로봇랜드 등도 서구에 만들어지고 있죠. 이런 공간은 일자리 수를 대폭 증가시키지는 않지만 지역에 활기를 넣을 수 있는 일자리를 만듭니다.

　서구는 서울 수요를 받는 가장 깔끔한 신도시고, 가장 대규모 신도시입니다. 말하자면 송도는 서울 수요를 받기보다는 그냥 명품 신도시이고, 서구의 청라나 검단은 서울 수요를 받는 신도시입니다. 서울에서 얼마나 받을 것인가가 이 지역을 바라보는 하나의 주요 포인트입니다.

그 외 강화생활권과 옹진생활권

강화생활권입니다. 참고로만 볼게요. 지금 강화에서 가장 주목해야 하는 것은 영종도에서 연결되는 교통망입니다. 영종과 강화

● **강화생활권**

역사, 문화, 해양, 관광의 남북평화 중심 도서

● 옹진생활권

청정, 힐링의 섬

2030
- 섬을 활용한 특화관광 육성
- 도서지역 접근체계 강화
- 도서 간 네트워크 발전 육성

2040
- 2만명 ⇒ 2만명
- 기초생활인프라 72개소 ⇒ 101개소
- 미래형 개인항공기 PAV 도입으로 도서 접근성 강화
- 화력발전 조기 폐쇄로 탄소중립 실현
- 친환경 에코랜드 조성

▣ 주요 기초생활인프라 공급계획

간에 도로 또는 철도가 생긴다고 할 때 어떻게 생기고, 어디로 가
는지 알아두세요.

옹진생활권은 특별히 볼 것이 없습니다. 정주 요건이 있는 게
아니라서요. 그냥 넘어가겠습니다. 이렇게 8개 생활권을 살펴보
았습니다.

이슈별 인천시의 기본 계획

다같이 누리는 시민행복도시

결국은 원도심 인구 유입이 중요합니다. 빠져나가는 원도심의 인
구를 다시 유입시키기 위해서 정비사업을 하고, 교육 경쟁력을

● 원도심 인구 유입을 위한 방안

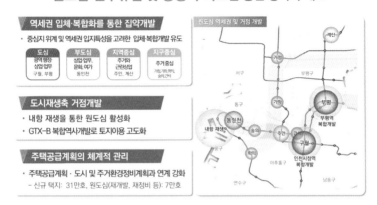

확보하기 위해 양극화를 해소를 위해 노력하고 있습니다.

지금 원도심 역세권 및 거점 개발을 하고 있는데, 제일 중요한 게 구월동이죠. 구월동에 GTX-B가 있습니다. 부평역도 GTX-B 역사 복합개발을 계획하고 있습니다. 구월동을 중심으로 해서 서쪽으로는 동인천까지. 그리고 숭의, 학익, 주안, 가좌, 가정 등의 지역까지 여러 가지 개발 계획들을 추진하고 있습니다.

여러 계획이 있지만 우리가 주목해야 할 것은 주택입니다. 일자리는 파격적으로 많이 들어올 일이 없습니다. 주택은 최소 3개 단지가 들어오느냐를 봐야 합니다. 또 하나는 교통망이 언제 개통되는지입니다. 강조하지만 교통망이 언제 개통되는지, 그리고 새 아파트가 3개 단지 이상이 언제 들어오는지 그것만 확인하세요.

● 의료 보건 체계 강화

인천형 복지 실현을 위해 의료 보건 체계 강화를 목표로 합니다. 영종도에 국립종합병원이 들어올 예정입니다. 그다음에 공공의료시설도 들어올 예정입니다.

이걸 왜 언급하냐면 인천에는 종합병원이 많지 않아요. 그래서 종합병원을 유치할 계획들이 대단히 많습니다. 청라도 있고 영종도도 있고 당연히 송도도 있죠. 그래서 원도심이든 신도시든 종합병원이 들어온다면 반드시 체크해야 합니다.

자료에는 어떤 게 들어온다고는 안 쓰여 있잖아요. 분명히 부동산 뉴스에 안 나오고 사회나 정치 면에 나올 거거든요. 이게 다 부동산에 그대로 반영됩니다.

글로벌 플랫폼 기반의 국제해양도시

그리고 해양친수공간 조성은 관광 시설로도 의미가 있고요. 해당
지역이 정비되는 것으로도 의미가 있다는 점을 참고해주세요.

● 해양 친수 공간 조성

- 송도, 내항 등 관광 및 여가공간 확보를 위한 워터프론트 조성
- 해안 개방을 위한 보전용도 계획
  - 신규 공유수면매립지, 준설토 투기장, 항만기능 폐쇄지역 등의 해안변
  - 2030인천 바다이음의 인천형 워터프론트와 연계
- 해양명소 조성을 위한 소래지역 도시공원 확장

친수공간 조성 예시

● 생태네트워크 구축

- 생태하천복원 및 하천정비사업을 통한 휴식 및 커뮤니티 공간 조성
  - 심곡천, 운연천, 수문통, 만수천, 동락천, 교산천
- 경인아라뱃길 물류기능 축소, 수질개선(4.6→3.0PPM), 문화기능 강화

생태 문화 관광의 중심 스마트 에코벨트

생태네트워크는 이슈가 크죠. 그런데 우리는 이것이 부동산에 어떤 영향을 줄 것인가를 봐야 합니다. 하천을 복원하느냐 복개하느냐, 거기에 어떤 시설을 만드느냐 이런 차원으로 보자는 이야기죠. 그러니 인천에서 자체적으로 검토하고 있는 부지들, 정비하려고 하는 부지들이 있다는 정도로만 알면 되겠습니다.

산업단지 관련 이슈

융합형 미래첨단산업공간을 개발한다고 하는데, 각 부지의 목표를 보면 좋겠습니다.

항공 특화단지인 영종도가 있고, 계양구는 ICT융합산업으로 부천까지 포함하고 있습니다. 청라는 로봇·첨단산업이고, AI혁신 생태계 바이오 클러스터가 송도입니다. 그다음 남동공단은 첨단

● **융합형 미래첨단산업공간 조성**

스마트밸리입니다.

　이런 것들을 인천에서 한다고 하니까 관련 이슈가 있을 때마다 고부가가치 산업들이 잘 되는지 한번 보면 됩니다. 만약 된다고 하면 정주 요건이 충족되어 인구가 증가할 수 있을 거고요.

　산업단지 재생 및 구조 고도화를 보겠습니다. 남동국가산업단지가 굉장히 낙후되었기에 새로운 시설로, 복합시설들로 개발할 여지도 있습니다. 지도를 보면 남동공단하고 송도랑 좀 보완 관계가 있습니다.

　남동공단이 개발될 여지가 있다고 하면 부지들은 좋아질 수밖에 없어요. 예를 들어 공장은 부지가 넓지만 일하는 사람들이 많지 않거든요. 만약에 공장이 오피스타운이라든지 지식산업센터로 개발된다면 가산이나 구로디지털단지처럼 밀집도가 높아지고

● 산업단지 재생 및 구조 고도화

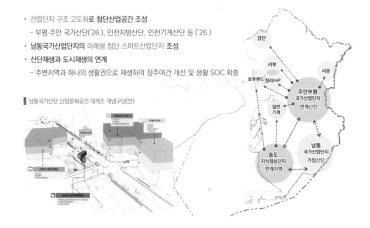

그곳에 살려고 하는 사람들이 많아질 겁니다. 남동구는 이런 가능성도 있다는 점을 이야기하고 싶어요.

송도로 가서 살면 좋겠지만 송도가 비싸잖아요. 그러다 보니까 남동구나 송도가 아닌 연수구 쪽의 주거 수요가 증가할 수 있기 때문에 지금 미래형 첨단 스마트 산업단지를 조성하려고 인천시에서 자꾸 유도하고 있어요. 그렇게 되면 경기도에 있는 산업체들도 경기도보다 더 저렴한 인천으로 이사 올 수 있으니까요.

항공과 항만, 그리고 문화

영종도는 항공산업 상황을 통해서 허브를 조성합니다. 영종대교를 통해 청라, 서울 쪽 김포랑 연결되죠. 청라 쪽으로 연결되는 제3연륙교는 지금 공사를 시작했고, 인천대교는 송도로 연결됩니다.

● **항공산업 성장을 통한 공항 경제권 육성**

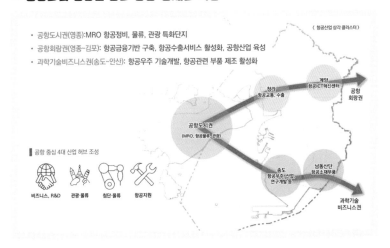

● 항만별 특화 및 활성화

- 신항: 수도권의 물류 연계 강화 및 환황해 첨단물류 관문항
- 북항: 수도권 원자재 화물처리를 위한 산업지원 거점 항만
- 남항: 해양관광벨트의 핵심 거점
- 자유무역지역 추가 지정 대상 검토
  - 북항 배후단지, 아암물류1단지, 아암물류2단지, 신항배후단지 등

항만 특화 예시도(안)

물류 관계에서도 일자리가 어디 생길 것인가 또 일자리가 생기면 어디에 정주할 것인가도 연관시켜서 보면 좋을 것 같습니다.

그리고 항만입니다. 인천은 좋은 게 공항도 있고 항구도 있어요. 굉장히 다양하게 드라마틱하게 개발될 수 있죠. 부산처럼요. 그런데 인천은 부산에 비해서 개발이 덜 되었습니다.

그 이유 중 하나가 초기의 김포공항 때문인 것 같기도 해요. 차라리 인천에 공항이 있었다고 하면 여러 시너지가 났을 텐데 말이죠. 영종도를 복합적으로 개발한 이유가 결국은 물류환경, 교통환경을 크게 시너지가 나는 환경으로 바꾸는 것이거든요. 그래서 신항, 북항, 남항 개발이 영종도 개발과 맞물려서 좋은 시너지를 주고받는다고 이해하면 되겠습니다.

북항은 북구, 남항은 중구, 내항은 동구, 신항은 연수구 쪽에

● 해양 역사문화 거점 조성

- 월미도권~연안부두권~내항재생권~개항장권 연계
  - 월미권 : 월미산·문화의거리~월미공원 연계
  - 연안부두권 : 항구도시 구현
  - 개항장권 : 근대 역사·문화공간 정비 및 창조
  - 내항재생권 : 해양문화, 관광여가, 복합업무 등

▌ 개발 컨셉(안)

문화휴게공간 수변업무공간 체험형 공간 역사자원 테마화 관광거점공간

● 다양한 문화인프라 확충

- 지역기반 문화산업 육성으로 문화의 균형적 확산
- 국제적 문화예술 플랫폼 구축
- 인천의 대표 앵커시설 조성
- 일상에서 누리는 문화공간 조성

▌ 문화인프라

있습니다. 연수구 쪽에 가면 송도 분양 안 한 공구들이 있잖아요. 바로 신항입니다.

다음은 해양역사문화거점 조성입니다. 그냥 참고로 봐주세요.

원래 이런 문화재들이 있었고 일제강점기 이전부터 개항되다 보니 당시 시설들도 많이 남아 있기 때문에 그것들을 문화재로 한다고 하는 겁니다.

여기는 뭘 봐야 하냐면 낡은 주거였지만 상가가 될 물건들이 있잖아요. 예를 들어 차이나타운에 가보면 원래 주거인데 상가로 바뀐 건물들이 있거든요. 여기도 그럴 가치와 가능성이 아주 높다고 봅니다. 다양한 문화인프라도 참고로 보세요.

건강하고 지속 가능한 환경도시

그다음 공원·녹지·해안변 녹지 공간의 유기적 연결도 참고해주세요. 개발되는 게 중요한 게 아니라 개발된 옆 부지의 주거지들이 깔끔해지는 거잖아요. 어떤 주거지들이 있는지 한번 살펴볼 필요

● **녹지의 유기적 연결**

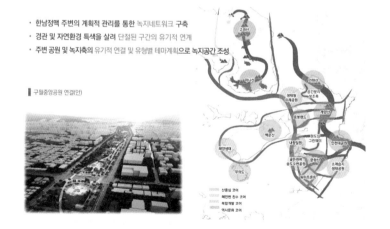

● 단절된 녹지축 연결

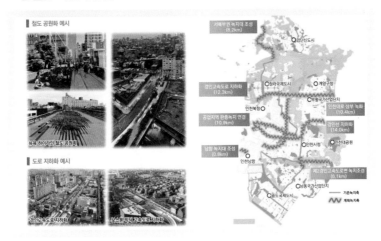

는 있습니다.

'단절된 녹지축을 연결한다.' '도로, 철도망을 개발하면서 끊겼던 곳들을 연결하겠다.' 등의 이야기인데요. 참고하기 바랍니다.

대중교통 연계를 통한 접근성 강화, 중요하죠. 그래서 결국 어떻게 연결되는지 말입니다.

GTX-B가 '2026년 개통 예정'이라고 적혀 있는데, 절대 안 됩니다. 왜냐하면 A랑 C도 2026년까지 안 되거든요. 2026년에 개통하려면 2021년에는 착공해야 하는데 아직 설계도 안 끝났어요. 기본적으로 언제 개통할지 모르겠지만 송도역, 인천시청역, 부평역이 있다는 것만 기억하면 됩니다.

그리고 수인선 연계 복합환승센터인데, 인천역과 송도역에 있다는 것입니다. 향후 GTX-B와 인천에서 출발하는 KTX, 그다음

● 철도망 확충

● 도심순환형 도로망 체계 구축

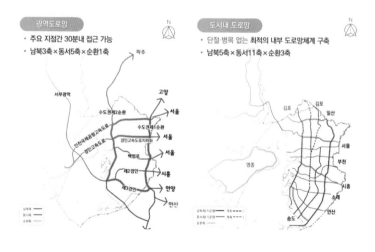

자체적으로 움직이는 트램 등을 꼭 기억하세요. 지도에서 녹색
부분이 트램이 지나가는 길인데, 영종도, 송도, 청라 쪽입니다.

도심 어디서든 15분 안에 접근 가능한 철도망이 갖춰지고 있다

● 환경도시를 위한 노력

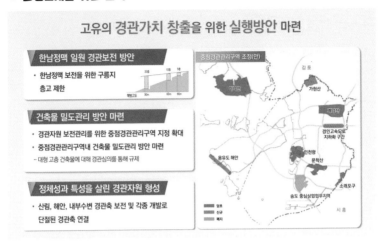

고 합니다. 하지만 서울도 수요가 많아 다 못하고 있거든요. 인천
은 일단 계획들을 잡아놓았는데 이 계획이 완료되는 시점은 서울
보다 속도가 느릴 수도 있고 안 될 수도 있다는 것은 감안하기 바
랍니다. 서울과 연결하는 것들은 될 가능성이 높은데 서울과 연
결되지 않는 것들은 특별히 국가 예산이 들어오지 않은 이상 요원
하다 보면 될 것 같아요.

실질적으로 계획 중인 게 빨간색이고 지금 기존에 운행하고 있
는 것들이 검은색이에요. 파란색은 제안한 것이거든요. 파란색까
지는 아직까지 요원하고 빨간색은 계획이 있는데 언제 될지는 좀
봐야 하겠죠. 지금 공사를 하는 것도 물론 있습니다.

지역 간 통행을 확보하는 도심순환형 도로망체계를 구축했다고 하는데요. 참고로 보세요. 가로축과 세로축을 격자 문양으로 만들고 있습니다. 이건 거의 모든 도시가 그래요.

다음으로 환경 도시입니다. 환경을 잘 바꿔서 우리가 실제로 이용할 수 있게 해주겠다고 합니다. 최근 세계문화유산 김포 장릉의 경관을 훼손한다는 이유로 철거 논란이 있었잖아요. 지도 오른쪽 위에 계양산이 있는데 여기가 검단신도시잖아요. 그래서 검단신도시 내 몇몇 아파트를 부수느니 마느니 하고 있다가 결국 입주를 시작했습니다. 이런 환경적인 측면을 강화하다 보니 논란이 생기고 문화재청의 입지가 강해졌죠.

여기까지 생활권별 인천의 주요 개발 계획들을 설명했습니다.

결국 입지다!
인천 부동산의 미래

입지의 스펙트럼이 다양해지고 있다

지금까지 인천 8개 구를 본격적으로 분석하기 앞서 전체적으로 살펴보았습니다. 인천을 어떻게 봐야 하는지 어떤 부분들을 봐야 하는지 어느 정도 감은 잡으셨을 것 같습니다. 구별로 들어가 본격적으로 분석을 시작하기 전 마지막으로 정리하겠습니다. 결론은 입지의 스펙트럼이 다양해지고 있다고 하는 것입니다.

신도시가 있고 구도심이 있고요. 신도시 중에서도 더 채워야 할 곳이 있고 이미 완성도가 높아진 지역도 있고요. 구도심 중에서도 개발되는 곳이 있고 개발이 안 되기도 합니다. 교통으로 개발되는 지역이 있고 일자리로 개발되는 지역이 있고요. 이렇게 입지 스펙트럼이 굉장히 다양해지고 있기 때문에 그 포인트들을 봐야 합니다.

중요한 것은 '인천을 살까 말까'를 보는 것입니다. 구도심에서는 인구가 줄고, 신도시에는 인구가 증가하고 있습니다. 그런데 신도시에 증가하는 인구가 더 많아서 구도심에서 줄어드는 인구를 빼고도 인천 전체 인구는 증가하고 있습니다. 만약 구도심도 인구를 정주시키고 유인할 수 있는 시설들로 빨리 변환된다면 인천의 경쟁력은 점점 더 높아질 것으로 예상됩니다.

제일 중요한 것은 교통이 아니고 일자리인 듯합니다. 그리고 새 아파트들이 생길 때마다 인구를 채우겠죠. 만약에 교통망과 일자리가 계획했던 것만큼 쉽게 만들어지지 않아도 신도시가 있어 계속 어떻게든 찰 겁니다. 공실이 나더라도 한 반만 채워도 인구가 증가할 거고요. 다만 구도심은 인구가 더 줄어들 수도 있습니다.

원도심은 늘 염두에 둬야 합니다. 제가 구별로 이야기할 때는 조심해야 할 아파트들 위주로 이야기하겠습니다. 그래서 정비사업 위주로 보되 특히 구도심의 구축 아파트는 조심할 필요도 있습니다.

지금부터 인천광역시를 어떻게 봐야 하는지 정리하도록 하겠습니다. 10년 전 제 수첩에 중구는 영종국제도시, 연수구는 송도국제도시와 연수지구, 남동구는 논현지구, 서창지구, 시청 소재지, 부평구는 삼산지구, 계양구는 계양신도시, 서구는 청라국제도시, 루원시티, 검단신도시라고 메모해뒀습니다.

10년 전 빠송 수첩 메모

중구 - 영종국제도시
연수구 - 송도국제도시, 연수지구
남동구 - 논현지구, 서창지구, 시청 소재지
부평구 - 삼산지구
계양구 - 계양신도시
서구 - 청라국제도시, 루원시티, 검단신도시

지금 개발된 것도 있고 개발되고 있는 것도 있고 개발인 안 된 것도 있어요. 이건 10년 전이었으니까 중요한 것은 지금부터 봐야 할 입지입니다.

바로 지금 봐야 할 인천의 입지

기본적으로 일단 2개의 메모를 기억하세요. 물론 평균이기 때문에 이 정도 아파트가 있는 건 아닙니다. 그러나 구의 평균을 알아두면 지역 평가할 때 되게 편해요. 금액보다는 순위가 더 중요할 것 같고요.

현재 인천에서 가장 수요가 몰려 있는 곳은 연수구입니다. 송도 하나로 인천 수요의 절반을 갖고 있습니다. 이미 시세가 평당 2천만~3천만 원이 넘어갔죠. 그렇기 때문에 인천의 송도는

지금 빠송 수첩 메모

시도	평단가(만 원)
연수구	2,124
부평구	1,650
인천광역시	1,619
남동구	1,528
서구	1,481
미추홀구	1,373
중구	1,363
계양구	1,329
동구	1,059
강화군	608

1. 연수구 - 송도국제도시
2. 부평구 - 7호선 라인
3. 남동구 - GTX-B 라인
4. 서구 - 청라국제도시, 검단신도시
5. 미추홀구 - 정비사업 몰린 지역
6. 중구 - 영종국제도시
7. 계양구 - 3기 신도시
8. 동구 - 정비사업 입지

이미 인천 평균을 크게 넘어선 송도라고 보면 돼요.

아무튼 송도를 포함한 연수구가 1위이고, 2위는 서울과 가장 가까우면서 일자리도 많으면서 교통이 편리하고 정비사업이 추진되고 있는 부평구입니다. 전통적인 강자로 7호선까지 갖춰 서울까지 직행으로 갈 수 있는 유일한 지역이죠. 이제 7호선이 서구까지 연장된다고 하는데, 그러면 부평구와 서구가 서울까지 갈 수 있는 노선을 갖게 되는 것이죠. 또 부평구는 GTX-B 역이 생깁니다. 물론 남동구에도 생기기고요.

인천광역시 평균 이상 지역들인 연수구(송도)와 부평구는 인천 자체 수요만으로도 대기 수요가 있습니다. 반면 남동구, 서구, 미추홀구, 중구, 계양구, 동구는 평균 이하 지역이죠. 그런데 자체 대기 수요가 있다는 남동구까지는 평균과 거의 유사하기 때문에 부평구급으로 봐도 될 것 같아요.

서구 이하부터는 수요가 많았다가 공급이 많았다가 수요가 많았다가 공급이 많았다가 왔다 갔다 합니다. 특히 서구, 미추홀구 2개 지역은 계속 왔다 갔다 할 것 같고, 중구와 계양구까지도 그렇습니다. 다시 정리하면 서구, 미추홀구, 중구, 계양구까지 평당 1천만 원이 넘었던 지역은 수요가 많으면 가격이 올라갈 것이고, 공급이 더 많으면 가격이 빠질 겁니다.

연수구, 부평구, 남동구는 상대적으로 입지 내에서 좋은 아파트들은 조정이 되더라도 단기적인 조정이 될 가능성이 높습니다. 서구, 미추홀구, 중구, 계양구는 수요와 공급이 서로 엎치락뒤치락하면서 올라가기도 하고 빠지기도 하고 반복할 텐데, 그 과정에서 끊임없이 신고가를 경신하는 것도 있고 끊임없이 가격이 내리는 것도 있을 테니 조심해야 합니다.

동구와 강화군은 고려하지 않아도 됩니다. 강화군은 가격이 워낙 싸요. 표준 건축비가 평당 600만~700만 원 정도 하거든요. 평당 542만 원이라니 건축비도 안 되는 가격이잖아요. 이건 지금 부동산으로서는 가치가 없는 거예요. 물론 강화군에도 시세가 높은 아파트가 있을 수 있겠지만 우리가 고려할 단서는 아니고요.

동구 같은 경우는 평당 900만 원이죠. 인천 평균보다도 꽤 낮기 때문에 별 볼 일 없는 주거지이지만, 만약에 여기도 평당 1천만~2천만 원 되는 상품들이 나올 수 있다고 하면 대부분 정비사업으로 나오겠죠. 그런 아파트들도 또 하나의 기회를 줄 수 있습니다. 지금 평균 가격이 싸기 때문에 비싸게 분양을 못 하거든요. 평소에는 볼 필요가 없고 변화가 있을 때만 보는 겁니다.

다시 정리해보겠습니다. 첫 번째 연수구는 송도국제도시 위주로 보고, 그 외에 동춘동이나 옥련동 등 지역은 이슈가 있을 때마다 보면 됩니다.

두 번째 부평구 7호선 라인이 대장입니다. 지금도 대장이고 향후에도 대장입니다. 그 외 지역은 부평구 편에서 분석하겠습니다.

세 번째 남동구는 GTX-B 인천시청역 주변이 대장입니다. 나머지는 남동구 편에 보겠습니다.

네 번째 서구는 청라국제도시와 검단신도시를 주목하세요. 루원시티는 지난 타이밍에 들어갔었으면 참 좋았을 텐데 지금 조금 많이 올랐죠. 물론 더 올라가긴 할 거예요. 그런데 청라나 검단에 비해 호재가 거의 다 반영됐어요. 올라가긴 가는데 조정이 되고, 또 올라갈 텐데 향후 포인트를 잘 봐야 합니다. 청라국제도시와 검단신도시는 계속 포인트가 생기고 일자리가 생기잖아요. 10년 전 루원시티 계획 때처럼 지금 초기 단계이기 때문에 계속 포인트가 생긴다고 이해하면 됩니다.

다섯 번째 미추홀구는 정비사업이 몰렸습니다. 예전 남구잖아요. 가장 구도심이기 때문에 정비사업이 몰리는 지역들이 있거든요. 그런 지역을 눈여겨보면 되겠습니다.

여섯 번째 중구는 영종국제도시 위주로 보고, 내륙 쪽은 재개발 투자에 능한 사람들이 보면 좋겠어요.

일곱 번째 계양구는 인기 있는 입지가 없었어요. 그런데 3기 신도시가 생겼기 때문에 3기 신도시와 그 주변 새 아파트를 보면 됩니다. 하나 팁을 알려줄게요. 3기 신도시인 계양신도시는 대부분이 20평형대예요. 희소성 때문에 오히려 30평형대의 인기가 올라가겠죠. 그러니 계양신도시에 붙어 있는 지역 중에 30평대 새 아파트가 있다면 인기가 많을 겁니다.

여덟 번째 동구는 정비사업 부지가 적기는 하지만, 그전에는 전혀 움직이지 않던 정비사업이 드디어 움직이기 시작했습니다. 이와 관련해서는 동구를 설명할 때 이야기하겠습니다. 이렇게 8개 구역을 간단하게 짚어보았습니다.

기간별 봐야 할 인천의 입지

기간별로 관심 가질 인천 입지를 정리해보겠습니다. 결국은 각 구의 일자리, 교통망, 새 아파트 등의 호재들, 그리고 현황과 앞으로 생길 것들을 정리하고, 장기·중기·단기로 봐야 할 걸 정리하면 앞으로 공부하는 데도 큰 도움이 될 겁니다.

부동산 같은 경우 장기는 10년 전후입니다. 예를 들어 인천 전

● 기간별 관심을 가질 인천 부동산

장기 (10년)	• 송도, 청라, 영종 신도시 • GTX-B 라인 광역 교통망 • 계양신도시(3기 신도시)
중기 (5년)	• 입지 좋은 기존 아파트 • 재건축·재개발
단기 (1년)	• 시세 변동성 큰 아파트 • 각종 분양권

체로 따지면 송도, 청라, 영종은 단기적인 조정이 있을 수 있겠지만 장기적으로 우상향하는 지역입니다. GTX-B도 10년 후에 개통될지 안 될지 모르겠지만 지금도 우상향 지역이죠. 계양신도시(3기 신도시)도 있습니다. 이런 것들은 장기적으로 10년을 보고 단기적 조정이 오면 들어가면 됩니다.

중기는 입지 좋은 기존 아파트를 봐도 됩니다. 새 아파트면 더 좋겠죠. 단기적으로 빠질 수 있지만 중기적으로는 빠질 가능성이 낮습니다. 재건축·재개발 입주권도 샀는데 물려서 내려갈 수 있죠. 그런데 결국 입주하고 난 후에는 시세가 상승할 가능성이 매우 높습니다.

단기는 변동성이 큰 아파트입니다. 당장은 공급이 없어서 막 올라가는 것처럼 보입니다. 투자자들이 들어오고 수요가 증가합니다. 그런데 옆에 계양신도시가 입주를 시작하면 빠집니다. 그 옆에 또 검단신도시가 입주하면 빠집니다. 이렇게 주변의 경쟁 구도를 봐야 하는 것들은 단기 수요입니다. 각종 분양권은 당연히 단기 수요고요.

이렇게 나눠서 스스로 구별로 정리해본다면 자신만의 '인천 부동산의 미래' 편이 완성되는 겁니다. 이렇게 『인천 부동산의 미래』의 개요 부분을 정리했습니다.

2부에서 설명하겠지만, 행정동이 있고 법정동이 있습니다. 서울을 제외한 나머지 지역은 행정동과 법정동이 달라서 따져볼 필요가 있습니다. 어떤 분석 자료를 보면 행정동으로 되어 있고 어떤 분석 자료를 보면 법정동으로 되어 있거든요. 그래서 양쪽을 다 알고 있으면 편합니다. 구별 행정동과 법정동은 해당 지역을 설명할 때 자세히 살펴보겠습니다. 신도시일수록 오히려 법정동이 단순하고 행정동이 분화된다는 점을 기억해두세요.

행정동과 법정동 차이를 제대로 이해해봅시다!

공부(公簿)상의 법정동(法定洞)은 자연부락을 바탕으로 했거나 오랜 전통을 지닌 동이고 행정동(行政洞)은 행정관청이 관할구역의 넓이보다는 주로 인구의 증감에 따라 설정됩니다. 인구가 많은 하나의 법정동에 여러 행정동을 설정해 동 행정을 따로따로 보게 한다든지, 인구가 적은 여러 법정동을 묶어 하나의 행정동을 두기도 합니다. 따라서 행정동은 주민센터 단위로 하는 행정구역이라고 할 수 있으며, 시 조례로 설정합니다.

법정동은 역사성이 있어 과거의 행정구역(시도 혹은 시군구 단위) 경계와 관련되는 경우가 많으며, 법정동이 행정구역 개편으로 반토막 났다고 해서 반드시 인접한 법정동에 병합되는 것은 아닙니다.

2부

구별로 핵심이 다르다, 다른 전략으로 노려라!

인천의 '강남'
연수구 부동산 전략

『인천 부동산의 미래』 첫 번째 지역은 인천의 강남구 '연수구'입니다. 원래 남구에서 분화된 연수구에는 연수동이 있었습니다. 그렇기 때문에 이름은 연수동에서 따왔을 것으로 보입니다.

연수동의 어원을 볼까요? 연년익수(延年益壽)라는 한자 성어가 있습니다. 나이를 많이 먹고 오래오래 산다는 의미인데, 옛 책을 읽어 보면 이곳에서 노인들이 조개를 주우며 많이 살았다고 해요. 얼마 전까지도 다른 지역보다 활동하는 노인 인구가 많다는 기록이 있다고 합니다.

오른쪽 사진은 송도 더샵 퍼스트파크가 준공된 다음 불을 다 켜놓은 행사 사진입니다. 이렇듯 연수구는 송도를 중심으로 굉장히 발전하는 지역입니다.

송도 더샵 퍼스트파크

자료: 포스코 건설 누리집

연수구의 현재를 이끄는 아파트

아실에 나오는 가격을 기준으로 아파트 순위를 알아보겠습니다. 다음 페이지 자료를 봐주세요. 왼쪽 순위는 평형 관계없이 전체 평형에서 제일 비싸게 거래된 것이고, 오른쪽 순위는 국민 주택 규모라고 하는 84m²를 기준으로 했을 때 가격 순위입니다.

전체적으로 봤을 때 더샵센트럴파크2차가 제일 비싸게 거래되었습니다. 119평에 48층인데 45억 원입니다. 2위는 송도더샵퍼스트월드로 120평 63층인데 35억 원이고, 3위는 송도아트원푸르지오로 90평 60층인데 31억 원입니다.

이렇게 30억 원이 넘는 아파트가 인천에는 어지간해서는 없는 듯해요. 층수가 27층인 아파트가 24억 원 정도 하는 걸 보면 아무

● 연수구 아파트 상위 거래 순위

전체 평형

순위	아파트	가격
1위	더샵센트럴파크2차 2011 입주 인천 연수구 송도동 | 21년9월 | 119평 | 48층	45억
2위	송도더샵퍼스트월드 2009 입주 인천 연수구 송도동 | 20년9월 | 120평 | 63층	35억
3위	송도아트윈푸르지오 2015 입주 인천 연수구 송도동 | 21년6월 | 90평 | 60층	31억
4위	힐스테이트송도더스카이 2024 입주 인천 연수구 송도동 | 20년10월 | 71평 | 36층	27억4,421만
5위	송도푸르지오하버뷰 2011 입주 인천 연수구 송도동 | 21년3월 | 103평 | 18층	26억
6위	더샵센트럴파크1차 2010 입주 인천 연수구 송도동 | 21년9월 | 69평 | 27층	24억9천만
7위	힐스테이트레이크송도3차 2023 입주 인천 연수구 송도동 | 21년1월 | 63평 | 45층	24억8,510만
8위	송도국제도시엠시티시그니처뷰(주) 입주 인천 연수구 송도동 | 21년9월 | 66평 | 42층	24억8,330만
9위	송도더샵센트럴시티 2018 입주 인천 연수구 송도동 | 21년2월 | 72평 | 47층	24억5천만
10위	송도더샵센트럴파크3차 2023 입주 인천 연수구 송도동 | 20년7월 | 81평 | 39층	23억3,290만

84m²(약 34평) 기준

순위	아파트	가격
1위	송도더샵퍼스트파크(F15BL) 2017 입주 인천 연수구 송도동 | 21년9월 | 35평 | 19층	14억7천만
2위	송도더샵퍼스트파크(F14BL) 2017 입주 인천 연수구 송도동 | 21년9월 | 35평 | 14층	13억7천만
3위	송도센트럴파크푸르지오 2015 입주 인천 연수구 송도동 | 22년2월 | 39층	13억6,500만
4위	송도더샵퍼스트파크(F13-1BL) 2017 입주 인천 연수구 송도동 | 21년12월 | 35평 | 22층	13억1천만
5위	송도더샵마스터뷰23-1BL 2015 입주 인천 연수구 송도동 | 21년10월 | 34평 | 20층	12억5천만
6위	더샵송도마리나베이 2020 입주 인천 연수구 송도동 | 22년2월 | 33평 | 13층	12억4,500만
7위	힐스테이트레이크송도2차 2020 입주 인천 연수구 송도동 | 21년9월 | 33평 | 17층	12억
8위	송도글로벌파크베르디움 2017 입주 인천 연수구 송도동 | 21년12월 | 35평 | 22층	11억9,500만
9위	송도더샵마스터뷰21BL 2015 입주 인천 연수구 송도동 | 21년9월 | 34평 | 22층	11억9천만
10위	송도더샵그린워크3차(18블록) 2015 입주 인천 연수구 송도동 | 21년10월 | 34평 | 22층	11억6천만

자료: 아실(asil.kr)

래도 30억 원이 넘는 것들은 펜트하우스 같고, 다른 대형 평형들은 20억 원대 전후까지도 올라왔다 정도로 파악할 수 있습니다. 인천에 있는 비싼 아파트는 대부분 송도에 있어요. 대부분이 아니라 거의 다 있습니다.

지금까지는 대형 평형까지 포함한 거래 시세였고, 84m² 기준으로 다시 살펴보겠습니다. 제일 비싼 아파트는 송도더샵퍼스트파크입니다. 15단지 35평형이 2021년도 9월에 14억 7천만 원, 15억 원에 육박해 거래되었어요. 2위는 14단지 13억 7천만 원이고요. 3위는 2015년에 입주한 송도센트럴파크푸르지오로 13억 6,500만 원입니다. 5위는 같은 해에 입주했던 송도더샵마스터뷰로 12억 5천만 원이네요.

송도더샵퍼스트파크 14단지와 15단지도 그렇고, 송도센트럴파크푸르지오, 송도더샵마스터뷰까지 모두 미분양이었어요. 제 주변에 미분양 물량을 여러 채씩 산 분들도 많았죠. 그러니까 지금 최고가 아파트들도 미분양이었던 시절이 있었다는 겁니다. 그 아파트들이 지금 분양가의 거의 3~4배까지 올라갔군요.

더샵송도마리나베이와 힐스테이트레이크송도2차는 2020년에 입주한 아파트인데 12억 원 정도 하고, 송도더샵마스터뷰 21단지도 11억 9천만 원으로 10억 원대가 넘어갔습니다. 10억~15억 원 사이이기 때문에 9억 원 이상 고가 아파트에 해당하는 대출 규제를 받습니다.

인천에서 투기과열지구가 연수구, 남동구, 부평구잖아요. 서울과 같은 투기과열지역이기 때문에 대출 제한 규제가 있습니다. 9억 원이 넘기 때문에 대출이 20%밖에 안 나오죠. 다시 말해 15억 원은 안 되지만 20%까지 대출이 나오는 조건에서 이 정도 금액이기 때문에, 여기는 지금 투자 수요층들보다는 실수요층들이 비싼 걸 알면서 들어오는 가격대의 아파트라고 보면 될 듯합니다.

연수구의 현재와 역사

연수구는 아까 말한 대로 나이를 먹고 오래오래 살 수 있다는 지역입니다. 인천의 가장 남쪽에 있고, 법정동에는 옥련동, 선학동, 연수동, 청학동, 동춘동, 송도동이 있습니다. 보통 아파트 시세를 따질 때는 법정동으로 되어 있어요.

행정동은 인구가 많아 행정을 나눠서 보기 위한 것이라고 이해

● **연수구 행정동과 법정동**

행정동	법정동
옥련1동	옥련동
옥련2동	
선학동	선학동
연수1동	연수동
연수2동	
연수3동	
청학동	청학동
동춘1동	동춘동
동춘2동	
동춘3동	
송도1동	송도동
송도2동	
송도3동	
송도4동	
송도5동	

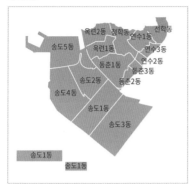

하면 될 듯합니다. 옥련1동과 2동은 옥련동이라는 법정동을 쪼개 놓은 지역이죠. 연수구는 신도시인 6개 동이 있는데 6개 동에 각각의 인구가 증가하다 보니까 동을 나누었다고 봐주세요. 가장 인구가 많이 증가한 지역 중 하나가 송도동이고요. 동춘동, 연수동, 옥련동이 그다음으로 증가했네요. 청학동이나 선학동은 인구가 많이 증가하지는 않았나 봅니다.

● 연수구 연혁

1968.01.01	법률 제1919호로 구제실시에 따라 남구 편입
	옥련동, 관교동, 문학동, 선학동, 연수동, 청학동, 동춘동
1977.05.10	시조례 제1075호로 행정동 명칭 변경
	남촌·선학동을 선학동으로 변경
	연수·청학동을 연수동으로 변경
1981.07.01	법률 제3424호로 직할시로 승격

1988.01.01	대통령령 제12376호로 남구에서 남동구 분구
	선학동 관할구역이던 남촌동을 남동구로 편입
1994.07.01	남구조례 제323호로 1개 행정동 분동
	연수동 → 연수1동, 연수2동, 청학동
1995.03.01	법률 제4802호로 남구에서 연수구 분구
	남구조례 제343호로 2개 행정동 분동
	연수1동 → 연수1동, 연수3동
	동춘동 → 동춘1동, 동춘2동
1996.01.01	구조례 제107호로 1개 행정동 분동
	동춘2동 → 동춘2동, 청량동
2003.02.21	구조례 제384호로 1개 행정동 분동
	옥련동 → 옥련1동, 옥련2동
2003.12.18	구조례 제419호로 행정동 명칭 변경
	청량동 → 동춘3동
2007.01.01	구조례 제532호로 1개 행정동 분동
	동춘2동 → 동춘2동, 송도동
2012.01.01	구조례 제726호로 1개 행정동 분동
	송도동 → 송도1동, 송도2동
2014.09.24	조례849호로 1개 행정동 분동
	송도1동 → 송도1동, 송도3동
2019.01.01	조례1119호로 1개 행정동 분동
	송도2동 → 송도2동, 송도4동
2020.10.26	조례1310호로 1개 행정동 분동
	송도4동 → 송도4동, 송도5동
~현재	

연수구의 역사도 알아보죠. 1968년부터 연수구가 등장하는데 이때는 연수구가 남구였습니다. 1968년에 옥련동, 관교동, 문학동, 선학동, 연수동, 청학동, 동춘동 현재 대부분의 연수구 행정구역을 갖고 남구에 편입되어 있었습니다. 1988년에 남구에서 남동구가 분리되고, 1995년에 남구에서 연수구가 분리됩니다. 그래서 실질적으로 연수구의 탄생은 1995년입니다. 아무래도 1995년을 기점으로 세대수가 많이 증가했음을 유추할 수 있습니다.

보면 알겠지만 연수동을 연수 1동, 2동, 3동으로 나눕니다. 연수동이 커지는 걸 보면 연수동 쪽에 많은 아파트 단지가 들어가 있었으리라 이해할 수 있고, 동춘동도 동춘 1동과 2동으로 나눴으니 아파트 개발을 짐작할 수 있죠. 그러면 1990년대 초중반에 지어진 아파트들이 많겠다는 사실까지도 연결하면 좋을 듯합니다.

송도동이 2007년에 생기니까 이때부터 아마 송도 입주를 시작했던 것 같고요. 2012년에 송도 1동과 2동으로, 2014년에 송도 3동으로, 2019년에 송도4동으로, 2020년 10월에 송도5동으로 나눠집니다. 다른 동들은 2007년 이후 분동이 거의 마무리되고 있는데 송도동만 분동이 되고 있습니다. 이는 즉 현재 연수구에 위상은 송도가 거의 다 가지고 있으면서 수요를 공급해주고 있고 세금도 제일 많이 내지 않을까 생각됩니다.

숫자로 읽는 연수구

행정구역별 인구 및 세대 현황

● 연수구 인구 및 세대 현황(단위: 명, 세대)

지역	인구수	세대수
연수구	387,303	156,489
송도3동	48,773	18,891
송도5동	40,056	14,941
송도1동	38,036	15,191
송도2동	36,496	11,856
송도4동	25,553	9,437
동춘1동	25,267	9,256
청학동	24,629	12,689
연수2동	20,881	9,877
옥련2동	20,132	7,964
옥련1동	19,137	8,274
연수1동	18,958	9,693
동춘3동	18,337	5,812
동춘2동	18,118	6,973
선학동	17,012	8,217
연수3동	15,918	7,418

구체적인 인구수를 살펴보도록 하겠습니다. 2022년 6월 통계입니다. 연수구 인구수는 총 38만 7천 명, 세대수는 15만 6천 세대입니다. 인구가 가장 많은 동은 송도3동입니다. 그다음을 송도 5동, 1동, 2동이 이어 나오며 송도의 4개 동이 인구 비중을 제일

크게 차지하고 있네요. 내륙 지방에서는 동춘동 다음 청학동 순이고요. 결론적으로 송도3동이 아파트도 제일 많다고 이해할 수 있습니다.

● **연수구 사업체 및 종사자 수**(단위: 개, 명)

시군구	사업체수	종사자수		읍면동	사업체수	종사자수
인천	206,244	1,092,494		송도1동	2,193	28,630
남동구	41,071	235,674		송도3동	3,173	27,580
서구	36,650	201,729		송도2동	1,632	8,696
부평구	32,420	155,411		청학동	1,706	7,211
미추홀구	28,017	125,290		옥련1동	2,055	6,982
연수구	19,802	119,825		송도4동	693	6,610
중구	13,589	103,973		연수2동	1,690	6,490
계양구	18,712	85,605		동춘2동	1,018	4,797
동구	7,875	35,238		동춘3동	715	4,267
강화군	6,026	21,929		동춘1동	982	4,249
옹진군	2,082	7,820		연수1동	1,496	4,045
				선학동	1,101	3,997
				옥련2동	947	3,540
				연수3동	401	2,731

기본적으로 일자리가 중요합니다. 일자리가 많아지면 인구가 증가하는 것이고 일자리가 줄어들면 인구가 감소하는 것이기 때문에 인구뿐만 아니라 일자리 수도 알고 있으면 좋습니다.

인천의 사업체 수는 20만 6천 개 정도고, 종사 근로자는 100만 명입니다. 인천의 인구가 290만 명, 거의 300만 명 정도였으니 3명 중 1명은 근로자라고 보면 되겠네요.

인천에서 사업체가 제일 많은 곳은 남동구입니다. 앞서 남동 공단을 이야기하면서 제조업이 제일 많다고 했죠. 종사자 수도 23만 5천 명으로 제일 많습니다. 남동구가 아직까지도 저력이 있는 이유가 바로 이거죠.

연수구는 1만 9천 개의 기업체가 있고 종사자 수는 11만 9천 명입니다. 송도1동과 송도3동 순으로 종사자 수, 즉 일자리가 제일 많습니다. 송도가 일자리도 제일 많고 사람도 제일 많고 교통도 제일 편리하네요.

결국은 송도의 수요는 일자리의 수요라고 볼 수 있겠죠. '인천의 강남구'라고 표현한 이유 중 하나가 이런 이유입니다. 강남구가 그렇거든요. 인구도 많고 일자리도 많고 기반시설도 좋다고 이해하면 됩니다.

어디에서 오고 어디로 갔을까?

지역별 이동 현황입니다. 아직 2021년 통계는 안 나왔지만 2020년과 크게 다르지 않을 테니 2020년 통계를 보겠습니다. 2020년 1년 동안 연수구로 전입해온 인구가 8만 4천 명, 연수구에서 다른 지역으로 전출을 나간 인구가 6만 4천 명입니다. 2만 세대 정도가 증가했습니다.

● 지역별 이동 현황(단위: 명)

다른 지역→연수구

전출지	전입지	계
전국		84,639
인천		58,852
인천 연수구	인천 연수구	30,472
경기		12,100
인천 남동구		10,111
인천 미추홀구		7,529
서울		6,633
인천 서구		3,476
인천 부평구		3,347
경기 부천시		1,770
경기 시흥시		1,732
인천 중구		1,640
인천 계양구		1,165
충남		1,141
경기 수원시		821
경기 용인시		793
경기 김포시		749
인천 동구		708
경기 고양시		694
경기 안산시		692

연수구→다른 지역

전출지	전입지	계
	전국	64,941
	인천	44,408
인천 연수구	인천 연수구	30,472
	경기	8,670
	서울	5,935
	인천 남동구	4,863
	인천 미추홀구	3,803
	인천 서구	1,552
	경기 시흥시	1,261
	인천 중구	1,248
	인천 부평구	1,246
	충남	1,096
	경기 부천시	910
	강원	711
	경기 김포시	684
	경기 화성시	611
	경기 용인시	570
	충북	566
	서울 강남구	552
	경기 고양시	522

연수구에서 연수구 자체적으로 이동한 게 3만 명으로 제일 많습니다. 예를 들면 동춘동에서 송도동으로 가는 경우겠죠. 그리고 경기도에서 연수구로 온 게 1만 2천 명입니다. 또 남동구에서

연수구로 이사 온 게 1만 명 정도, 미추홀구에서 7천 명, 서울에서도 6,600명이 왔네요. 인천 서구, 부평구에서도 각 3천 명, 경기도 부천시와 시흥시에서도 각 1,700명이 왔습니다. 충청남도에서 1천 명 넘게 왔고, 경기도 수원, 용인, 김포, 고양, 안산시에서 많이 왔고요. 상위 20위까지 표로 정리했으니 확인해주세요.

결국 연수구는 이사 오기 좋은 지역이라고 평가해도 되겠죠. 반면 연수구에서 다른 지역으로 이사를 가기도 합니다. 경기도로 나간 게 8,600명, 서울로도 5,900명이 나갔네요. 인천에서는 남동구로도 많이 갑니다. 충청남도로도 한 1천 명 갔고, 부천시로도 900명이 갔습니다. 강원도로도 700명이 넘게 갔네요. 서울 강남구도 500명 정도로 눈에 띕니다. 강남구에서 송도로 새벽에 이동하면 30~40분밖에 안 걸린다고 하니, 강남구로 출퇴근하는 사람들도 많다고 합니다. 고양시하고도 친하고요. 이 도표는 나중에 입지 분석할 때 굉장히 유용하니 잘 기억해주세요.

연수구 주택 현황

인천은 전국 평균보다 아파트가 더 많습니다. 하지만 비율을 보면 단독주택보다는 다세대주택이 많네요. 이것도 재미있는 통계죠. 인천은 다세대주택의 수요가 다른 지역보다 많은 겁니다. 알다시피 다세대주택이 월세가 잘 나오니, 인천이 다른 지역보다 월세 수익률이 높습니다. 당연히 투자 팁이 되겠죠.

● 주택 유형(단위: 채)

지역	구분	계	단독주택	아파트	연립주택	다세대주택	비거주용 주택
전국	주택수	18,525,844	3,897,729	11,661,851	521,606	2,230,787	213,871
	구성비	100.0%	21.0%	62.9%	2.8%	12.0%	1.2%
인천	주택수	1,032,774	95,700	661,611	27,704	238,777	8,982
	구성비	100.0%	9.3%	64.1%	2.7%	23.1%	0.9%
연수구	주택수	127,407	3,499	116,186	919	6,502	301
	구성비	100.0%	2.7%	91.2%	0.7%	5.1%	0.2%

● 주택 점유 형태(단위: %)

지역	계	자가	전세	보증금 있는 월세	보증금 없는 월세	사글세	무상
전국	100.0	58.0	15.1	19.7	3.3	0.0	3.9
서울	100.0	42.7	26.0	24.8	3.3	0.0	3.2
인천	100.0	60.2	15.6	17.4	3.2	0.0	3.7
연수구	100.0	58.4	17.0	16.3	5.1	0.3	2.8

연수구는 아파트 비율이 91%입니다. 완전히 아파트 중심의 도시죠. 인천 평균보다도 월등히 높고 거의 전국 톱 수준입니다. 다른 주택 유형은 볼 필요도 없네요.

점유 형태를 보죠. 전국 자가 비율은 58% 정도고, 서울은 42.7%로 평균보다 낮습니다. 반면 인천은 60.2%로 수도권치고는 높죠. 수도권에서 자가 비율은 인천이 제일 높고 그다음 경기도, 서울 순입니다. 그래서 서울은 임차 세대의 의견이 중요하고, 인천은 자가 세대의 의견이 중요합니다.

반면 연수구는 자가 비율이 58.4%로 인천 평균보다 낮습니다. 보증금이 있는 월세 비율도 낮은 편입니다. 무슨 의미일까요? 연수구가 인천 평균보다 자가 비율이 낮다는 것은 미래 가치를 보고 투자한 사람들도 많다는 겁니다. 서울이 자가 비율이 낮은 거랑 똑같은 거예요. 즉 자가 비율이 전체 평균보다 낮으면 미래 가치가 있다고 봐도 좋습니다.

데이터로 읽는 연수구의 아파트

2023년까지의 아파트 입주 물량

현재 아파트 재고량입니다. 통계마다 조금씩 다르기는 한데, 주상복합을 아파트로 볼 것인가에 따라 차이가 있습니다. 이 통계는 제가 부동산114 자료로 정리한 입주 물량입니다.

● 전국 아파트 입주 물량: 재고량 및 입주 예정(2023년까지)(단위: 채)

지역	재고량	2017년	2018년	2019년	2020년	2021년	2022년	2023년
전국	12,425,920	398,249	463,698	419,031	361,594	286,572	302,008	301,953
경기도	3,481,881	133,137	168,502	140,843	122,724	113,295	102,869	88,396
서울특별시	1,821,312	28,614	37,484	49,084	49,455	31,633	20,491	22,085
부산광역시	897,561	20,880	26,080	26,060	27,631	17,282	26,305	23,759
경상남도	799,925	38,891	33,280	47,994	19,411	10,917	7,056	12,425
인천광역시	757,806	19,381	23,513	17,341	17,821	19,258	37,269	40,327
대구광역시	686,828	23,221	14,323	10,857	15,549	16,658	20,424	34,128
경상북도	549,745	24,486	23,931	19,403	12,482	8,182	3,960	10,981
충청남도	524,130	25,259	26,226	8,588	13,072	10,636	23,729	21,554
광주광역시	451,557	12,049	7,251	13,704	12,493	5,389	13,789	3,359
전라북도	424,572	6,847	12,456	12,758	14,413	6,706	8,965	6,400
충청북도	403,621	12,495	24,605	11,817	14,845	10,311	7,359	10,849
대전광역시	377,779	6,633	6,585	3,963	6,698	6,233	9,229	3,282
강원도	375,797	6,363	18,803	18,694	11,412	10,520	6,203	6,201
전라남도	367,041	8,652	11,747	9,687	13,506	9,980	7,331	8,497
울산광역시	293,195	9,621	9,794	12,831	2,940	897	3,648	8,687
세종특별시	124,204	15,479	14,027	11,421	5,655	7,668	3,257	458
제주도	70,114	4,200	1,914	1,790	1,487	1,007	124	565

※ 합계 재고량은 2007~2023년 데이터입니다.

● 인천 아파트 입주 물량: 재고량 및 입주 예정(2023년까지)(단위: 채)

지역	재고량	2017년	2018년	2019년	2020년	2021년	2022년	2023년
인천광역시	757,806	19,381	23,513	17,341	17,821	19,258	37,269	40,327
서구	163,996	7,148	6,961	2,150	898	8,876	19,126	14,811
남동구	126,512	4,063	2,090	2,700	2,525	97	358	294
연수구	125,011	6,741	6,148	6,137	8,048	228	752	5,054
부평구	122,572	140	276	293	2,209	2,059	8,571	9,246
미추홀구	82,692	559	5,437	383	2,376	2,318	4,048	8,323
계양구	76,056	724		123	931	3,315		670
중구	41,718	6	2,601	5,555	450	1,445	4,414	1,929
동구	15,498				232	920		
강화군	3,599							
옹진군	152				152			

※ 합계 재고량은 2007~2023년 데이터입니다.

전국에 1,200만 개의 아파트가 있고, 인천은 75만 개의 아파트가 있습니다. 그중에서 연수구에 12만 5천 개가 있습니다. 아파트 수로 따지면 연수구는 3위 정도죠.

빨간색이 입주를 가장 많이 한 시기고, 초록색이 입주를 조금 한 시기입니다. 2023년까지는 입주할 아파트들이 확정되어 있죠. 2020년에 분양한 것일 테니까요. 2021년에 연수구가 좋았던 것은 2022년의 입주 물량이 적기 때문이었습니다. 그런데 2023년에 입주 물량이 좀 많네요.

그리고 연수구의 경우 인접한 남동구도 봐야 합니다. 남동구에 입주 물량이 많으면 영향을 받을 텐데 다행히 남동구의 입주 물량이 많지는 않죠. 미추홀구의 영향은 좀 받겠네요. 미추홀구의 입주 물량이 2천 세대, 4천 세대, 8천 세대입니다. 미추홀구는 2022년, 2023년 시세가 많이 올라가지는 않을 것 같아요.

주인공인 연수구는 2022년까지 경쟁할 입주 물량이 상대적으로 적습니다. 하지만 부평구, 미추홀구, 중구 등에 입주 물량이 많아 인천 전체적으로는 수요보다 공급이 많습니다. 4만 세대면은 거의 서울에서 필요한 양이니까요.

동별 아파트 입주 물량을 다시 쪼개서 보겠습니다(다음 페이지). 연수구 중에서는 송도동 입주 물량이 많았고 다른 동은 없어요. 다른 동들은 특별히 문제가 없는 이상 기존 수요는 유지할 것 같습니다. 옆에 있는 남동구는 입주 물량이 없으니까 상관없겠지만 미추홀구나 이런 지역에 새 아파트가 생기면 새 아파트를 따라 다

● 연수구 동별 아파트 입주 물량: 재고량 및 입주 예정(2023년까지)(단위: 채)

지역	재고량	2017년	2018년	2019년	2020년	2021년	2022년	2023년
연수구	125,011	6,741	6,148	6,137	8,048	228	752	5,054
송도동	63,620	5,632	6,148	2,986	8,048	228	752	4,287
동춘동	21,412	1,043		3,151				
연수동	18,789	66						
옥련동	10,888							
선학동	5,701						767	
청학동	4,601							

※ 합계 재고량은 2007~2023년 데이터입니다.

● 연수구 아파트 입주 예정 단지

읍면동	단지명	총세대수	공급방식	입주년월
송도동	송도더샵프라임뷰	662	개발	2022.08
송도동	송도아리스타프라임	90	개발	2022.12
	계	752		

142

른 데로 이사 갈 수도 있겠고요.

송도는 2023년에 입주 물량이 많으니까 혹시 갈아타기를 할 사람들은 이때를 한번 노려보는 것도 좋겠습니다. 2022년에 752세대가 입주를 합니다. 송도동에 송도더샵프라임뷰가 8월에 입주하고, 송도아리스타프라임이 12월에 90세대가 입주합니다.

평단가로 보는 가격 동향

● 연수구 동별 평단가(단위: 만 원)

시군구	평단가		읍면동	평단가
연수구	1,882	→	송도동	2,312
부평구	1,514		**연수구**	**1,882**
인천광역시	**1,475**		동춘동	1,479
남동구	1,452		연수동	1,420
서구	1,366		옥련동	1,044
미추홀구	1,289		청학동	973
중구	1,200		선학동	864
계양구	1,170			
동구	948			
강화군	542			

가격 동향입니다. 1부에서 봤던 것처럼 서울이 평단가 4천만 원 정도일 때 인천은 평균 1,400만 원 정도입니다. 연수구가 1,800만 원으로 가장 높고요. 중요한 것은 송도동이 2,300만 원 이라는 겁니다. 2,300만 원이면 전국 평균보다 높은 거죠. 굉장

히 높은 수치입니다. 그런데 송도동을 제외한 대부분은 1,400만 원입니다. 이 정도는 남동구 수준이고, 평균을 내면 1천만 원 정도잖아요. 송도동을 제외하면 계양구나 동구 수준인 겁니다.

기억하세요. 송도신도시는 연수구가 아니에요. 평균 가격 차이가 더블 스코어 이상이잖아요. 그러니 송도는 그냥 송도로, 다른 지역과의 연관성을 갖지 않았으면 좋겠습니다. 다른 지역이 올라간다고 송도가 올라갈까요? 만약 송도가 올라가면 다른 지역들이 따라 올라갈 수는 있겠지만 다른 지역이 오른다고 거꾸로 송도에 영향을 주지는 않습니다. 송도 주변 지역들은 송도의 배후 수요가 될 것이고 송도는 독보적인 송도라고 생각하면 됩니다.

주목해야 할 동별 아파트

상위권 단지로는 어떤 것들이 있는지 보겠습니다. 평단가 기준으로 연수구에서는 송도동이 상위권 단지네요. 이것은 그때그때 달라집니다. 송도더샵센트럴시티 고층은 펜트하우스 가능성이 높은데 3천만 원이 넘고요. 송도더샵퍼스트파크 14단지가 3,300만 원 정도에 거래되었습니다. 입주 연월, 총 세대수, 평단가 기준으로 봤을 때 송도더샵퍼스트파크가 2021년 거래된 것 중에 일반적인 시세라고 보면 될 것 같아요.

● 송도동 아파트

순위	단지명	총세대수	평단가(만 원)	입주년월
1	송도더샵센트럴시티(RM2)	2,610	3,825	2018.09
2	송도더샵퍼스트파크(F14)	869	3,558	2017.11
3	송도더샵마스터뷰21단지	692	3,047	2015.08
4	송도더샵마스터뷰22단지	691	3,040	2015.08
5	송도웰카운티3단지	515	3,014	2010.03
6	송도더샵그린워크1차(D16)	736	2,997	2014.09
7	송도에듀포레푸르지오(RC-2)	1,406	2,896	2016.09
8	송도더샵그린워크2차(D11)	665	2,830	2014.09
9	송도베르디움더퍼스트	1,834	2,803	2017.02
10	롯데캐슬캠퍼스타운	1,230	2,793	2016.03
11	송도더샵하버뷰13단지	553	2,790	2011.04
12	글로벌캠퍼스푸르지오	1,703	2,775	2013.01
13	송도국제도시호반베르디움2차(RC1)	1,153	2,766	2017.11
14	송도해모로월드뷰	638	2,758	2012.12
15	송도더샵센트럴파크II	632	2,705	2011.08
16	힐스테이트레이크송도	886	2,687	2019.06
17	송도캐슬&해모로	1,439	2,631	2013.01
18	e편한세상송도	2,708	2,612	2018.11
19	송도더샵마스터뷰23단지	478	2,607	2015.08
20	송도현대아이파크	616	2,598	2005.09
21	송도자이하버뷰1단지	546	2,550	2011.02
22	송도더샵그린워크3차(D17)	358	2,544	2015.01
23	송도웰카운티4단지	465	2,539	2010.02
24	송도더샵하버뷰II	548	2,532	2012.05

가장 최근에 거래된 것들은 아파트실거래가(아실)를 봐주세요. 이 자료는 제가 2022년에 나온 통계를 종합한 수치입니다. 아마 이보다 좀 더 올라갔을 가능성이 높습니다.

● **동춘동 아파트**

순위	단지명	총세대수	평단가(만 원)	입주년월
1	송도파크자이	1,023	2,181	2019.05
2	현대1차	1,040	1,705	1993.01
3	무지개마을	1,068	1,688	1995.08
4	인천연수서해그랑블	1,043	1,672	2017.11
5	한양2차	1,440	1,667	1995.08
6	풍림2차	1,200	1,645	1993.06
7	동남	1,350	1,572	1994.12
8	삼환	888	1,557	1994.05
9	동아	528	1,506	1993.04
10	삼성	540	1,472	1993.08
11	건영	970	1,467	1994.04
12	금호	528	1,466	1993.04
13	동춘마을	930	1,403	1994.07
14	럭키	540	1,386	1993.11
15	대우2차	888	1,343	1995.08
16	한양1차	1,020	1,337	1994.12
17	대림2차	350	1,300	1993.08
18	현대2차	350	1,299	1993.08
19	송도파크레인동일하이빌	1,180	1,261	2019.03
20	롯데	320	1,260	1993.08
21	하나2차	264	936	1994.09

22	대림3차	408	820	1993.07
23	대동	336	771	1994.11
24	태평1차	192	765	1992.12
25	대우3차	344	757	1993.12
26	태평2차	198	750	1995.11
27	조흥	97	750	1997.02
28	아주	348	742	1994.04

　다음은 동춘동을 보겠습니다. 기본적으로 송도파크자이가 제일 비싸고, 다음이 현대1차, 무지개마을, 인천연수서해그랑블이 있습니다. 여기는 평당 2천만 원 전후 가격이 형성되어 있습니다. 송도동과는 가격대가 완전 다르죠. 송도동은 지금 2천만 원 이하가 없잖아요. 지금 연수구에서 두 번째로 비싼 동이 동춘동인데도 1천만 원대 초반입니다. 동춘동조차도 송도동 시세와는 완전 다르다는 것을 꼭 염두에 두세요.

● **연수동 아파트**

순위	단지명	총세대수	평단가(만 원)	입주년월
1	우성2차	2,044	2,200	1995.04
2	승기마을	1,000	1,826	1992.05
3	우성1차	1,088	1,711	1995.12
4	대동	768	1,707	1993.11
5	경남	620	1,548	1993.05
6	유천	788	1,521	1993.09

7	성일	414	1,438	1994.01
8	세경	567	1,414	1997.08
9	효정	312	1,387	1993.12
10	풍림1차	769	1,375	1992.03
11	문남마을	400	1,375	1994.12
12	대림	640	1,250	1993.05
13	주공3단지	1,170	1,250	1993.11
14	주공2단지	960	1,222	1992.06
15	솔밭마을	1,200	1,119	1993.05
16	동남	420	1,097	1994.03
17	대우1차	390	1,014	1992.06
18	연수푸르지오3단지	102	992	2011.05
19	영남	622	950	1992.12
20	태경	220	864	1992.07
21	우주	230	864	1992.06
22	인향	220	849	1992.06
23	연수푸르지오2단지	110	833	2011.05
24	태산	420	828	1993.12
25	대명	108	797	1993.07
26	연수시영1차	370	794	1992.05

다음은 연수동입니다. 여기는 동춘동과 시세가 비슷하죠. 제일 비싼 아파트가 2천만 원 정도고 1천만 원 초·중반대가 제일 많습니다.

평단가는 빨간색이 숫자가 높고 초록색이 숫자가 낮습니다. 입주 연월은 오래된 것을 빨간색으로 표시했습니다. 그중 1980년대에 입주한 아파트가 있으면 재건축을 할 수도 있으므로 관심 있게 봐주세요.

● 옥련동 아파트

순위	단지명	총세대수	평단가(만 원)	입주년월
1	현대2차	1,180	1,478	1996.06
2	현대5차	621	1,372	1997.06
3	현대4차	1,011	1,354	1997.05
4	풍림	386	1,324	1998.03
5	아주1차	384	1,307	1997.08
6	현대3차	368	1,280	1996.07
7	삼성	612	1,250	1996.03
8	우성	498	1,158	1996.09
9	서해	600	1,147	1995.01
10	쌍용	574	1,146	1998.08
11	태평	273	1,128	1997.11
12	송도럭키	1,304	1,114	1993.11
13	한국	481	1,091	1997.12
14	백산2차	301	1,042	1997.09
15	우성2차	255	1,040	2002.06
16	현대1차	674	991	1994.12
17	원흥	359	900	1994.11
18	백산1차	307	840	1994.01
19	영남송도	335	810	1984.11
20	윤성	132	636	1991.04

다음은 4위 옥련동이고요. 2천만 원대는 아예 없고 1천만 원 전후로 아파트 시세가 형성되어 있습니다. 1990년대 아파트들은 앞에서 이야기한 연수구의 탄생과 관련된 것들입니다.

● **청학동 아파트**

순위	단지명	총세대수	평단가(만 원)	입주년월
1	용담마을	500	1,500	1994.09
2	시대	916	1,361	1994.01
3	연수푸르지오4단지	107	1,214	2011.05
4	하나타운1차	724	1,203	1995.03
5	성호	488	1,195	1993.11
6	삼용	300	935	1994.03
7	서해	294	765	1993.06
8	동보	135	740	1996.06
9	현대	420	680	2000.06
10	청량	50	456	1990.01
11	동남	131	441	1988.11

청학동에는 1천만 원이 안 되는 아파트들이 꽤 많습니다. 이 경우 인기가 없는 지역이니까 싸다고 이런 아파트들 사면 안 돼요. 무조건 사면 안 됩니다.

● 선학동 아파트

순위	단지명	총세대수	평단가(만 원)	입주년월
1	금호	540	1,156	1992.11
2	뉴서울	720	953	1992.01
3	아주,대동	780	767	1992.05
4	윤성	423	688	1995.08
5	희영무지개2차	157	683	1995.08
6	태산	300	683	1991.06
7	희영무지개1차	120	670	1995.03
8	대진	300	662	1991.06
9	정광	300	652	1991.06

마지막으로 선학동입니다. 1천만 원 넘는 아파트가 딱 하나 있고, 나머지는 다 1천만 원이 안 됩니다. 그런데 이런 아파트들도 가끔 갭투자자들이 들어오면 가격이 올라갈 때가 있어요. 그래서 가격이 단기간 올랐다가 단기간 빠지기도 합니다. 이런 것이 있다는 걸 보여주는 거지 이 아파트를 사라는 게 절대 아닙니다.

정리하겠습니다. 연수구에서는 송도동이 입지와 수요가 제일 많습니다. 동춘동부터 선학동까지는 수요가 적지만 그 안에서도 수요가 많으면 좀 비싸고 수요가 없으면 쌀 텐데, 되도록 너무 싼 것들은 사지 않으셨으면 합니다.

분양 현황과 청약 경쟁률

● 인천 분양 현황

지역	2016년	2017년	2018년	2019년	2020년	2021년
인천	14,815	18,037	19,394	38,108	30,989	59,106
서구	3,692	1,514	6,466	19,203	11,421	17,118
미추홀구	326	2,767	5,909	5,445	2,702	10,355
부평구		522	2,034	4,119	8,854	8,582
연수구	6,022	7,744	82	3,575	2,647	8,574
계양구			2,600	1,734		7,434
중구	2,830	3,682	1,096	2,573	3,799	4,266
남동구	1,945	1,808	1,207	1,307	414	1,453
강화군						1,324
옹진군				152		
동구					1,152	

● 연수구 분양 현황

지역	2016년	2017년	2018년	2019년	2020년	2021년
송도동	3,819	7,159		3,575	2,647	6,951
선학동						767
동춘동	2,203	585	82			641
옥련동						215
연수동						
청학동						

분양 물량은 인천 연수구가 많습니다. 2021년에 분양한 것들이 2023~2024년에 입주하겠죠. 송도동은 2021년에 분양을 많이 했어요. 그다음에 선학동, 동춘동, 옥련동도 분양을 했고요.

수요가 많은 지역은 분양 물량이 몰릴 때 가격이 올라가는 것을 조금은 막을 수 있겠죠. 이런 시기를 잘 활용해야 합니다. 분양권 거래가 가능하다면 분양권을 사는 것도 한번 고려해볼 필요가 있겠습니다.

● 2021년 연수구 청약 경쟁률

읍면동	단지명	분양년월	입주년월	총세대수	경쟁률
송도동	송도자이 크리스탈오션(A10)	2021.01	2024.06	1,503	21.9
송도동	송도아리스타프라임	2021.06	2022.12	90	25.9
송도동	송도대경 스위트리아파크뷰	2021.01	2021.11	64	48.2
옥련동	KTX송도역서해그랑블	2021.09	2024.05	215	65.7
동춘동	연수서해그랑블 에듀파크(1-1BL)	2021.06	2024.01	641	9.7
선학동	한화포레나인천연수	2021.01	2023.09	767	14.8

2021년에 청약한 결과를 볼까요? 평균 가점이 두 자릿수인 것들은 완판이라고 보면 됩니다. 초반대 한 자릿수는 미분양이 나오거든요. 그런데 여기는 한 자릿수가 거의 없어요. 송도니까 그렇습니다.

그런데 동춘동에서 분양한 것도 전체 경쟁률 9.7로 높습니다. 분양이 잘되는 편이죠. 선학동도 그렇고요. 앞에서 동춘동과 선학동은 인기가 별로 없다고 했는데 왜 분양이 잘됐을까요? 그동안 분양을 안 했거든요. 인기가 없어도 분양을 안 한 기간이 길면 새 아파트에 대한 니즈가 쌓입니다.

더군다나 이 지역은 송도동에 비해서 가격이 많이 안 올랐어요. 사람들도 가격이 올랐으면 좋겠다고 바라는 심리들이 있어서 분양은 잘될 수밖에 없습니다. 대부분 이런 분양 단지 자체가 대기 수요를 이미 가지고 시작하는 겁니다.

그러니 잘되는 입지 옆에 한동안 분양이 안 되다가 분양이 되는 경우 항상 준비하고 있어야 합니다. 미분양이 난다면 잡으세요. 세대수가 적당한 것으로요. 전체 세대수가 600세대, 700세대면 아주 큰 편은 아니지만 적은 편도 아니거든요. 투자할 만한 가치가 있습니다.

그 외 정비사업 물량

정비사업 물량도 보겠습니다. 인천도 서울의 '정비사업 정보몽땅'처럼 정비사업들을 업데이트해주는 누리집이 있습니다. 인천광역시 추정분담금 정보시스템(renewal.incheon.go.kr)으로, 자료는 여기에서 가져왔습니다.

● **연수구 정비사업**

사업유형	읍면동	구역명	사업진행단계	세대수
주택재건축	청학동	송도영남아파트구역	사업시행인가	649
주택재개발	옥련동	옥련대진빌라주변구역	관리처분	218
주거환경개선지구	동춘동	농원마을	구역지정	
주거환경개선지구	청학동	청능마을	구역지정	

154

● 재건축·재개발 진행 과정

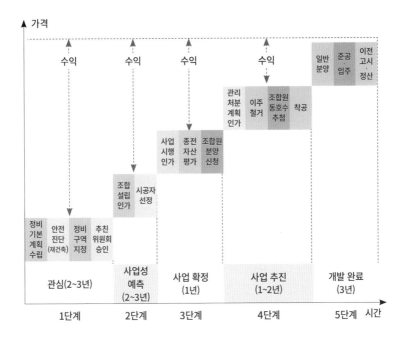

연수구에서 사업 시행 인가를 받은 주택 재건축·재개발이 있는데요. 재건축은 송도 영남아파트가 사업 시행 인가를 받았고, 재개발 중에서는 옥련 대진빌라가 사업 시행 인가를 받았습니다. 청학동, 옥련동 둘 다 송도 지역이 아니죠.

누리집에 나오지 않은 것 중에서도 동춘동에 구역 지정한 농업마을이 있고, 청학동 청능마을이 구역 지정되었습니다. 주거환경개선 지역이고, 극 초기 구역이죠. 관심 있다면 사업성을 한번 직접 검토해봐도 좋겠습니다.

서남생활권 속 연수구

● 서남생활권

글로벌 감각의 교통, 문화, 교육, 해양레저가 어우러진 야경 있는 젊고 안전한 도시

1부에서 언급했던 서남생활권을 연수구를 중심으로 다시 한번 설명하고 호재들을 정리하겠습니다. 지난 3년 동안 준비했던 것들은 2030년까지 목표로 하는 것입니다. 3년 전에는 광역교통망, 국제 경쟁력 강화였는데, 이것들은 흐지부지되어버렸고, 2040년까지 새로운 목표가 생겼습니다.

중요한 것은 GTX-B, KTX복합환승센터 조성 등의 호재입니다. 그리고 바이오 기업 융합 산업시설 생태계를 조성하겠다, 즉 일자리를 창출하겠다는 게 중요합니다.

현재 연수구 인구가 약 30만 명이잖아요. 46만 명까지 증가시키는 게 목표입니다. 이를 위해서 기본 인프라 시설을 늘리겠다고 하는 것입니다.

그리고 이곳은 도심 해양관광 거점 조성과 글로벌 비즈니스형 마이스 거점 구축도 가능하고요. 매립지 건너편 시흥과의 사이에 있는 람사르 습지에서 관광 수요도 만들어낼 수 있다는 것, 그리고 국제터미널 관광 거점이 될 수 있는 지역들, 인천 신항 건설 가능한 지역들이 있습니다.

연수구의 3가지 호재

호재들을 정리해보겠습니다. 3가지 호재가 있다고 했죠. 일자리가 있고, 교통이 있고, 새 주거시설이 있습니다. 실질적으로 어떤 일자리, 어떤 교통망, 어떤 주거시설이 들어올 예정인지를 봐야 합니다.

개발을 아직 안 한 부지로 옥련동과 동춘동, 일원동이 있습니다. 송도 바로 길 건너편인데 과거에 송도 주변을 매립하기 전에 송도 유원지가 있었던 부지입니다. 송도 대우자동차판매(대우자판) 부지도 개발할 예정이고, 송도 역세권 도시개발 사업을 추진할 예정입니다.

송도가 아닌 지역에도 개발할 것들이 꽤 많이 남아 있어요. 미개발지 때문에 이미 있는 주거라든지 상업이 제대로 평가받지 못하고 있지만, 여기가 개발되면 더 좋아질 수 있습니다.

● 연수구 호재 한눈에 보기

자료: 네이버 부동산

아암물류 2단지 조성 사업도 눈여겨볼 만합니다. 그리고 월곶
-판교 복선전철 사업이 있어요. 전철이 송도신도시까지 들어오
지는 않지만 송도역까지 연결될 수 있습니다. 월곶에서 판교까지
만 가면 판교에서 경강선이 연결되잖아요. 경강선이 또 강원도까
지 연결되고요. 결국은 인천에서 강원도까지 연결되는 복선전철
이 착공되었다는 것이고, 완공되면 인천도 가로로 확장될 수 있
습니다.

가로로 확장하고 있는 지역 중에서 인천이 세다고 하면 수요를 빨
아들일 것이고 세지 않으면 수요를 뺏길 수도 있겠죠. 예를 들어 판
교랑 비교하면 판교에는 수요를 뺏길 수도 있지만 그 사이사이 혹

은 강원도에서 수요를 빨아들일 수 있어 저는 유리하다고 봅니다.

인천-안산 고속도로가 뚫릴 예정이고, 인천발 KTX가 부산, 대구, 대전, 세종으로 연결됩니다. 목포, 여수, 광주, 전주 쪽 수요들과 연결하는 직결화 사업이 된다는 이야기고요.

제가 재미있게 보고 있는 것 중 하나가 인천항 신국제여객부두 및 터미널 개발사업입니다. 이 사업으로 무역, 관광업 등 여러 가지로 활용할 수 있는 호재가 생긴다는 것이죠.

새 주거시설은 분양 물량과 재개발·재건축을 잘 정리해보면 되겠습니다. 지금부터 좀 더 자세하게 일자리, 교통, 새 주거시설로 나눠 호재를 알아보도록 하겠습니다.

1 | 일자리

실질적으로 일자리가 제일 중요합니다. 공장 및 산업단지 현황을 살펴보겠습니다. 인천에는 대기업 35개, 중기업이 608개, 소기업이 1만 1천 개 정도 있다고 합니다. 종사자 수는 21만 명 정도입니다. 공장이 제일 많은 곳이 남동구고, 다음이 서구입니다. 공장의 수는 증가하는데 아쉽게도 종업원 수는 감소하고 있습니다. 서울, 경기에 좋은 일자리들이 많이 생기고 있어 인구가 옮겨갔다고 생각할 수도 있겠습니다.

집단으로 일자리가 몰려 있는 산업단지 위치를 알아두면 좋습니다. 연수구에는 송도지식정보산업단지가 2011년에 조성되었고, 208개 업체 9천 명 정도의 종업원이 있습니다.

● 인천광역시 공장 등록 및 산업단지 현황

□ 공장 등록 현황

○ 제조업체 및 종업원 현황

(2022. 6월 기준, 단위: 개사, 명)

계		대 기 업	중 기 업	소 기 업	비 고
제조업체수	종업원수				
12,969	213,579	34	612	12,323	공장등록시 종업원수

※ 기업 분류 기준: 종업원 수 대기업 300명 이상 / 중기업 50~299명 / 소기업 1~49명
※ 출처: 공장설립온라인지원시스템(factoryOn)

* 군·구별 현황

구 분	합 계	중 구	동 구	미추홀구	연수구	남동구	부평구	계양구	서 구	강화군	옹진군
업체수	12,969	143	232	972	301	5,257	1,507	553	3,746	234	24

□ 산업단지 현황

○ 조성 완료

(2022. 1분기 기준, 단위: 천㎡, 개사, 명)

구 분	산 업 단 지 명 (준 공 년 도)	조성면적	가동업체수	종업원수	관리기관
	합 계 (15개소)	21,188	12,600	168,291	-
일반	소 계	8,657	2,337	41,427	-
	①인천지방산업단지(1973년)	1,136	579	6,930	인천도시공사
	②인천기계산업단지(1971년)	350	179	2,617	기계산업공단
	③인천서부산업단지(1995년)	939	285	5,475	서부산업공단
	④강화하점산업단지(1994년)	59	7	115	강화군청
	⑤청라지구일반산업단지(2005년)	194	33	694	서구청
	⑥송도지식정보산업단지(2011년)	2,402	103	9,314	경제청
	⑦뷰티풀파크(2014년)	2,251	973	10,909	뷰티풀파크관리공단
	⑧강화일반산업단지(2018년)	462	55	912	강화산업공단
	⑨서운일반산업단지(2019년)	525	64	3,021	계양구청
	⑩인천서부자원순환특화단지(2021년)	56	13	100	서부협동조합
	⑪I-Food Park산업단지(2021년)	283	46	1,340	검단출장소
도시 첨단	소 계	1,171	136	1,090	-
	① IHP도시첨단산업단지(2021년)	1,171	136	1,090	경제청
국가	소 계	11,360	10,127	125,774	-
	①남 동 산 업 단 지(1997년)	9,574	7,273	102,791	산업단지공단
	②부 평 산 업 단 지(1969년)	609	1,654	10,553	산업단지공단
	③주 안 산 업 단 지(1974년)	1,177	1,200	12,430	산업단지공단

※ 출처: 한국산업단지공단 전국산업단지현황 통계

○ 조성 예정

산업단지명	위 치	조성면적	시행자	지정일
①인천남동도시첨단	남동구	233천㎡	LH	2017.12.29.
②영종항공일반	중 구	495천㎡	LH, 인천도시공사	2018.11.22.
③남촌일반	남동구	267천㎡	남동스마트밸리개발(주)	지정계획고시 (2021.1.11.)
④계양일반	계양구	243천㎡	계양구, 한국산단공	
⑤검단2일반	서 구	770천㎡	인천도시공사	

● 송도지식정보산업단지

산단개요

- **위 치** : 인천 연수구 송도동(송도국제도시 2, 4공구내)
- **지정일자** : 2000. 9.
- **조성기간** : 2000. ~ 2011.
- **조성목적**
  - ˚ 기술혁신, 인력 · R&D 및 첨단기술기업의 집적확산지
  - ˚ 산 · 학 · 연 결합의 기술개발 및 사업화 촉진기지
  - ˚ 연구, 생산, 주거기능이 조화를 이루는 첨단산업단지
- **조성기관** : 인천광역시

입주 현황 (2021. 4분기 기준)

입주	가동	고용	생산	수출
104개사	99개사	9,335명	2,844,486백만원	1,068,367천달러

송도지식정보산업단지는 송도국제도시 2, 4공구 내에 위치하며 고용 규모는 약 9천 명 정도입니다. 4인 가족으로 따지면 대략 3만 7천 명이 넘어가니 많은 편이죠.

송도를 송도국제도시라고 합니다. 기본적으로 대한민국의 계획도시, 신도시 등을 알아두면 좋습니다. 왜냐하면 개념이 좀 다르거든요. 신도시가 있고, 보금자리주택이 있고, 행정중심 복합도시, 도청 이전 신도시, 기업도시, 혁신도시, 국제도시, 테크노폴리스, 기타 계획도시가 있습니다.

국제도시는 글로벌을 목표로 만들었습니다. 현재 글로벌 기업들이 들어오기는 했는데 목표만큼은 안 들어왔어요. 대신 국내기업이 빈자리를 채우고 있다 정도로 알아두면 됩니다.

송도국제도시는 꼭 분석해야 합니다. 특히 연수구는 송도를 빼고는 별로 할 이야기가 없거든요. 다른 지역들, 옥련동이나 청학동 등의 지역, 대우자판 부지, 아암지구 등은 앞에서 이야기했어요. 재개발·재건축까지도요. 그게 전부입니다.

송도는요? 아직까지도 물음표가 많습니다. 확정이 나지 않은 넓은 부지를 어떻게 채울 것인지에 명확한 답이 나오지 않았죠. 지금도 많이 올랐지만 더 오를 가능성이 높기 때문에 송도는 반드시 공부해야 하는 겁니다.

이 지역은 기본적으로 인구 약 26만 명 대략 10만 세대 정도를 채울 부지입니다. 대단히 크죠. 그래서 바이오라든지 교육, 연구, 문화, 아트, 마이스 등 거의 모든 양질의 시설이 들어오는 인천 최고의 입지라고 할 수 있습니다.

1공구부터 11공구까지 있으니 각 공구가 어떤 역할을 하는지를 눈으로만 보지 말고 지도를 꼼꼼히 확인하며 살펴보면 좋겠습니다. QR을 통해 들어가거나 IFEZ 누리집에서 큰 지도를 볼 수 있으니 참고해주세요.

• 송도국제도시 11공구 톺아보기

1공구와 3공구에는 센트럴파크가 있어요. 센트럴파크 타운들과 그 주변이 제일 비쌉니다. 센트럴파크를 끼고 있다는 이유도 있지만 일자리도 가장 많기 때문이죠. 더 중요한 것은 GTX 인천대 입구역이 생긴다는 미래 가치도 많이 반영됐다고 보면 됩니다.

● 송도국제도시 지도

자료: IFEZ 누리집

여기에는 송도컨벤시아, 니트(NEATT), 송도센트럴공원이 있고, 상업지구 개발이 굉장히 활성화되어 있습니다. 생활 편의시설 및 도시 기능이 활성화되어 있기 때문에 연수구의 송도를 서울 강남구의 핵심 지역이라고 보면 될 것 같아요. 삼성동과 압구정동을 결합해놓은 부지라고 보면 되겠습니다. 잭니클라우스GC이 있는데, 굉장히 좋은 골프장입니다.

2공구는 송도 매립지 중에서 가장 먼저 매립이 끝난 지역이고 가장 먼저 아파트가 입주했습니다. 풍림아이원을 보면 알 수 있

● 송도국제도시 개발사업 추진성과

구분	개발사업명	개발면적	추진율	추진현황
계	16개	53.36km^2	75.4%	
1·3공구	국제업무단지	5.80km^2	100%	컨벤시아, NEATT, 송도센트럴공원, 상업지구 개발 등
1공구	어민생활대책단지	0.31km^2	100%	생활편익 및 도심기능 활성화
4공구	시가지조성사업	1.30km^2	100%	도심생활권 환경 조성
2·4공구	지식정보산업단지	2.40km^2	100%	인천테크노파크 산업기술단지, 일반산업단지 조성
4공구	바이오단지	1.32km^2	100%	인천대, 바이오 관련 기업 입주
7공구	송도국제화복합단지	1.42km^2	100%	연세대학교 1·2단계 준공
7공구	인천글로벌캠퍼스	0.39km^2	100%	1단계 3공구 공사 준공
5공구	인천TP확대조성단지	0.65km^2	100%	인천테크노파크 산업기술단지, 스트리트몰 조성
5·7공구	첨단산업클러스터(B)	3.54km^2	100%	삼성바이오로직스, 국제구소 등 산학연 클러스터 조성
6·8공구	송도랜드마크시티	5.80km^2	85.5%	1단계 기반시설공사 완료, SLC 개발사업 정상화 합의
9공구	아암물류단지	2.63km^2	93.2%	국제공모사업부지 투자유치 추진 중
9공구	국제여객터미널	1.33km^2	100%	도시기반시설 준공, 도시기반시설 공사 진행 중
10공구	신항물류단지(A,B)	9.91km^2	44.6%	크루즈터미널 1단계 개장, 인천항만 배후단지 1단계 1구역 공사착공
11공구	첨단산업클러스터((C)	12.45km^2	54.3%	컨테이너부두 1단계 개장, 11-1공구 매립공사 준공, 11-2공구 매립공사 진행 중
11공구	관공선부두	0.33km^2	100%	1단계(호안 660.3m) 사업완료

죠. 풍림아이원은 현재 없는 풍림건설의 브랜드입니다. 인천도시공사 브랜드 웰카운티도 있습니다. 현대건설이 시공했을 텐데 2공구에 제일 먼저 형성되었고 학교도 제일 먼저 갖춰졌죠.

4공구는 주거 벨트라기보다는 업무 벨트입니다. 셀트리온과 삼성바이오로직스가 있고, SK바이오로직스가 들어갈 예정입니다. 바이오 단지죠. 계속해서 일자리가 들어오고 있다는 점을 기억하세요. 일자리 밀접 지역입니다. 미추홀구 도화동에 있던 인천대학교도 이곳으로 옮겨왔습니다. 시가지 조성 사업도 하고 있어 도심 생활권 환경을 조성하고 있다고 보면 될 것 같고요.

7공구는 송도 국제 복합 도시입니다. 글로벌캠퍼스가 있어 뉴욕주립대, 조지메이슨대, 유타대, 켄트대가 있습니다. 이 대학들은 교환 학생을 할 수 있는 장점이 있죠. 그뿐만 아니라 포스코 글로벌 R&D센터와 같은 업무 시설과 주거 복합시설이 섞여 있습니다.

5공구는 인천 테크노파크 확대 조성단지로, 산업기술단지와 스트리트몰이 조성되어 있습니다. 테크노파크 옆에 현대프리미엄아울렛, 홈플러스 등이 있고, 송도아메리카타운도 있어서 이 구역을 스트리트몰이라고 합니다.

그리고 첨단산업 클러스터이기 때문에 삼성바이오로직스, 극지연구소 등에 산학연 클러스터가 조성되어 있다고 합니다. 연세대학교, 한국외국어대학교, 재능대학교, 인천가톨릭대학교도 있네요. 정리하자면 송도는 거의 모든 종류의, 양질의 시설이 있습니다.

6공구, 8공구는 송도랜드마크 시설들을 지을 예정입니다. 1단계 기반시설은 완료되었고, 지금 국제 공모사업 부지 투자 유치를 추진 중입니다.

투자를 유치해서 채우려고 하는데 잘 안 되나 봅니다. 각자 자기 나라를 개발하기 바쁘니 해외 부동산 투자가 드뭅니다. 결국 해외에서 투자를 안 한다고 하면 국내 기업이 투자할 것 같아요. 이런 부지들은 다 좋은 부지들이니까요.

아직까지 분양할 물량들이 남았다고 하면 바로 6공구, 8공구의 분양 물량이 남은 것으로 이해해주세요.

9공구는 북쪽에 있습니다. 아암물류단지가 여기에 있어요. 물류단지로 개발할 예정이고, 도시 기반시설 공사가 진행 중입니다. 국제 여객 터미널도 들어오려고 공사를 진행하고 있다는 것이죠. 크루즈 터미널이 준공된다면 이곳도 하나의 명소가 될 듯합니다.

10공구는 컨테이너 부두 1단계 개장이 되어 있고, 인천항만 배후 단지로서 1구역 공사를 착공했습니다. 즉 아직 공사를 해야 하는 부지입니다.

11공구에는 인하대학교가 있어요. 아직 개발은 안 했지만 분명히 다 채워나갈 예정이죠. 매립 공사가 준공되어 매립 공사 진행 중이라고 보면 되고, 지금 관공선 부두만 사업이 완료된 상황입니다.

정리하자면 송도는 분양도 많이 했고 가격도 많이 올랐지만 아직도 개발을 할 여지가 많고, 분양 물량도 남아 있습니다. 그러니 송도를 놓친 투자자라면 다음 기회를 노려도 좋겠습니다. 청약 가점이 높은 사람들은 더욱 그렇고요.

이렇게 해서 송도국제도시 쪽까지 전부 이야기했습니다. 송도는 우리에게 계속 기회를 줄 겁니다. 언제까지? 2030년까지. 앞으로 10년 동안 계속 눈여겨보세요. 조정을 당한다 싶으면 들어가고, 분양을 하면 들어가세요. 송도는 절대 놓치면 안 됩니다. 인천에서 제일 좋다고 하는 연수구에서도 제일 좋다고 하는 곳이 송도입니다. 송도에 있는 11개 공구의 움직임, 시세 변화, 물량을 반드시 체크하세요.

• 송도 외 지역 개발 현황

송도 외 지역 중 개발되는 곳도 눈여겨봐야 한다고 이야기했습니다. 지금부터 살펴보겠습니다.

도시 개발 구역 지정을 하는 데 도시 지역 같은 경우는 30만m² 이상이어야 합니다. 만약 초등학교 부지가 확보되어 있고 4차로 이상의 도로가 설치된 경우에는 20만m² 이상이어도 상관없는데요. 그 기준에 맞는 곳이 바로 동춘 2구역입니다.

도시 지역은 국토교통부 장관이나 인천광역시장이 지정할 수 있습니다. 2021년 6월에 사업이 완료되었고 지금은 입주를 하고 있는 상황입니다.

● 동춘2구역 도시개발사업

01 사업개요

- 위 치 : 동춘동 210번지 일원
- 면 적 : 228,944.7㎡ (69,256坪)
- 인구계획 : 6,134인(2,405세대 : 공동 2,333, 단독 72)
- 시행기간 : 2009. 4. 6 ~ 환지처분일 (2021.12.27.)
- 시행방식 : 환지방식
- 시 행 자 : 동춘2구역 도시개발사업 조합

03 향후 추진계획

- 2022. 1월 : 환지등기 촉탁 및 시설물 인수인계 절차 이행

● 동춘1구역 도시개발사업

🔺 사업개요

- ❯ **위치** : 연수구 능허대로 315-37 일원
- ❯ **사업면적** : 407,913㎡(123,394평)
- ❯ **계획인구** : 8,300인(3,293세대)
- ❯ **사업기간** : 2006.11.~2023.12.
- ❯ **사업비** : 74,468백만원
- ❯ **사업방식** : 환지방식
- ❯ **시행자** : 동춘1구역 도시개발사업 조합

🔺 향후계획

- ❯ **2023.12.** : 사업완료

　　동춘 1구역은 2023년 12월 준공 예정입니다. 환지 처분으로, 환지가 되면 이제 개발을 할 예정이라고 이해하면 됩니다.

● 송도대우자판(주)부지 도시개발사업

🔧 사업개요

- **위치 / 면적** : 연수구 옥련동, 동춘동 일원 / 538,600㎡(162,926평)
- **계획인구/사업비** : 6,638억 원 / 10,193인(3,920세대)
- **시행기간/시행방식** : 수용 또는 사용 / 2008.12.15.~2022. 6.30.
- **시행자** : ㈜부영주택 대표이사 최양화

앞에서도 이야기했던 송도 대우자판 부지 도시개발 사업이 있습니다. 이 부지는 부영이 시행사가 되어 개발할 예정입니다. 부영이 현금이 많아 설계 계획만 잡히면 언제든지 개발할 수 있다고 보면 됩니다. 약 3,900세대가 들어올 예정이라고 하네요.

● 송도역세권구역 도시개발사업

🔧 사업개요

- **위치 / 면적** : 연수구 옥련동 104번지 일원 / 291,725㎡ (88,247 평)
- **계획인구/사업비** : 7,299인(2,862세대) / 192,820백만 원
- **시행기간/시행방식** : 2008.12.~2022.12. / 환지방식
- **시행자** : 송도역세권구역 도시개발사업 조합

🔧 향후계획

- **2022.12** : 사업완료

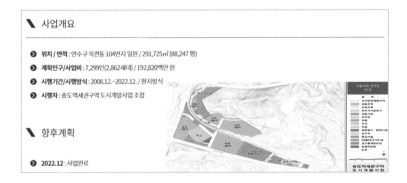

송도역세권 구역입니다. 송도신도시만 송도가 아니라 송도역세권도 있습니다. 환지 방식으로 진행되는데, 2,800세대 정도가

들어올 예정이니 나름 규모가 있는 곳입니다.

이렇게 송도 외 지역의 개발 현장들도 정리해보았습니다. 분명히 개발될 때마다 주변 아파트라든지 아니면 실제로 공동주택으로 분양도 할 예정이니까 기회가 없다고 생각하지 말고 한 번 노려볼 만합니다. 특히 재개발·재건축 가능성이 없는 오래된 구축에 살고 있는 사람들은 구축을 정리하면서 분양을 노려보는 것도 나쁘지 않고, 오히려 좋은 전략이 될 수 있습니다.

2 | 교통
● 연수구 교통망 개발

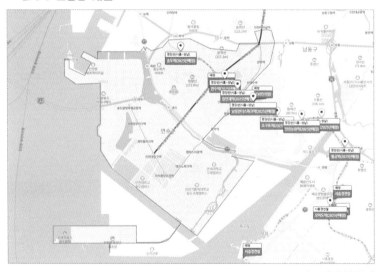

자료: 네이버 부동산

네이버 부동산에 들어가면 교통망의 개발 계획을 한눈에 볼 수 있습니다. 지도에서 GTX-B가 제일 진해 보이죠. 그리고 경기도와 강원도를 연결하는 경강선이 있습니다. 지금 시흥에서 성남 부분을 연결할 텐데 송도역까지 온다는 것입니다. 2025년 개통 예정인 월곶-판교선도 있습니다.

시흥 경전철도, 서창-장수 고속도로도 예정은 있습니다. GTX-B가 있고 수도권 제2외곽순환도로도 계속 공사를 하고 있음도 잊지 마세요.

● **월곶-판교 복선전철**

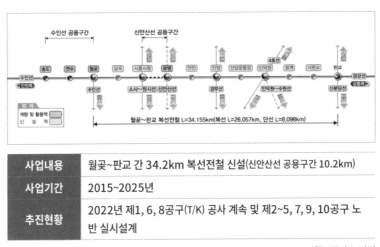

사업내용	월곶~판교 간 34.2km 복선전철 신설(신안산선 공용구간 10.2km)
사업기간	2015~2025년
추진현황	2022년 제1, 6, 8공구(T/K) 공사 계속 및 제2~5, 7, 9, 10공구 노반 실시설계

자료: 국가철도공단 누리집

월곶-판교 복선전철 사업을 살펴봅시다. 송도신도시가 아닌 송도역에서 출발해서 판교까지 간 다음에 판교에서 경강선을 타고 여주까지 가고, 여주에서 다시 강원도까지 가는 라인이에요. 송도에서 강원도까지 가게 되면 진정한 경강선이 되는 것이죠.

월곶-판교선은 2025년 개통을 목표로 공사에 착공했습니다. 개통 가능성이 상대적으로 높죠. 아직까지 착공하지 않은 GTX-B보다 말이죠. 그렇기 때문에 기다려보면 좋은 일이 있지 않을까 싶습니다.

기다리면서 역세권이 되는 지역들은 눈여겨봐야 합니다. 이 주변에서 아직 저렴한데 올라갈 지역들, 특히 상가 투자나 토지 투자를 하는 사람들은 고려해볼 만한 부지입니다.

● **수도권 제2순환 고속도로(안산~인천)**

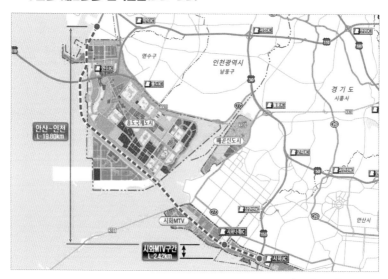

자료: 국토교통부 누리집

수도권 제2순환 고속도로는 김포에서 파주, 화도, 양평, 이천, 봉담등을 순환하는 총 263km 고속도로인데요. 2029년 개통을 목표로 하는 인천~안산 구간이 있습니다. 이것만 연결되면 서남 권의 교통이 굉장히 좋아집니다. 주거지로서도 내륙에 가까워지 거든요. 그러면 다른 지역에서 연수구로 이사 오기도 굉장히 좋 죠. 또한 물류 시스템이 갖춰지는 곳이기 때문에 트럭들이 오고 갈 도로가 생기고, 물류 기능도 좋아지니 일자리와 주거지가 같 이 확장됩니다.

다만 람사르 습지 훼손 문제 때문에 아직 공사도 들어가지 못 하고 있습니다. 시간이 한참 걸리겠죠. "인천~안산 구간 단절 시 국가 교통 물류에 큰 지장을 초래할 수 있는 만큼, 빠른 추진을 위 해 노력하겠다."라는 관계자의 말도 있는 만큼, 이 고속도로가 개 통되는 시기를 반드시 눈여겨보세요.

● 인천발 KTX 사업

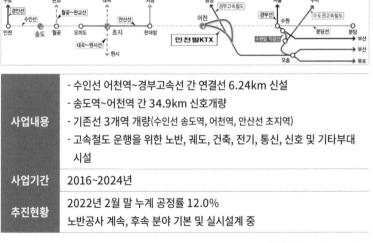

사업내용	- 수인선 어천역~경부고속선 간 연결선 6.24km 신설 - 송도역~어천역 간 34.9km 신호개량 - 기존선 3개역 개량(수인선 송도역, 어천역, 안산선 초지역) - 고속철도 운행을 위한 노반, 궤도, 건축, 전기, 통신, 신호 및 기타부대 시설
사업기간	2016~2024년
추진현황	2022년 2월 말 누계 공정률 12.0% 노반공사 계속, 후속 분야 기본 및 실시설계 중

자료: 국가철도공단 누리집

인천발 KTX 직결 사업을 보겠습니다. 2025년부터 인천 송도역에서 출발해 이천을 지나 대전, 대구, 부산으로도 가고 광주도 갈 수 있습니다.

● **수도권 광역급행철도 B노선**

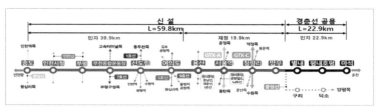

사업내용	송도~마석 82.7km 복선전철 신설 (신설59.8km, 공용22.9km)
사업기간	미정
추진현황	- (재정구간) 2022년 기본계획 고시 및 설계 착수 - (민자구간) 2022년 시설사업기본계획(RFP) 고시 및 협상

자료: 국가철도공단 누리집

수도권 광역급행철도 송도-마석 구간, GTX-B입니다. 구간이 80km 정도고 12개 역이 생깁니다. 일단 역사가 어디에 생기는지만 보면 될 것 같아요. 송도, 인천시청, 부평, 부천 종합운동장, 신도림입니다. 현재 예비 타당성 조사만 통과한 상태이기 때문에 언제 개통될지는 모르겠어요.

3 | 새 주거시설

새 주거시설은 앞에서 재건축·재개발 이야기를 했습니다. 송도

영남아파트와 옥련대진빌라가 재건축 예정입니다. 대우자판 부지 같은 도시개발사업도 체크하세요.

연수구와 송도, 아직 기회는 남아 있다

향후 전망	• 송도의 비상 • 송도 외 지역의 도약
트레이딩용 아파트	• 10년 차 전후
가치투자용 아파트	• 3년 차 이하

세 줄로 요약하면서 연수구 편을 마무리하겠습니다. 종합 결론에서 향후 전망은 10년 전후, 트레이딩용은 1년 전후, 가치투자형은 5년 전후로 투자할 만한 아파트를 살펴볼 것입니다.

향후 전망은 송도의 비상을 주목해야 합니다. 송도는 2030년까지 개발이 더 될 겁니다. 제가 봤을 때는 반밖에 안 왔습니다. 송도는 관심을 가장 많이 가져야 할 인천의 '핫한' 부지라는 점 잊으면 안 됩니다.

또한 송도 외 입지에서도 개발사업을 많이 진행하기에 그 부지들도 봐야 합니다. 오히려 교통 호재는 송도보다도 주변 지역이 더 확실하게 진행되고 있어요. 송도의 교통 호재는 GTX-B밖에 없는데 확정이 안 되어 있잖아요. 그런데 송도 외 지역은 이미 확정된 월곶-판교선이 있어요. 여기에 주거 지역만 지나게 되면 시너지를 낼 수 있습니다. 그래서 송도 이외 지역의 도약도 눈여겨보길 바랍니다.

아파트 전망은 트레이딩용과 가치투자용으로 나눠보겠습니다. 트레이딩용은 단기 갭투자를 할 수 있는 아파트들입니다. 송도에서는 찾기 어려운데 송도 외 연수구 지역에서는 갭이 천만 원도 안 되는 아파트가 많아요. 물론 이런 아파트에 투자해서도 돈 벌 수 있습니다.

하지만 저는 이런 아파트를 단타로 하는 것보다 10년 차 전후 아파트에 주목하라고 하고 싶습니다. 그동안 송도나 주변에 입주 물량이 많았기 때문에 10년 차 전후 아파트들이 생각보다 안 올랐어요. 이런 아파트들을 조금 안 올랐을 때 사서 오르면 파는 트레이딩용 전략이 필요합니다.

인천에 입주 물량 많고 송도도 아직 분양 물량이 많은데 그들과 경쟁해서는 이길 수 없습니다. 그렇기 때문에 공급이 안 되는 동안 가격이 올라가면 따라 올라갈 수 있는 아파트들을 사서, 가격이 오르면 바로 파는 전략을 취해보세요.

가치투자형은 말 그대로 당장의 재건축·재개발이 아니더라도 가치가 있는, 절대 수요가 있는 아파트입니다. 물론 새 아파트보다는 상승률이 좀 낮지만요. 지금 3년 차 이하 아파트가 연수구에서는 굉장히 환영받을 것 같아요. 송도 말고는 3년 차 이하 아파트가 많지 않거든요. 그래서 송도 외 지역에서는 투자 가치가 높을 것 같고요. 5년 전후니까 전세로 한두 번 내지 세 번 정도 돌린 다음에 팔면 좋을 것 같습니다.

새 아파트로 계속 옮겨 타는 전략도 굉장히 유용합니다. 인천 연수구는 서울 강남구를 다루듯이 다루면 성공할 듯해요. 입지가 좋은 절대가치가 있는 것은 팔지 마세요. 송도에서도 오래된 아파트는 리모델링을 할 수도 있을 것 같아요. 입지가 좋고 교육 환경이 좋은 곳은 한번 검토해보면 좋겠습니다.

송도는 10년치를 볼 수 있는 물량도 있고 5년치를 볼 수 있는 물량도 있고 1년치를 볼 수 있는 물량도 있습니다. 기회도 많기 때문에 그사이에 위기도 있다는 사실을 염두에 둬야 합니다. 굳이 위험한 모험을 걸 필요는 없다는 이야기를 마지막으로 연수구 편은 마무리하겠습니다.

송도, 지금도 올랐지만 더 많이 오를 수 있고, 아직 기회도 많이 남아 있습니다.

인구가 가장 많이
증가하는
송도 신도시
아파트 투어

연수구 한 장 지도

인천항
국제여객터미널

9공구

호반베르디움 센트럴더샵
3차에듀시티 2020.8(2230)
2020.2(1530)
더샵송도마리나베이
2020.7(3100)
e편한세상송도
2018.10(2708)

호반써밋
2023.2(1820)

송도SK뷰
2019.7(2100)

힐스테이트송도
더테라스
2020.10(2784)
오피스텔

8공구

송도랜드마크시티
1호수변공원

송도달빛축제공원역
송도국제도시
디엠시티
2023.7(578)

1공구

힐스테이트송도
더스카이
2024.2(1205)

힐스테이트레이크송도
2019.6(886)

국제업무지구역

랜드마크씨티
1호수변공원

힐스테이트레이크송도2
2020.2(889)

6공구

힐스테이트레이크송도3
2023.10(1100)

송도럭스오션SK뷰
2025.3(1114)

송도자이크리스탈오션
2024.6(1503)

힐스테이트레이크송도4
2025.7(1319)

더샵
송도센터니얼
2023.5(342)

송도더샵
프라임뷰
2022.8(662)

3공구

송도더샵
프라임뷰
2021.11(164)

송도자이더스타
2024.12(1533)

잭니클라우스
CC

인천과학예술
영재학교

중부지방
해양경찰청

센트럴파크역

더샵센트럴파크1
2010.11(729)

더샵센트럴파..
2011.8(632)
2단지아파트

송도더샵
센트럴파크3차
2023.1(351)

송도역
인천대입구역

롯데마트

인천가톨릭대학
구송도국제캠퍼

송도..1동
웰키
200

송도지식정보
산업단지

지식정보단지

인천대학교
캠퍼스

4공구

더샵센트..
2018.9

더샵..
201.

10공구

옥련
옥련

IC 옥련
송도럭키
아파트

송도수출
2단지

워터프론트
아암호수

주안송

송도2동

인
..

10공구

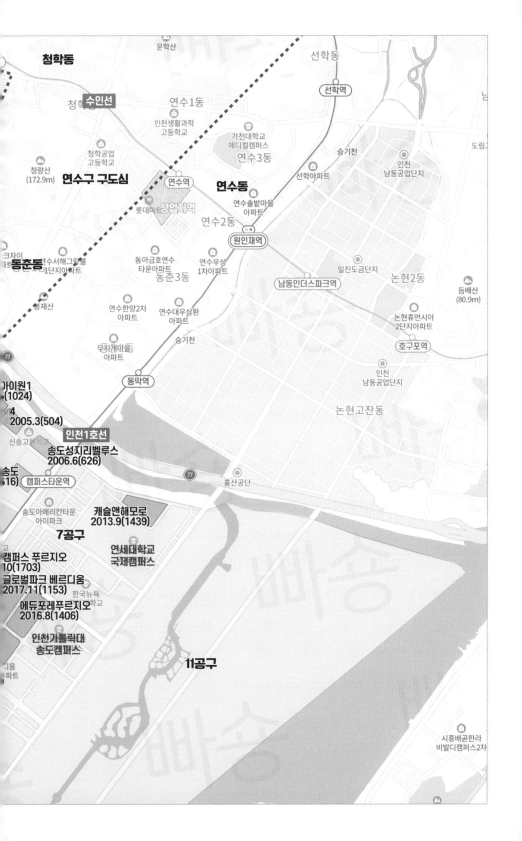

부평'시'로 불리는 부평구 부동산 전략

인천의 넘버2 지역 부평구입니다. 송도라는 지역을 제외하면 연수구의 평균 가격은 내려온다고 이야기했습니다. 그러니 부평구는 평균으로 인천에서 가장 순위가 높은 지역이라고 할 수 있습니다.

부평구를 정의하면 '인천이 아니라 부평시'입니다. 부평구의 역사를 알거나 인천에 사는 사람들은 이유를 짐작할 수 있을 겁니다. 인천에 사는 사람들에게 "어디 사세요?"라고 물어보면 놀랍게도 "인천에 산다."라고 대답하는 사람들은 미추홀구, 중구, 동구, 연수구 중 송도 외 지역에 삽니다. 부평구에 사는 사람들은 "부평 삽니다."라고 대답해요. 예전부터 부평은 오리지널 인천과는 조금 다른 지역이었던 것 같습니다.

부평 산곡 푸르지오

자료: 푸르지오 누리집

"부평시라 불러 다오!"

부평구는 바다를 접하지 않는 지역, 내륙 지역입니다. 보통 인천 하면 바닷가를 접한 곳이라고 생각하는 경우가 많잖아요. 그래서 많은 사람이 부평은 수도권의 한 행정도시라고 생각했던 것 같습니다. 그래서 부평구는 오히려 부천시와 유사한 성격으로 보입니다. 그러다 보니 부천시와의 통합 이야기도 꽤 있었죠. 하지만 부천시가 신도시였기에 통합은 하지 못했습니다.

인천에서도 부평구는 서울 서쪽에 있는 가장 중요한 지역입니다. 평지 지형의 부평구는 부평평야라고 하는데, 평야 위에 지어진 도시입니다. 이미 청동기 시대부터 사람이 살았을 만큼 오랜 역사가 있죠. 고려시대까지는 다른 이름으로 불렸고, 부평으로 명명했던 것은 조선시대 초기입니다. 중심지로 역사에 등장하기도 합니다. 부평구의 위상을 알겠죠?

그래서 인천이라고 하면 부평구가 제일 잘 살고 인구도 제일 많았어요. 그런데 신도시가 개발되고 일자리도 부평구보다 다른 지역에 더 많이 생기면서 인구가 줄고 있습니다.

인천에서 일자리가 제일 많은 지역은 첫 번째 남동공단이 있는 남동구, 두 번째 여러 개발이 진행되고 있는 서구입니다. 부평구는 남동구나 서구에서 인구수가 밀렸지만, 원래 사람이 많이 살던 곳이고, 지금도 많이 사는 곳입니다.

부평구의 현재를 이끄는 아파트

부평구에서 가장 비싼 아파트를 보겠습니다. 자료에서 왼쪽은 평형 관계없이 제일 비싼 아파트고, 오른쪽은 84㎡ 기준으로 제일 비싼 아파트입니다.

1위가 행복한마을서해그랑블 46평으로 11억 5천만 원, 10억 원이 넘었습니다. 부평구에서 10억 원이 훌쩍 넘어가는 아파트가 나왔다는 데 의미가 있습니다. 삼산동 삼산지구네요. 부평구에서 가장 먼저 택지로 개발한 지역입니다. 2위는 동아1단지 10억 5천만 원입니다. 1988년 준공이니 재건축 대상 아파트겠네요. 2005년에 입주한 신성미소지움이 10억 4,500만 원으로 3위입니

● 부평구 아파트 상위 거래 순위

전체 평형	84m²(약 34평) 기준

전체 평형

1위 **행복한마을서해그랑블** 2004 입주   **11억5천만**
인천 부평구 삼산동 | 22년2월 | 46평 | 13층

2위 **동아1단지** 1988 입주   **10억5천만**
인천 부평구 부평동 | 21년5월 | 43평 | 11층

3위 **신성미소지움** 2005 입주   **10억4,500만**
인천 부평구 삼산동 | 21년12월 | 47평 | 20층

4위 **부평산곡푸르지오** 2011 입주   **10억2천만**
인천 부평구 산곡동 | 21년11월 | 43평 | 10층

5위 **부개역푸르지오** 2010 입주   **9억9천만**
인천 부평구 부개동 | 21년11월 | 59평 | 14층

6위 **래미안부평** 2014 입주   **9억2,500만**
인천 부평구 부평동 | 21년10월 | 45평 | 3층

7위 **푸른마을한신,삼부** 1999 입주   **8억7천만**
인천 부평구 부개동 | 21년8월 | 49평 | 17층

8위 **부평캐슬앤더샵퍼스트** 2023 입주   **8억3,655만**
인천 부평구 청천동 | 21년10월 | 34평 | 16층

9위 **상우신명보람** 1998 입주   **8억3,300만**
인천 부평구 부개동 | 22년2월 | 41평 | 10층

10위 **동아2단지** 1996 입주   **8억3천만**
인천 부평구 부평동 | 21년4월 | 48평 | 14층

84m²(약 34평) 기준

1위 **동아1단지** 1988 입주   **8억4,250만**
인천 부평구 부평동 | 21년10월 | 31평 | 3층

2위 **부평캐슬앤더샵퍼스트** 2023 입주   **8억3,655만**
인천 부평구 청천동 | 21년10월 | 34평 | 16층

3위 **부개역푸르지오** 2010 입주   **8억3천만**
인천 부평구 부개동 | 21년9월 | 35평 | 13층

4위 **삼산타운6단지주공** 2004 입주   **8억2,500만**
인천 부평구 삼산동 | 21년5월 | 32평 | 13층

5위 **삼산타운7단지주공** 2004 입주   **8억2천만**
인천 부평구 삼산동 | 21년6월 | 32평 | 10층

6위 **래미안부평** 2014 입주   **8억**
인천 부평구 부평동 | 21년7월 | 33평 | 13층

7위 **부평SK뷰해모로** 2022 입주   **7억9,110만**
인천 부평구 부개동 | 21년2월 | 33평 | 6층

8위 **부평산곡푸르지오** 2011 입주   **7억9천만**
인천 부평구 산곡동 | 21년7월 | 33평 | 15층

9위 **삼산타운2단지두산** 2005 입주   **7억6,500만**
인천 부평구 삼산동 | 21년9월 | 32평 | 7층

10위 **부평아이파크(아)** 2020 입주   **7억6,500만**
인천 부평구 산곡동 | 21년4월 | 34평 | 21층

자료: 아실(asil.kr)

다. 그다음 부평산곡푸르지오 43평형이 10억 2천만 원, 2010년 입주한 부개역 푸르지오가 9억 9천만 원입니다. 최근 10년 안으로 돌아오는 준신축이라고 할 수 있는 래미안부평이 9억 2,500만 원이고요.

국민주택 규모인 84㎡ 기준으로 보면, 부평동에 있는 동아1단지가 8억 4,250만 원으로 제일 비쌉니다. 아직 대출 규제를 받지

않는 단계네요. 부평캐슬앤더샵퍼스트는 2023년 입주 예정 아파트로 입주권·분양권 거래입니다. 부개역푸르지오가 8억 3천만 원, 삼산타운 6단지와 7단지가 8억 2천만 원, 래미안부평이 8억 원에 거래되었습니다. 청천동은 산곡동과 더불어 재개발이 한창 진행되고 있는 지역입니다. 부개동에 부평SK뷰해모로와 부평산곡푸르지오가 7억 9천만 원대, 삼산타운2단지와 부평아이파크가 7억 원대입니다. 8억~9억 원대를 넘는 아파트는 없습니다.

앞서 분석했던 연수구와 비교했을 때 가격 차가 꽤 나죠? 가격대만 보면 '이거 저평가 아닌가.'라고 의심할 수 있는 가격으로 보입니다. 그런데 이게 저평가일 수도 있어요. 고평가일 수도 있고요. 지금부터 어떻게 부평구를 봐야 할지 풀어가도록 하겠습니다.

중요한 포인트는 과거에 부평구에는 인구가 빠져나가는 요인들만 있었는데 최근에는 다시 유입될 수 있는 여지가 생겼다는 것입니다. 그래서 부평구의 미래를 따져볼 때는 인구가 나갈 요인이 무엇이 있는지, 들어올 요인이 무엇이 있는지를 보면 되겠습니다.

부평구의 현재와 역사

부평구는 법정동으로 부평동, 산곡동, 청천동, 갈산동, 삼산동, 부개동, 일신동, 구산동, 십정동이 있습니다. 부평구에서는 부평

● 부평구 행정동과 법정동

행정동	법정동
부평1동	부평동
부평2동	
부평3동	부평동, 산곡동 일부, 십정동 일부
부평4동	부평동
부평5동	
부평6동	
산곡1동	산곡동
산곡2동	산곡동, 청천동 일부
산곡3동	산곡동
산곡4동	
청천1동	청천동, 산곡동 일부
청천2동	청천동
갈산1동	갈산동, 삼산동 일부
갈산2동	갈산동
삼산1동	삼산동, 갈산동 일부
삼산2동	삼산동
부개1동	부개동, 부평동 일부
부개2동	부개동
부개3동	
일신동	일신동, 구산동
십정1동	십정동
십정2동	

강화군

서구 계양구

중구 동구 **부평구**

미추홀구 남동구

연수구

행정동

법정동

동이 부평6동까지 제일 많이 분화되었고, 산곡동도 많이 분화되었습니다. 청천동, 갈산동도 그렇고요. 분화된 상태에서 더 분화가 되고 있는지 통폐합이 되지는 않는지 등을 한번 살펴보면 좋겠습니다.

● 부평구 연혁

470(고구려)	주부토군(郡) 설치 *부평읍호(행정구역)의 시초
995(고려)	수주(州)로 승격 개칭 *1018년 수주에 지주사 설치
1150(고려)	안남도호부로 개칭
1308(고려)	길주목으로 승격
1413(조선)	부평도호부로 승격
1914.03.01	부천군 신설로 부내면으로 강등
1940.04.01	부천군부역 제2차 확장으로 부천군 부내면과 서곳면이 인천부에 편입
	→ 부평과 서곳출장소 개설

1945.10.10	인천부를 제물포시 개칭, 제물포시 부평·서곶지청 설치
1948.11.17	법률 제8호에 의거 인천시로 되고 부평·서곶지청을 출장소로 환원
1968.01.01	법률 제1919호에 의거 부평·서곶출장소를 통합 → 북구로 명명
1981.07.01	법률 제3424호에 의거 인천직할시로 승격
1988.01.01	대통령령 제12367호에 의거 서구 분구(19개 동)
1988.05.01	북구가 자치구가 됨
1989.01.01	법률 제4051호에 의거 경기도 김포군 계양면 일원을 북구에 편입
1995.01.01	법률 제4802호에 의거 인천광역시로 승격
1995.03.01	계양구가 분구(11개 동)되고, 부평구(21개 동)로 개칭
~현재	

부평구의 유래를 살펴보니 부평평야의 넓은 들을 중심으로 농경문화가 발달한 지역이라고 합니다. 삼국시대에는 고구려의 주부토군, 통일신라시대에는 장제군, 고려시대에는 수주, 안남, 계양 등의 명칭으로 불리다가 부평이라는 이름이 처음 나왔어요. 조선시대부터 부평도호부로 불리기 시작하면서 지금의 부평의 이름이 나왔습니다.

일제강점기 지나 해방된 다음에 미군정기 때 제물포시 부평지청을 설치했고요. 1968년에 부평과 서곶(현재의 서구)이 합쳐져서 북구가 탄생합니다. 북구에서 서구가 분리되고 그다음에 계양구가 분리되면서 북구는 부평구로 명칭이 바뀌게 됩니다. 정리하면 처음에는 북구였다가 1988년에 서구가 분리되고 1995년에 계양구가 분리되면서 이때부터 부평구라는 현재 이름을 쓰게 되었습니다.

숫자로 읽는 부평구

행정구역별 인구 및 세대 현황

지도를 보면 알겠지만 북쪽(위쪽)으로는 보이는 선이 경인고속도로입니다. 계양구와 깔끔하게 나눠져 있습니다. 삼산동·갈산동·청천동이 북쪽, 십정동·부평동·일신동·구산동이 남쪽, 부평1동이 가장 중앙에 있고, 산곡동과 부개동도 중앙에 있습니다.

보통 서울 인근에 있는 지역들은 서울에 가까우면 가까울수록 더 비쌉니다. 삼산동이 제일 가깝죠. 그렇기 때문에 삼산동이 먼저 택지로 개발되었고 가장 비싼 입지 중 하나였습니다. 상대적으로 서울과 멀었던 십정동과 산곡동, 청천동이 낡고 저렴했는데, 최근 정비사업이 진행되다 보니 각광받고 있습니다. 청천동과 산곡동 등은 전철 불모지였는데 7호선이 개통되면서 산곡역이 생겼습니다. 서울 출퇴근 가능 범위 안에 들어왔어요.

부평구 인구는 48만 8천 명, 약 49만 명입니다. 다만 인구가 좀 줄고 있습니다. 예전에는 57만 명 정도나 될 정도로 제일 많았거든요. 그렇기 때문에 과연 앞으로도 인구가 줄 것인가 아니면 늘어날 여지가 있는가를 주요 포인트로 봐야 합니다.

● 부평구 인구 및 세대 현황(단위: 명, 세대)

지역	인구수	세대수
부평구	**488,095**	**216,391**
부평1동	36,242	16,749
부평2동	14,897	7,292
부평3동	12,602	6,308
부평4동	36,916	18,750
부평5동	31,183	15,347
부평6동	14,823	7,294
산곡1동	12,185	5,620
산곡2동	30,690	10,936
산곡3동	21,856	8,908
산곡4동	17,457	6,652
청천1동	6,893	3,468
청천2동	35,137	14,648
갈산1동	16,440	7,413
갈산2동	18,409	8,190
삼산1동	32,781	13,929
삼산2동	28,445	10,258
부개1동	16,634	8,071
부개2동	19,925	8,438
부개3동	30,234	12,341
일신동	12,377	5,195
십정1동	19,543	9,073
십정2동	22,426	11,511

● **부평구 사업체 및 종사자 수**(단위: 개, 명)

시군구	사업체수	종사자수		읍면동	사업체수	종사자수
남동구	41,071	235,674		부평4동	3,241	13,923
서구	36,650	201,729		부평1동	3,137	14,532
부평구	**32,420**	**155,411**		청천2동	3,124	29,478
미추홀구	28,017	125,290		부평5동	2,675	12,062
연수구	19,802	119,825		십정2동	2,005	6,267
중구	13,589	103,973		삼산2동	1,703	11,911
계양구	18,712	85,605		삼산1동	1,587	5,644
동구	7,875	35,238		청천1동	1,398	7,438
강화군	6,026	21,929		부개3동	1,238	4,198
옹진군	2,082	7,820		십정1동	1,184	6,107
				갈산1동	1,178	5,752
				일신동	1,172	6,721
				부개1동	1,152	3,515
				산곡2동	1,142	4,178
				부평3동	954	3,664
				갈산2동	913	2,897
				부평6동	900	4,621
				부개2동	851	3,105
				산곡3동	769	2,600
				산곡1동	767	2,539
				산곡4동	675	2,226
				부평2동	655	2,033

중요한 일자리 현황을 살펴보겠습니다. 인천에서는 남동구와 서구가 일자리가 가장 많고, 부평구가 3위입니다.

부평구는 3만 2천 개의 기업체와 15만 5천 개의 일자리가 있습니다. 청천2동의 종사자 수가 제일 많아요. 사업체 수가 부평 4동과 1동이 더 많은데 종사자 수가 청천2동보다 적다는 것은 기계화된 일자리가 많다고 볼 수 있겠네요. 다른 동들도 마찬가지입니다.

어디에서 오고 어디로 갔을까?

지난 1년 동안에 인구가 이동한 통계를 보겠습니다. 부평구로 전입한 인구수가 6만 2천 명인데, 부평구 내에서 이동한 인구가 2만 5천 명이고, 경기도에서 1만 명, 서울에서 6천 명이 이사를 왔습니다.

서울과 경기도는 인천과 굉장히 밀접한 관계가 있어요. 당연히 경기도에서는 부천이 제일 밀접한 관계가 있고, 인천에서는 남동구와 밀접한 관계가 있네요. 남동구랑 붙어 있기 때문입니다. 인천을 제외하면 충청남도, 서울 구로구, 강원도와 전라북도에서도 이사를 왔습니다.

반대로 부평구에 살던 인구가 다른 지역으로 이사 가기도 합니다. 6만 2천 명이 이사를 왔고 7만 8천 명이 이사를 갔기 때문에 1만 6천 명이 부평구를 빠져나간 거죠. 인구가 줄고 있음을 알 수 있습니다.

경기도로 빠져나간 인구가 1만 6천 명이고 1만 명이 들어왔으니 경기도로 6천 명이 순 이탈되었습니다. 서울에서는 6,200명이

● 지역별 이동 현황(단위: 명)

다른 지역→부평구

전출지	전입지	계
전국		62,004
인천		39,547
인천 부평구		25,013
경기		10,330
서울		6,219
경기 부천시		4,343
인천 남동구		3,539
인천 서구		3,210
인천 계양구		3,152
인천 미추홀구	인천 부평구	2,282
인천 연수구		1,246
충남		938
서울 구로구		713
강원		698
전북		667
경기 시흥시		619
경기 광명시		610
서울 강서구		587
경기 김포시		582
인천 중구		547

부평구→다른 지역

전출지	전입지	계
	전국	78,593
	인천	48,198
	인천 부평구	25,013
	경기	16,694
	서울	6,865
	인천 남동구	5,643
	인천 서구	5,312
	경기 부천시	5,172
	인천 계양구	3,726
인천 부평구	인천 미추홀구	3,354
	인천 연수구	3,347
	경기 김포시	1,904
	경기 시흥시	1,765
	충남	1,269
	인천 중구	1,025
	강원	992
	경기 고양시	952
	경기 화성시	842
	서울 구로구	723
	충북	717

들어왔고 서울로 6,800명이 나갔으니까 서울로도 600명이 나갔네요. 남동구로도 많이 갔고, 서구 역시 들어온 숫자보다 나가는 숫자가 더 많습니다. 이렇게 나가는 숫자들을 한번 비교해보면

좋을 것 같습니다. 경기도에서는 부천시, 김포시, 시흥시로 나가고 있습니다. 이런 사항도 파악해두면 좋겠습니다.

부평구 주택 현황

부평구가 정말 대단한 것이 주택 유형을 보면 인천시 평균과 거의 유사합니다. 특히 아파트 평균 비율은 64%로 수치까지 똑같습니다. 적당히 많은 거죠.

주택 점유 형태를 볼까요? 자가 비율이 인천 평균이 60.2%인데 부평구가 58.3%로 인천 평균보다는 조금 낮고 전국 평균 수준입니다. 즉 인천 내에서는 상대적으로 아파트가 좀 많고 돈이 조금 더 있는 사람들이 많을 것 같고, 나머지는 인천 평균과 크게 다르지 않다고 정리하겠습니다.

데이터로 읽는 부평구의 아파트

2023년까지의 아파트 입주 물량

재고량을 보겠습니다(다음 페이지 표). 부평구 경우는 주택과 아파트 재고량이 12만 2천 개 정도 있어요. 2023년에 공급되는 입주 물량이 제일 많고, 2022년에도 많습니다. 이것은 아무래도 임차 시장이 안정된다는, 그러니까 조정될 여지도 있다는 이야기입니다. 매매 시장도 물량이 많아지면 가격이 올라가는 것에 어느 정

● 주택 유형(단위: 채)

지역	구분	계	단독주택	아파트	연립주택	다세대주택	비거주용 주택
전국	주택수	18,525,844	3,897,729	11,661,851	521,606	2,230,787	213,871
	구성비	100.0%	21.0%	62.9%	2.8%	12.0%	1.2%
인천	주택수	1,032,774	95,700	661,611	27,704	238,777	8,982
	구성비	100.0%	9.3%	64.1%	2.7%	23.1%	0.9%
부평구	주택수	168,544	10,590	108,034	4,420	44,166	1,334
	구성비	100.0%	6.3%	64.1%	2.6%	26.2%	0.8%

● 주택 점유 형태(단위: %)

지역	계	자가	전세	보증금 있는 월세	보증금 없는 월세	사글세	무상
전국	100.0	58.0	15.1	19.7	3.3	0.0	3.9
서울	100.0	42.7	26.0	24.8	3.3	0.0	3.2
인천	100.0	60.2	15.6	17.4	3.2	0.0	3.7
부평구	100.0	58.3	16.5	19.1	2.4	0.3	3.3

● 부평구 동별 아파트 입주 물량: 재고량 및 입주 예정(2023년까지)(단위: 채)

지역	재고량	2017년	2018년	2019년	2020년	2021년	2022년	2023년
부평구	**122,572**	140	276	293	2,209	2,059	8,571	9,246
산곡동	27,451			266	256	811	1,915	
삼산동	21,332						346	726
부개동	19,634				922	526	1,934	
부평동	15,988	122	249	27	655		798	438
청천동	15,721				369			6,673
십정동	10,791	8			7	571	3,578	1,409
갈산동	9,174	10				151		
일신동	1,762		27					
구산동	719							

※ 합계 재고량은 2007~2023년 데이터입니다.

도 부담이 되기 때문에 만약 부평구에서 내 집 마련을 하거나 갈아타기를 해야 한다면 2022년과 2023년이 기회가 될 수 있겠습니다. 단기 투자는 조심할 타이밍이죠.

이런 게 중요합니다. 이야기했듯이 부평구에 2022년과 2023년에 입주 물량이 많습니다. 특히 서구와 부평구, 미추홀구, 중구도 상대적으로 많은 편이고, 연수구와 남동구는 적은 편이죠(140쪽의 인천 아파트 입주 물량 표 참고). 많은 곳과 적은 곳이 확연하게 달라지기 때문에 시기마다 입주 물량을 보며 대비할 필요가 있습니다.

부평구에서 2022년에 입주 물량이 많은 곳은 재개발을 많이 한 산곡동입니다. 부개동과 십정동도 재개발을 많이 했죠. 그 덕에 입주 물량이 많다고 하는 것입니다.

● **부평구 아파트 입주 예정 단지**

읍면동	단지명	총세대수	공급방식	입주년월
십정동	더샵부평	3,578	민간임대	2022.05
부개동	e편한세상부평역어반루체	375	지주택	2022.05
산곡동	부평신일해피트리더루츠	1,116	재개발	2022.07
산곡동	부평두산위브더파크	799	재개발	2022.11
삼산동	부평삼산시원아침도시	346	재건축	2022.11
부평동	부평역한라비발디트레비앙	385	재개발	2022.12
부평동	부평중앙하이츠프리미어	413	재건축	2022.12
부개동	부평SKVIEW해모르	1,599	재개발	2022.12
계		8,611		

십정동 더샵부평에 3,500세대가 입주하는데, 임대아파트니까 참고로 봐주세요. 부개동에는 e편한세상부평역어반루체가 입주하는데, 지주택이었고요. 산곡동에는 부평신일해피트리더루츠와 부평두산위브더파크, 삼산동에는 부평삼산시원아침도시, 부평동에는 부평역한라비발디트레비앙과 중앙하이츠프리미어, 부개동에 부평SKVIEW 해모르 등 입주 물량들이 입주했을 때 시장에 어떤 영향이 있을지도 한번 따져보면 좋을 듯합니다.

평단가로 보는 가격 동향

인천 평균이 1,400만 원 정도고, 부평구는 평균 이상 지역입니다. 연수구에서 송도를 제외하면 부평구가 1등일 거고요. 연수구는 1천만 원이 안 되는 지역들도 있었는데 부평구는 기본적으로 1천만 원이 다 넘습니다.

● **부평구 동별 평단가**(단위: 만 원)

시군구	평단가	읍면동	평단가
연수구	1,882	삼산동	1,771
부평구	1,514	부개동	1,683
인천광역시	**1,475**	부평동	1,548
남동구	1,452	**부평구**	**1,514**
서구	1,366	산곡동	1,445
미추홀구	1,289	청천동	1,348
중구	1,200	십정동	1,253

계양구	1,170	갈산동	1,192
동구	948	일신동	1,029
강화군	542		

가장 수요가 적다는 갈산동, 일신동도 평당 1천만 원이 넘어가는 지역이 되었습니다. 특히 택지가 개발된 삼산지구가 제일 비싸고, 그다음에 부개동입니다. 부개동은 삼산지구랑 거의 같은 생활권이죠. 부평동에는 7호선이 개통되면서 역세권으로서 입지가 좋아졌고 래미안부평이 들어오면서 가격을 더 끌어올렸죠. 산곡동, 청천동은 원래 저렴한 지역이었는데 재개발 후 입주하면 시세가 2022년부터 더 올라갈 가능성이 높습니다.

주목해야 할 동별 아파트
● 삼산동 아파트

순위	단지명	총세대수	평단가(만 원)	입주년월
1	행복마을서해그랑블	822	2,372	2004.08
2	삼산타운6단지	784	2,366	2004.08
3	삼산타운7단지	1,314	2,327	2004.08
4	삼산타운1단지	1,873	2,234	2005.06
5	벽산블루밍	412	1,913	2005.12
6	서해그랑블	454	1,853	2011.07
7	신성미소지움	1,030	1,750	2005.05
8	임광그대家	393	1,666	2008.12
9	엠코타운	708	1,629	2007.08

10	주공미래타운5단지	620	1,577	2000.05
11	주공미래타운3단지	946	1,476	2000.08
12	삼산타운2단지두산위브	1,622	1,460	2005.11
13	주공미래타운1단지	608	1,456	2000.07
14	주공미래타운2단지	684	1,375	2000.01
15	주공미래타운4단지	968	1,347	2000.09
16	현대	330	1,073	1995.05
17	대보	340	1,073	1985.05
18	광명 12차	456	897	1990.07
19	삼보	630	750	1990.12
20	정광	240	706	1989.05
21	광명13차	168	636	1990.01
22	태산	216	636	1989.11
23	한국	174	605	1990.08
24	동남	138	553	1989.12

동별로 상위권 단지들이 어떤 것들이 있는지 보겠습니다. 삼산동 행복마을서해그랑블이 평당 2천만 원대를 넘었죠. 이 통계는 2021년 평균이기 때문에 지금은 더 올라갔을 가능성이 큽니다. 절대 수치로 생각하지 말고 상대적으로 어디가 높았는지만 확인해주세요.

삼산타운 6단지, 7단지, 1단지, 벽산블루밍, 서해그랑블, 신성미소지움, 임광그대가, 엠코타운, 주공미래타운 5단지, 3단지 등이 상대적으로 높은 시세를 형성하고 있습니다. 특히 행복마을서해그랑블과 삼산타운 단지들이 2천만 원이 넘는, 평균보다 훨씬 더 높은 가격대를 형성했습니다.

삼산동에 가보면 알겠지만 행복마을서해그랑블에 초등학교와 중학교가 있고, 깔끔하게 정리한 굴포천이 있습니다. 삼산동에서는 굴포천 주변이 살기 좋습니다. 위로는 공단과 경인고속도로 등으로 둘러싸여 있는데, 아래 지역은 정비된 하천과 아파트 단지, 초중고가 있어서 상대적으로 조건이 좋아요. 또 삼산동 옆에 부천이 있잖아요. 부천의 여러 기반시설도 누릴 수 있습니다. 특히 삼산2동은 부천시와 거의 다를 게 없습니다.

● **부개동 아파트**

순위	단지명	총세대수	평단가(만 원)	입주년월
1	부개역푸르지오	1,054	2,479	2010.01
2	대동	708	2,002	1989.04
3	주공6단지	1,240	1,935	1997.11
4	주공5단지	1,317	1,873	1998.07
5	욱일	468	1,797	1988.01
6	푸른마을삼부, 한신	1,020	1,720	1999.06
7	주공1단지	1,044	1,665	1996.12
8	상우신명보람	576	1,646	1998.07
9	오성	165	1,572	1984.08
10	주공7단지	957	1,561	1998.07
11	대동(고층)	686	1,468	1991.04
12	뉴서울	1,140	1,450	1989.08
13	대진	258	1,392	1988.11
14	동아	384	1,367	1988.01

15	부개역동도센트리움	217	1,287	2014.01
16	한국	580	1,269	1992.07
17	주공3단지	1,724	1,168	1996.01
18	리노빌	103	1,050	2003.09
19	한일	110	1,019	1984.03
20	백영	128	917	1999.02
21	신삼호	60	897	1981.07
22	현대	184	879	1993.05
23	삼이	50	813	1983.05
24	한양	40	751	1981.12
25	백조	280	750	1981.09
26	비둘기	70	682	1982.12
27	세인	74	682	1980.12
28	성업	80	679	1985.05
29	인우	40	660	1984.09
30	그린힐주상복합	64	634	2002.08

두 번째 부개동입니다. 제일 비싼 아파트는 부개역푸르지오입니다. 그다음이 1989년에 입주한 대동이라고 하는 단지예요. 이제 재건축을 한번 검토해봐야 하겠죠. 주공 6단지와 5단지, 욱일아파트, 푸른마을삼부, 한신, 주공1단지, 상우신명보람, 오성, 주공7단지 정도가 부개동을 이끄는 주요 단지입니다.

● 부평동 아파트

순위	단지명	총세대수	평단가(만 원)	입주년월
1	동아1단지	2,475	2,405	1986.06
2	래미안부평	1,381	2,286	2014.09
3	동아2단지	2,128	1,968	1995.02
4	신영	139	1,759	1983.08
5	부평LH2단지	704	1,639	2012.07
6	두산위브	280	1,542	2005.02
7	대림1차	1,470	1,476	1989.12
8	대우	308	1,217	1998.08
9	해마루	65	1,153	2010.01
10	욱일	780	1,136	1990.01
11	신성미소지움	298	1,110	2005.06
12	삼진	90	1,055	1983.09
13	한국	180	909	1998.06
14	창보	202	905	1999
15	건우	150	883	1985.07
16	유진마젤란	110	854	2005.03
17	가나안미도4차	140	847	1986.02
18	건영캐스빌	142	757	2002.06
19	백조주상복합	50	637	1997.06

세 번째는 부평동입니다. 동아1단지가 제일 비싸고, 새 아파트 중에서는 래미안부평이 비쌉니다. 동아1단지는 정비사업에 진행 속도가 붙을 타이밍이라 인기와 수요가 증가했어요. 그다음 동아 2단지, 신형, 부평LH2단지, 두산위브, 대림1차 등이 상위권 단지

를 구성하고 있습니다.

부평동은 부평구의 한가운데 있는 부지입니다. 가보면 알겠지만 육거리나 오거리가 있을 정도로 굉장히 복잡합니다. 하지만 교통의 중심지이자 더블 역세권이고 상권의 중심지이기도 합니다. 부평구 제일의 중심지로서 역할도 수행한다는 점을 기억하세요.

● **산곡동 아파트**

순위	단지명	총세대수	평단가(만 원)	입주년월
1	푸르지오	765	2,408	2011.01
2	한양2단지	720	2,200	1985.05
3	금호이수마운트밸리	1,365	1,964	2007.12
4	수암	170	1,943	1988.01
5	한화2단지	1,280	1,883	1999.11
6	현대5차	1,161	1,715	1993.11
7	현대(307)	2,204	1,623	1985.01
8	한화1단지	744	1,613	1997.03
9	현대2차(311-126)	1,496	1,546	1988.04
10	현대3차	1,200	1,424	1989.09
11	프리상뜨	335	1,412	2004.08
12	한신休	703	1,359	2003.01
13	경남4차	776	1,322	1994.05
14	우성1,2,3차	1,980	1,256	1989.01
15	경남1차	810	1,226	1990.12
16	현대(179-92)	384	1,185	1999.11
17	경남2차	690	1,178	1991.07
18	한신1차	542	1,137	1986.01

19	뉴서울1차	565	1,064	1991.01
20	스카이뷰숲	191	1,059	2007.05
21	뉴서울2차	498	1,039	1990.07
22	한양7차	320	1,015	1992.08

다음은 산곡동과 청천동도 보겠습니다. 산곡동과 청천동은 재개발과 재건축을 해서 입주 아파트들이 대기하고 있어요. 2022년이 지나면 순위가 크게 바뀔 것을 염두에 둬야 합니다.

2011년에 입주한 푸르지오가 가장 비싸고, 1985년 입주한 한양2단지는 재건축 이슈가 있을 것 같아요. 금호이수마운트밸리, 수암, 한화2단지, 현대5차 등의 단지들이 상위권을 차지하고 있습니다. 세대수와 평단가, 입주 연도 고려해서 입지 분석을 하면 좋을 듯합니다.

산곡동은 녹지 공간인 산을 끼고 있고 다세대 빌라 밀집 지역이었어요. 이런 지역들을 개발하고 있는 것입니다. 또 7호선이 청천동과 산곡동을 같이 쓸 수 있는 입지에 있다는 점도 고려해볼 필요가 있습니다. 산곡동 푸르지오가 7호선 개통 호재를 그대로 반영했죠. 서울과의 접근성이 좋다는 이유로 시세가 많이 올랐습니다.

● 청천동 아파트

순위	단지명	총세대수	평단가(만 원)	입주년월
1	쌍용	510	1,470	1990.09
2	금호타운	2,539	1,450	1998.01
3	청천푸르지오	2,257	1,209	1998.06
4	대진	340	1,140	1985.05
5	미가로	170	1,104	2006.08
6	우림필유	209	1,014	2005.09
7	삼익	375	988	1986.11
8	미도6차	222	861	1985.02
9	미도7차	384	822	1989.02
10	광명	418	729	1995.01
11	무지개	220	718	1993.03
12	인향	266	690	1994.01
13	인성	80	663	1985.01
14	현광	48	661	1994.05
15	청천	130	646	1978.11
16	영진	196	632	1995.07
17	동양	200	612	1982.12

청천동은 산곡동과 거의 비슷한 수준입니다. 산곡동이 청천동보다 시세가 좀 더 높은 이유는 새 아파트가 더 많기 때문이에요. 표를 보면 청천동 아파트 중에는 2000년도에 입주한 아파트가 딱 2개가 있습니다. 미가로와 우림필유인데 세대수가 굉장히 적죠.

그런데 청천동에는 대규모 입주 단지들이 대기하고 있습니다. 이런 단지에 입주가 시작되면 산곡동보다 더 비쌀질 것입니다.

그러니 아직까지는 시세가 많이 저렴하다고 할 수 있습니다.

그러면 표에 나오는 단지들의 시세가 올라갈 가능성이 있을까요? 올라갈 수도 있지만 올라가지 않을 가능성도 높습니다. 특히 입주 물량이 많을 때는 오히려 이런 단지들의 시세가 올라가지 않을 가능성이 높아요. 전세가가 못 받쳐줄 테니까요. 이런 점도 염두에 둬야 합니다.

청천동은 산곡동 바로 북쪽에 있습니다. 7호선이 이쪽에 있다고 이야기했죠. 또 청천동에는 한국GM이 있어요. 미국GM에서 직접 직영하는 공장도 있고요. 실제로 한국GM으로 출퇴근하는 사람들이 꽤 많이 청천동에 살고 있어요. 그동안은 새 아파트가 없었기 때문에 돈이 있다 하더라도 다른 지역에서 집을 사서 출퇴근했을 텐데 청천동 부지가 다 재개발하는 부지들이잖아요. 여기 재개발 후 새 아파트가 들어서면 아마 이곳으로도 다시 이사 오게 될 겁니다.

● **십정동 아파트**

순위	단지명	총세대수	평단가(만 원)	입주년월
1	주공뜨란채	920	1,496	2005.07
2	금호어울림	290	1,315	2008.06
3	동암신동아	1,690	1,313	2000.09
4	한국	194	1,119	1998.01
5	동보	207	1,084	1998.07
6	인천부평대주파크빌	312	1,020	2001.11

7	금성	185	861	1984.02
8	광명	100	830	1987.12
9	목동휘버스	64	826	2005.08
10	예원	120	739	1984.01
11	백영	206	720	1997.05
12	삼용	45	672	1986.11
13	약산	60	633	1986.01
14	신태양	100	559	1988.01
15	정원	138	500	1987.01

십정동은 지금 제일 비싼 아파트가 1천만 원대 초반이에요. 새 아파트가 들어오면 시세가 오르는 영향이 있을 듯합니다.

여기는 연차가 오래된 아파트가 많아요. 대부분 재건축을 할 수 있다고 생각할 수 있는데 못하는 아파트들이 더 많습니다. 연 차가 오래됐다는 이유로 싸다는 이유만으로 무조건 사기에는 리 스크가 있습니다. 기회도 있지만 투자 베테랑이 아니라면 리스크 도 많다는 점을 기억해야 합니다.

십정동은 부평구의 남서부 쪽에 있습니다. 경인선 지하철 1호 선이 지나가는 지역이라서 1호선 주변에는 상업시설 등 나름대로 임차 수요들이 있는데, 역과 떨어진 지역들은 상품성이 떨어집니 다. 지역이 저렴해서 사는 사람들이 많기 때문입니다. 특히 십정 동은 청천동, 산곡동과 마찬가지로 군부대들이 정리되면서 이전 보다는 깔끔해진 경향도 있습니다.

● 갈산동 아파트

순위	단지명	총세대수	평단가(만 원)	입주년월
1	갈산주공1단지	1,650	1,674	1992.01
2	아주	340	1,406	1992.09
3	대동2차	623	1,335	1992.11
4	두산	574	1,257	1992.11
5	갈산이안	414	1,143	2001.11
6	신한국	520	1,125	1998.11
7	하나타운	526	1,100	1992.11
8	팬더	280	998	1993.05
9	동남	278	984	1992.09
10	한국	280	977	1993.05
11	태화(2동)	390	974	1992.07
12	대성유니드	247	952	2007.04
13	대동1차	420	949	1992.11
14	갈산	90	948	1986.12
15	동아	280	917	1993.06
16	백조	85	799	1986.11
17	태화(1동)	410	758	1994.09
18	정광	311	729	1990.04

갈산동과 일신동입니다. 이곳은 투자보다는 이슈를 알려주고 싶어서 소개합니다.

현재 갈산주공1단지가 제일 비쌉니다. 전반적으로 가격이 1천 만 원이 안 되는 입지들이 대부분이네요. 수도권에서 1천만 원이 안 되는 입지는 수요가 없다는 이야기일 수 있거든요. 그러니 갈산주공1단지 외에 수요가 없는 단지들이 대부분이기 때문에 싸다고 무조건 접근하면 위험합니다.

갈산동은 경인고속도로 바로 밑에 있고요. 청천동과 삼산동 사이에 끼어 있습니다. 나름 학교도 있고, 굴포천이 있어요. 주변 환경은 괜찮지만 가격이 상승하기는 어려운 입지라고 보면 좋을 듯합니다.

● **일신동 아파트**

순위	단지명	총세대수	평단가(만 원)	입주년월
1	일신주공	967	1,084	1995.12
2	풍림	750	1,043	1995.12

마지막으로 일신동입니다. 일신동에는 아파트가 딱 2개 있어요. 일신주공과 풍림인데 평단가가 1천만 원 전후죠. 아직 재건축 이슈가 없는 거예요. 리모델링 이슈도 없고요. 그냥 실거주 수요만 존재한다고 보면 됩니다.

인천 동남부 쪽이라 입지가 서울과 가까운 것도 아니고 부천과도 애매한 거리예요. 그래서 일신동은 저렴한 주거지가 필요한 사람들만 거주하는 곳이라고 보면 됩니다. 학교도 일신초등학교 하나밖에 없습니다.

부평구에 있는 9개 동을 다 분석했으니, 이제 분양 결과를 설명하도록 하겠습니다.

분양 현황과 청약 경쟁률

● **부평구 분양 현황**

지역	2012년	2013년	2017년	2018년	2019년	2020년	2021년
부평구	1,642	289	522	2,034	4,119	8,854	8,582
청천동					341		6,673
부평동	1,381	72		541		1,236	1,909
갈산동					151		
일신동							
구산동							
산곡동			522		2,726		
십정동	261			571		4,987	
부개동		217		922	901	1,559	
삼산동						1,072	

부평구는 2020년에 8천 가구, 2021년에 8,500가구를 분양했습니다. 분양 물량은 2~3년 후에 입주한다는 것을 기억해야 합니다. 특히 부평동에 많이 분양했고, 2021년은 청천동에, 그리고 십정동과 부개동도 분양을 좀 했습니다.

분양 아파트들이 입주할 때쯤이면 입지가 좋아질 텐데, 주변 입지들은 외부에서 유입되지 않는 이상 수요를 나눠 가져야 합니다.

● **2021년 부평구 청약 경쟁률**

읍면동	단지명	분양년월	입주년월	총세대수	경쟁률
청천동	e편한세상부평그랑힐스	2021.01	2023.01	5,050	12.6

| 청천동 | 부평캐슬&더샵퍼스트 | 2021.01 | 2023.11 | 1,623 | 20.8 |

2021년도 청약 경쟁률을 볼까요? 부평동, 청천동에 e편한세상 부평그랑힐스가 분양했는데 세대수가 5천 세대입니다. 완전 신도시급이죠. 5천 세대가 분양하는데 경쟁률이 다 두 자릿수입니다. 분양이 잘됐죠. 이런 것은 무조건 청약을 해야 해요. 대체적으로 평형대가 작은데 이 지역에 투자 수요는 많지 않다는 이야기입니다. 결론적으로 실수요가 20평대, 30평대일 텐데 모두 경쟁률이 꽤 높았고, 5천 세대를 분양해도 완판되었습니다. 그만큼 새 아파트에 대한 수요가 많다고 할 수 있겠네요.

또 청천동의 부평캐슬&더샵퍼스트가 있습니다. 1,600세대로 대단히 큰 단지인데, e편한세상부평그랑힐스가 워낙 크다 보니까 상대적으로 작아 보여요. 하지만 여기도 청약 경쟁률이 굉장히 높았습니다.

그 외 정비사업 물량
● 부평구 정비사업

사업유형	읍면동	구역명	사업진행단계	세대수
주택재건축	부평동	부평아파트구역	착공	
주택재건축	부평동	한마음재건축	착공	
주택재건축	산곡동	산곡재원아파트구역	조합설립인가	306
주택재건축	산곡동	재원	조합설립인가	210
주택재건축	삼산동	삼산대보아파트구역	사업시행인가	500

주택재건축	삼산동	대보	사업시행인가	340
주택재건축	삼산동	삼산부영아파트구역	착공	
주택재건축	청천동	청천대진아파트구역	조합설립인가	404
주택재건축	청천동	대진	조합설립인가	340
주택재건축	청천동	동양	추진위	200
주거환경개선	십정동	십정2구역	준공	
주택재개발	갈산동	갈산1구역	사업시행인가	1,137
주택재개발	부개동	부개3구역	준공	
주택재개발	부개동	부개4구역	관리처분	1,299
주택재개발	부개동	부개5구역	조합설립인가	1,829
주택재개발	부개동	부개서초교북측구역	착공	1,553
주택재개발	부개동	부개인우구역	준공	927
주택재개발	부평동	부평2구역	관리처분	1,500
주택재개발	부평동	부평4구역	착공	2,413
주택재개발	부평동	부평목련아파트주변구역	착공	379
주택재개발	부평동	신촌구역	조합설립인가	2,726
주택재개발	부평동	부평고교주변구역	구역지정	
주택재개발	산곡동	산곡2-1구역	착공	923
주택재개발	산곡동	산곡2-2구역	착공	811
주택재개발	산곡동	산곡4구역	착공	734
주택재개발	산곡동	산곡5구역	사업시행인가	1,498
주택재개발	산곡동	산곡6구역	관리처분	2,110
주택재개발	산곡동	산곡7구역	조합설립인가	1,649
주택재개발	산곡동	산곡구역	관리처분	2,475
주택재개발	산곡동	산곡3구역	조합설립인가	395
주택재개발	삼산동	삼산1구역	착공	699
주택재개발	십정동	백운2구역	착공	1,291
주택재개발	십정동	십정3구역	관리처분	761

주택재개발	십정동	십정5구역	사업시행인가	2,217
주택재개발	십정동	십정4구역	사업시행인가	962
주택재개발	십정동	동암마을	구역지정	
주택재개발	십정동	십정동재개발	추진위	
주택재개발	청천동	청천1구역	착공	1,240
주택재개발	청천동	청천2구역	착공	

부평구 정비사업을 정리해보겠습니다. 누리집에서 정리한 것에 좀 더 찾아서 정리해보니 제법 많습니다. 재개발과 재건축에 관심이 있다면 시기에 맞춰서 살 수 있는 것을 활용하면 좋겠습니다.

재개발 지역들을 하나하나 살펴보는 이유는 인구수 때문입니다. 인구가 줄어든 이유 중 하나가 이주 수요가 나갔기 때문일 수 있는데, 이 아파트들이 재개발을 한 다음 입주하게 되면 인구가 증가하겠죠. 이걸 이야기하고 싶었던 겁니다.

그리고 입주 후 주변이 깔끔해지면요. 기존에 있는 주택 시설들도 인기가 많아지기 때문에 분명한 인구 유입 요인이 될 수 있습니다. 절대 잊지 마세요.

동북생활권 속 부평구

부평구는 동북생활권입니다. 동북생활권은 내륙 쪽에 포함되어 있고 북쪽에 있죠. 실질적으로 서울 생활권 쪽이 동북쪽, 인천 자체 수요권을 남쪽이라고 보면 됩니다. 특히 해안 쪽이 아니라 내륙 쪽에 붙은 것이 동북생활권입니다. 그래서 부평구와 계양구가 있고요.

부평구는 서울의 배후 수요지 역할을 할 수 있다는 점에서 중요합니다. 그런데 이미 예전부터, 심지어 청동기 시대부터 이 지역에는 사람들이 살고 있었고 그만큼 기반시설도 많아서 신도시를 개발할 부지는 없습니다. 인구가 대폭 증가하려면 신도시가 개발되어야 하는데 부평구는 정비사업만 많기 때문에 인구가 파격적으로 증가하지는 못할 것 같아요.

인천 도시개발 기본 도시계획을 보면 2040년까지 1만 명 정도 증가시키는 게 목표입니다. 즉 부평구는 인구를 증가시키기보다는 유지시키는 게 목표라고 할 수 있겠습니다. 이를 위해 교통이

● **동북생활권**

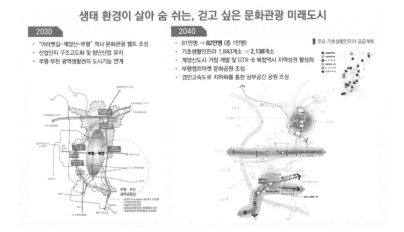

생태 환경이 살아 숨 쉬는, 걷고 싶은 문화관광 미래도시

2030
· "아라뱃길~계양산~부평" 역사·문화관광 벨트 조성
· 산업단지 구조고도화 및 첨단산업 유치
· 부평·부천 광역생활권의 도시기능 연계

2040
· 81만명 ⇒ 82만명 (증 1만명)
· 기초생활인프라 1,843개소 ⇒ 2,138개소
· 계양신도시 거점 개발 및 GTX-B 복합역사 지역상권 활성화
· 부평캠프마켓 문화공원 조성
· 경인고속도로 지하화를 통한 상부공간 공원 조성

불편한 지역들은 교통을 편리하게 해주고, 살 만한 집이 없는 곳은 살 만한 집을 만들어주는 것입니다.

그래서 가장 기대되는 것이 GTX-B입니다. 부평역에 복합환승센터를 만들면서 부평역세권은 말 그대로 복합 개발을 하고, 주변에 낙후되었던 다세대 빌라 밀집 지역은 정비사업을 거쳐 새 아파트를 공급할 예정입니다.

부평 캠프마켓은 미군 부대가 빠진 부지에 공원을 조성하는 것이고, 요원하기는 하지만 경인고속도로 전체를 지하화를 한다고 합니다. 그렇게 되면 계양구와 부평구의 환경이 깔끔해지는 효과는 있을 듯하지만, 확정은 안 된 것이라 지켜봐야 합니다.

부평구의 3가지 호재

이제 호재들을 정리하겠습니다. 다시 말하지만 일자리, 교통, 최신 주거시설 등은 직접 정리해야 합니다. 여기에서 정리하는 것들은 극히 일부이고, 이보다 더 많은 것을 정리해야 해요.

부평구를 활성화시킨 것은 7호선 개통과 정비사업입니다. 원래 7호선이 부평구청역까지만 왔었는데 산곡역, 석남역까지 왔잖아요. 그래서 3개 역이 생겼고, 산곡동이 전철의 불모지에서 전철 역세권 지역이 되었습니다. 청천동과 산곡동에 큰 호재로 작용해 새 주거시설 재생사업들이 추가되어 잘 진행되고 있습니다.

재개발 지역이 매우 많은데 신촌 구역도 있고, 청천동, 산곡동 이외에 백운역 지역도 있습니다. 동암, 백운 등지도 굉장히 낙후되었는데 정비 재개발을 하고 있어요. 십정동도 재개발이 진행되고 있습니다. 항목별로 상세히 알아보겠습니다.

1 | 일자리

일자리를 살펴보겠습니다. 부평산업단지가 있죠. 인천에서 가장 오래된 산업단지입니다. 부평산업단지만 있을 때는 부평구 인구가 제일 많았어요. 그러다 서구와 남동구가 개발되면서 실제 수요를 뺏겼고, 취업을 원하는 외지 인구도 부평구보다는 서구와 남동구로 가고 있습니다. 준공 연도를 보면 확연히 알 수 있죠. 그럼에도 불구하고 1,400개 정도 기업체가 공장을 운영하고 있습니다.

부평산업단지를 좀 더 알아볼까요? 부평산업단지는 1969년에 완성되어 한 1만 3천 명 정도 고용했다고 해요. 경인고속도로

● 부평구 산업단지 현황

□ 군·구별 공장 등록 현황 (공장설립온라인지원시스템 2021. 3. 31. 기준, 단위: 개사)

구 분	합 계	중 구	동 구	미추홀구	연수구	남동구	부평구	계양구	서 구	강화군	옹진군
업체 수	12,338	141	224	1,010	286	4,981	1,386	499	3,526	264	21

□ 산업단지 입주 현황 (제조 및 지원시설)
(한국산업단지공단 전국산업단지현황 통계 2020년 4분기 기준)

구 분	산업단지명(준공년도)	조성면적(천㎡)	가동업체 수	종업원(명)	관리기관
국가산업단지	②부평산업단지(1969년)	609	1,206	13,346	한국산업단지공단

부평IC에서 나오면 바로 위치해 있고요. 7호선이 연장된 산곡역, 굴포천역도 기억하면 되겠습니다. 특히 산곡역 주변 지역이 굉장히 많이 달라지고 있어요.

● 부평주안산업단지

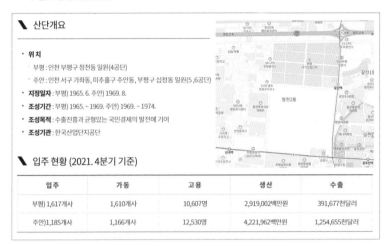

🔧 산단개요

- **위치**
  - 부평 : 인천 부평구 청천동 일원 (4공단)
  - 주안 : 인천 서구 가좌동, 미추홀구 주안동, 부평구 십정동 일원 (5,6공단)
- **지정일자** : 부평) 1965. 6. 주안) 1969. 8.
- **조성기간** : 부평) 1965. ~ 1969. 주안) 1969. ~ 1974.
- **조성목적** : 수출진흥과 균형있는 국민경제의 발전에 기여
- **조성기관** : 한국산업단지공단

🔧 입주 현황 (2021. 4분기 기준)

입주	가동	고용	생산	수출
부평) 1,617개사	1,610개사	10,607명	2,919,002백만원	391,677천달러
주안)1,185개사	1,166개사	12,530명	4,221,962백만원	1,254,655천달러

2 | 교통

그다음은 교통 호재입니다. 일단 7호선이 석남역까지 개통했고요. 석남역에서 청라까지 연장 공사가 착공했습니다. 청라국제도시까지 가면 공항철도가 있잖아요. 그러면 공항철도로 환승해서 서울 종로구, 중구까지 갈 수 있습니다. 7호선을 타고 강남구까지 갈 수 있어 굉장히 큰 호재라고 하는 것이고요.

그리고 서창-김포 고속도로도 개통될 예정이고, GTX-B도 있습니다. 여기에 서해선은 직접 부평구와 상관은 없지만, 서해선

● **부평구 교통망 개발**

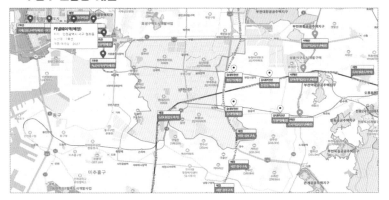

자료: 네이버 부동산

도 한 번 환승을 통해서 고양시까지 갈 수 있고, 충청도까지 갈 수
있는 기회도 생겼다고 보면 됩니다.

3 | 새 주거시설

새 주거시설을 보겠습니다. 초록색으로 칠해진 부분은 다 정비사
업을 진행한 것으로 앞서 정리했습니다. 청천2구역, 청천1구역,
산곡4구역, 산곡6구역, 산곡2-1구역, 2-2구역, 산곡구역, 산곡
3구역, 산곡7구역 등 산곡동과 청천동만 하더라도 어마어마하게
많은 재건축 정비구역들이 있습니다.

굴포천역 주변도 개발하고, 부개4구역도 있습니다. 부개5구
역, 부평4구역, 부평2구역, 신촌구역, 백운2구역, 십정4구역, 십
정3구역, 부개서초교북측구역, 부개3구역 등 아직도 기회는 많습
니다. 이미 분양했고 프리미엄도 많이 붙어 있지만, 초기 단계에

● 부평구 주거 호재

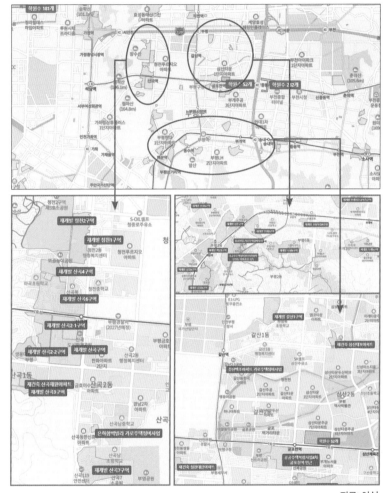

자료: 아실

들어갈 수 있는 부지들도 있습니다. 단계별로 확인해서 직접 현장 조사 통해서 가격대와 프리미엄을 한번 검토해보면 좋을 듯합니다.

절대 수요가 있는 기회의 땅, 부평구

향후 전망	• 구도심 정비사업 완성 • 교통망의 중심지
트레이딩용 아파트	• 삼산동 및 그 인근
가치투자용 아파트	• 재건축, 재개발

마지막으로 부평구를 정리하겠습니다. 일단 향후 전망, 10년 전후를 보면 구도심 정비사업의 완성도가 높아지는 시기가 됩니다. 그전까지 뭐라도 한두 개의 기회는 챙겨야 합니다. 기회를 10년 동안 주고 있잖아요. 정비사업은 반드시 직접 챙겨야 합니다.

부평구는 GTX-B 역이 생기는 곳이기 때문에 교통망의 중심지이기도 합니다. 현재 지하철 1호선과 인천지하철 1호선 두 라인이 있고, 경인고속도로도 있습니다. 인천의 중심으로, 교통의 중심지로 새 아파트를 봐야 합니다. 신도시가 아니라 이미 수요가 검증된 재건축·재개발 정비사업이 엄청나게 공급되고 있습니다. 이 중 하나는 꼭 챙겨보세요.

트레이딩용 단기 투자 상품을 보겠습니다. 삼산동 및 인근 지역은 입주 물량이 많을 때는 시세가 안 오르겠지만 입주 물량이 사라지면 입지가 좋아서 올라갈 수밖에 없습니다. 새 아파트와 가격 격차가 있으니까 새 아파트 가격을 보면서 삼산동이나 부개동의 구축 아파트를 갭투자, 단기 투자용으로 한번 활용해도 나쁘지 않은 결과가 나올 듯합니다.

가치투자용 아파트는 무엇이 있을까요? 재개발 후 지금 막 입주했거나 입주할 아파트를 주목하세요. 지금도 많이 올랐지만 더 올라갈 가능성이 있습니다. 실거주 가치가 있기 때문에요.

이렇게 해서 부평구 이야기도 마무리하겠습니다. 부평구는 구도심으로 역사가 오래되어 개발이 어려웠는데 최근 탄력을 받아서 개발하고 있다는 것은 절대 잊으면 안 됩니다. 신도시와의 경쟁에 살짝 뒤처지게 되면 개발 과정에서 가격이 안 오를 수 있지만, 결국은 절대 수요가 있기 때문에 시간이 흐르면 가격은 올라갈 겁니다.

다만 세대 수가 적고 입지가 안 좋은 아파트들은 조심해야 합니다. 가격이 안 올라갈 수 있어요. 재건축이 안 되거나 리모델링이 안 되는 경우 계속 도태될 겁니다. 그러니까 이런 아파트들은 빨리 정리하고 조금이라도 새 아파트로 갈 수 있는 기회를 찾아야 합니다. 부평구는 계속 기회를 줄 것입니다.

인천과 서울의
수요를 같이!
부평구 아파트 투어

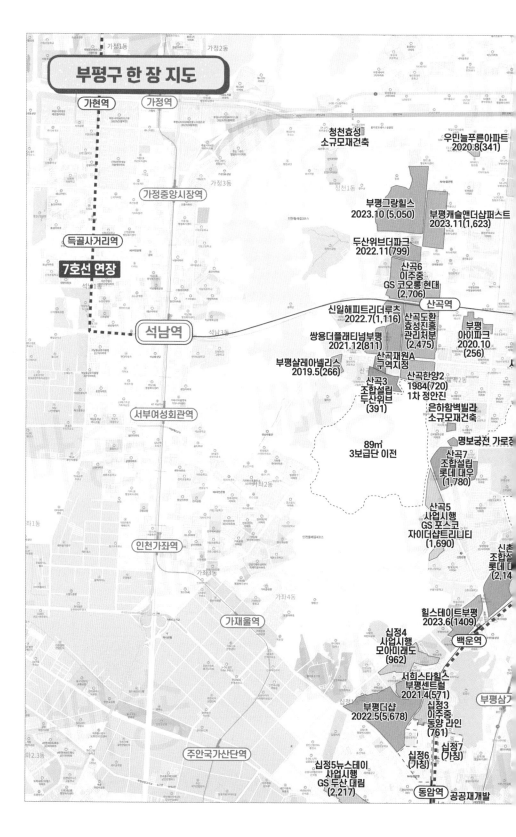

부평구 한 장 지도

가현역
가정역
가정중앙시장역
득골사거리역
7호선 연장
석남역
서부여성회관역
인천가좌역
가재울역
주안국가산단역

청천효성
소규모재건축

우민늘푸른아파트
2020.8(341)

부평그랑힐스
2023.10 (5,050)

부평캐슬앤더샵퍼스트
2023.11(1,623)

두산위브더파크
2022.11(799)

산곡6
이주중
GS 코오롱 현대
(2,706)

신일해피트리더루츠
2022.7(1,116)

산곡역

산곡도환
효성진흥
관리처분
(2,475)

부평
아이파크
2020.10
(256)

쌍용더플래티넘부평
2021.12(811)

부평샬레아넬리스
2019.5(266)

산곡재원A
구역지정

산곡3
조합설립
두산위브
(391)

산곡한양2
1984(720)
1차 정안진

은하함벽빌라
소규모재건축

89㎡
3보급단 이전

명보궁전 가로주

산곡7
조합설립
롯데 대우
(1,780)

산곡5
사업시행
GS 포스코
자이더샵트리니티
(1,690)

신촌
조합설
롯데 대
(2,14

힐스테이트부평
2023.6(1409)

십정4
사업시행
모아미래도
(962)

백운역

서희스타힐스
부평센트럴
2021.4(571)

부평더샵
2022.5(5,678)

십정3
이주중
동양 라인
(761)

부평삼!

십정6
(가칭)

십정7
(가칭)

십정5뉴스테이
사업시행
GS 두산 대림
(2,217)

동암역
공공재개발

인천의 '진짜' 중심지
남동구 부동산 전략

남동구는 굉장히 재미있는 지역입니다. 일단 이름의 어원이 재미있습니다. 남동쪽에 있어서 남동구일까요? 물론 위치는 인천의 남동쪽이 맞는데, 한자가 남쪽과 동쪽이 아니에요. 남자는 남녘 남이 맞는데 동자가 동쪽 동이 아니라 마을 동자입니다. 남동구(南洞區)는 남촌면(南村面)과 조동면(鳥洞面)에서 한 글자씩 따서 만든 이름입니다. 남천면과 조동면을 통합해서 남동구라고 했던 것입니다.

저는 남동구를 인천의 진짜 중심 지역이라고 생각합니다. 송도 아니냐고요? 아닙니다. 인천의 중심지는 남동구입니다. 그럼 송도는 뭘까요? 그냥 송도입니다. 청라, 송도, 영종도는 신도시고, 기존 인천과는 상관없다고 보는 게 오히려 지역 분석할 때는 편합니다.

인천 에코메트로 도시개발사업

자료: 한화건설 누리집

가장 중심지다운 중심지 남동구

남동구가 왜 인천의 중심지인지를 몇 가지 객관적인 사실을 살펴
보겠습니다. 중심지는 기본적으로 행정관청이 있습니다. 보통은
중구에 행정관청이 있어 중심지 역할을 합니다.

인천에도 중구가 있습니다. 그런데 중구에는 인천시청이 없어
요. 남동구에 있습니다. 인천시청이 있다는 이유만으로도 남동구
는 중심지입니다. 또 구월동의 위치가 인천의 중심이고, 교통의 중
심지이기도 합니다. 인구도 많고 당연히 일자리도 많습니다.

그러니까 여러모로 인천의 8개 구 중에서는 가장 중심지다운
중심지 역할을 하고 있습니다. 남동구가 인천의 진짜 중심지라는
사실을 염두에 두고 남동구 이야기를 풀어가겠습니다.

남동구의 현재를 이끄는 아파트

앞에 실은 사진은 논현동에 있는 에코메트로입니다. 논현동이 서울 강남구에만 아니라 인천 남동구에도 있습니다. 바닷가에 접해 있고 에코메트로라는 멋진 아파트 단지가 있습니다. 굉장한 신도시의 대단지죠.

● 남동구 아파트 상위 거래 순위

전체 평형

1위	에코메트로10단지한화꿈에그린 2010 입주	13억5천만
	인천 남동구 논현동	22년2월	75평	29층	
2위	인천논현힐스테이트 2010 입주	10억5천만
	인천 남동구 논현동	21년11월	55평	17층	
3위	에코메트로9단지한화꿈에그린 2011 입주	9억8,500만
	인천 남동구 논현동	21년3월	75평	24층	
4위	에코메트로3차더타워 2013 입주	9억8천만
	인천 남동구 논현동	21년4월	59평	43층	
5위	냇마을신영지웰 2007 입주	9억8천만
	인천 남동구 논현동	21년12월	78평	25층	
6위	에코메트로5단지한화꿈에그린 2010 입주	9억1,800만
	인천 남동구 논현동	21년12월	46평	40층	
7위	에코메트로12단지한화꿈에그린 2009 입주	9억1,500만
	인천 남동구 논현동	22년2월	58평	18층	
8위	별빛마을웰카운티 2008 입주	9억
	인천 남동구 논현동	20년7월	72평	29층	
9위	구월힐스테이트롯데캐슬골드1단지 2007 입주	8억9천만
	인천 남동구 구월동	21년12월	44평	13층	
10위	롯데캐슬골드2단지 2007 입주	8억9천만
	인천 남동구 구월동	21년8월	50평	10층	

84m²(약 34평) 기준

1위	간석래미안자이 2008 입주	7억7천만
	인천 남동구 간석동	21년10월	33평	14층	
2위	호반베르디움(서창2지구9블럭) 2017 입주	7억6,500만
	인천 남동구 서창동	21년9월	33평	13층	
3위	에코메트로5단지한화꿈에그린 2010 입주	7억6천만
	인천 남동구 논현동	21년7월	34평	21층	
4위	구월힐스테이트롯데캐슬골드1단지 2007 입주	7억6천만
	인천 남동구 구월동	21년9월	34평	18층	
5위	구월아시아드선수촌센트럴자이 2015 입주	7억5천만
	인천 남동구 구월동	21년3월	34평	26층	
6위	e편한세상서창 2017 입주	7억3천만
	인천 남동구 서창동	21년8월	33평	22층	
7위	구월유승한내들퍼스티지 2017 입주	7억1,800만
	인천 남동구 구월동	21년9월	33평	18층	
8위	에코메트로12단지한화꿈에그린 2009 입주	7억1,500만
	인천 남동구 논현동	21년10월	33평	25층	
9위	논현휴먼시아숲속마을 2009 입주	7억
	인천 남동구 논현동	21년10월	33평	23층	
10위	에코메트로7단지한화꿈에그린 2011 입주	7억
	인천 남동구 논현동	21년10월	34평	12층	

자료: 아실(asil.kr)

남동구에서는 에코메트로10단지한화꿈에그린이 13억 5천만 원으로 제일 비싸고요. 그다음 인천논현힐스테이트가 10억 5천만 원입니다. 일단 대형 평형은 10억 원이 넘어갔다고 보면 되겠습니다. 에코메트로9단지한화꿈에그린 75평도 9억 8,500만 원이네요. 남동구의 부자들은 다 여기 사나 봅니다. 그리고 에코메트로3차더타워, 그다음이 냇마을신영지웰, 별빛마을웰카운티가 있습니다. 웰카운티는 인천도시공사 브랜드고요.

이제 $84m^2$를 기준으로 했을 때를 살펴보겠습니다. 간석래미안자이가 7억 7천만 원으로 제일 비싸네요. 9억 원이 안 된다는 것은 대출 규제 한도 내에서 담보대출을 최대한 받을 수 있다는 겁니다. 앞서서 인천이 왜 저렴하다고 한지 알겠죠?

그다음 서창동의 호반베르디움이 7억 6,500만 원, 에코메트로5단지한화꿈에그린이 7억 6천만 원, 구월힐스테이트롯데캐슬골드1단지가 7억 6천만 원으로 가격대가 비슷합니다. 구월아시아드선수촌센트럴자이도 7억 원입니다.

정리하자면 남동구에는 7억 원대 아파트가 제일 많고, 입지는 구월동, 간석동, 논현동, 서창동 순이라는 정도만 알고 있으면 남동구 아파트 시세를 짐작할 수 있을 겁니다. 남동구는 대외로 알려진 위상보다 훨씬 더 시세가 낮다는 사실도 알 수 있습니다.

그러니까 20억 원대 아파트가 있는 송도가 얼마나 대단한 지역인지 알겠죠. 인천 내에서도 송도를 인천이라고 하면 안 된다고 이야기하는 이유가 이겁니다. 시세가 완전히 다르니까요.

남동구의 현재와 역사

● 남동구 행정동과 법정동

행정동	법정동
구월1동	구월동
구월2동	
구월3동	
구월4동	
간석1동	간석동 일부
간석2동	간석동, 구월동 일부
간석3동	간석동 일부
간석4동	
만수1동	만수동
만수2동	
만수3동	
만수4동	
만수5동	
만수6동	
장수서창동	장수동, 서창동 일부, 운연동
서창2동	서창동 일원
남촌도림동	남촌동, 수산동, 도림동
논현1동	논현동 일부
논현2동	논현동 일부
논현고잔동	논현동 일부, 고잔동

행정동

법정동

남동구의 법정동은 구월동, 간석동, 만수동, 서창동, 도림동, 남촌동, 논현동 등이 있습니다. 남동구는 동남권에 있고요. 실질적으로 인천에서는 제일 동남쪽에 위치해 있습니다.

● 남동구 연혁

1392(조선 태조 원년)	경원부에서 인주로 개편
1413(태종 13년)	인천군으로 개편
1460(세조 6년)	인천도호부로 승격
1748(영조 24년)	인천현으로 강등
1757(영조 33년)	인천도호부로 환원
1914.03.01	부천군 남동면
1940.04.01	인천부 편입
1945.08.15	지방자치제 실시에 따라 인천부를 인천시로 개칭
1948.08.15	인천시 남동출장소 설치(지방자치법 공포)
1968.01.01	인천시 남구 편입(인천시 구 설치 법률 공포)
1981.01.01	직할시 승격
1981.07.01	인천직할시 남구 남동출장소 개청
1988.01.01	인천직할시 남동구 신설(13개 동)(대통령령 제12367호)
1988.05.01	자치구 승격(지방자치법 개정법률 제4004호)
1988.12.31	구 간 행정구역 일부 조정(구월1동, 간석1동)(대통령령 제12557호)
1989.01.01	직제 개편에 의해 남동구 보건소 신설(3계)
1989.05.15	만수4동 신설(14개 동)
1990.01.01	간석4동 신설(15개 동)
1991.08.26	구월3동, 만수5동, 남촌동 신설(18개 동)
1992.01.01	남동공단출장소 신설
1993.12.01	구월4동, 만수6동 신설(20개 동)

1995.01.01	인천광역시로 명칭 변경(법률 제4789호)
1998.11.01	6개 동 3개 동으로 통·폐합(17개 동)
2009.07.20	논현동 신설(18개 동)
2011.05.20	논현1·2동, 논현고잔동 분동(19개 동)
2018.11.05	장수서창동, 서창2동 분동(20개 동)
~현재	

남동구의 역사를 볼까요? 조선시대 때 남동구가 나오기는 해요. 그런데 그때는 남구였었고요. 남촌이라고 이야기했었죠. 실질적으로 1988년에 남동구가 신설됩니다. 남구에서 분리됐고요. 그래서 남동구의 역사는 1988년부터 시작해서 현재까지 이어지고 있습니다.

숫자로 읽는 남동구

행정구역별 인구 및 세대 현황

남동구 일반 현황입니다. 실질적으로 인구가 간석동, 구월동 쪽에 몰려 있어요. 1개 동에 4만 1천 명 인구로 논현동, 고잔동의 인구가 제일 많습니다. 에코메트로시티가 이곳에 있죠.

● 남동구 인구 및 세대 현황(단위: 명, 세대)

지역	인구수	세대수
남동구	**536,938**	**225,394**
논현고잔동	45,532	15,661
서창2동	40,024	15,754
구월2동	35,994	12,558
논현2동	34,382	14,660
논현1동	32,927	13,304
구월1동	32,278	13,031
간석4동	30,063	13,157
구월3동	29,533	16,289
간석3동	29,102	13,075
만수6동	25,042	10,239
만수2동	24,907	9,803
간석1동	23,099	10,809
간석2동	22,577	9,297
남촌도림동	22,143	9,071
만수4동	21,663	9,145
장수서창동	20,657	7,961
만수3동	18,131	7,340
만수1동	17,704	8,957
만수5동	15,832	7,553
구월4동	15,348	7,730

● 남동구 사업체 및 종사자 수(단위: 개, 명)

시군구	사업체수	종사자수
남동구	41,071	235,674
서구	36,650	201,729
부평구	32,420	155,411
미추홀구	28,017	125,290
연수구	19,802	119,825
중구	13,589	103,973
계양구	18,712	85,605
동구	7,875	35,238
강화군	6,026	21,929
옹진군	2,082	7,820

읍면동	사업체수	종사자수
논현고잔동	7,506	66,955
구월3동	4,515	33,202
논현2동	2,953	20,012
남촌도림동	2,646	19,190
구월1동	2,765	16,139
만수6동	1,767	10,935
간석3동	2,084	7,587
논현1동	2,206	7,076
간석4동	1,765	6,938
만수1동	1,235	6,701
간석1동	1,499	5,974
구월4동	1,638	5,625
간석2동	1,387	4,836
서창2동	1,184	4,672
장수서창동	1,065	4,547
만수5동	1,319	4,246
구월2동	1,016	3,945
만수2동	1,292	3,592
만수3동	723	1,848
만수4동	506	1,654

일자리도 보겠습니다. 인천에서는 남동구가 가장 많은 일자리를 가지고 있습니다. 종사자 수가 23만 5,674명, 기업체 수가 4만 1천 개로 압도적으로 많은 지역입니다. 그래서 인구도 제일 많았었죠.

하지만 지금은 인구수가 서구에 역전당했죠. 이상합니다. 왜 남동구에 일자리가 제일 많은데 서구 인구가 더 많을까요? 남동구는 인천 자체 수요 지역이고 서구는 서울 수요를 받는 지역이라 그렇습니다. 일자리가 서울에 있는 사람들도 서구에 많이 살거든요.

일자리는 논현동, 고잔동에 제일 많습니다. 여기에 남동공단이 있죠. 구월3동은 일자리가 많은데 이곳에 인천시청이 있어요. 행정타운과 제조업체들이 복합적으로 섞여 있는 지역으로 보면 되겠습니다.

어디에서 오고 어디로 갔을까?

남동구로 전입한 인구를 보겠습니다. 7만 4천 명이 이사를 왔고 8만 1천 명이 이사를 갔으니 인구는 줄었습니다. 남동구 내에서 2만 7천 명, 경기도에서 1만 명이 이사를 왔고 1만 4천 명이 이사를 갔네요.

미추홀구에서는 남동구로 이사를 많이 오는데, 남동구에서는 연수구로 이사를 많이 갑니다. 맨 위에 연수구가 있고 남동구가 있고 미추홀구가 있다고 보면 됩니다.

부평구에서는 5,600명이 이사 왔고 3,500명이 이사 갔으니 이사 온 인구가 더 많네요. 재미있는 현상 중 하나입니다. 부천시와도 연관관계가 있고요. 그다음 시흥시, 충청남도, 계양구, 중구 정도의 순위겠네요. 강원도로도 이사를 많이 가는 편입니다.

● 지역별 이동 현황(단위: 명)

다른 지역→남동구

전출지	전입지	계
전국		74,074
인천		51,862
인천 남동구	인천 남동구	27,967
경기		10,331
인천 미추홀구		7,745
인천 부평구		5,643
서울		5,100
인천 연수구		4,863
인천 서구		2,653
경기 부천시		2,226
경기 시흥시		1,775
충남		1,246
인천 계양구		1,198
인천 중구		919
강원		756
경기 안산시		619
경기 수원시		594
전남		585
경북		581
전북		570

남동구→다른 지역

전출지	전입지	계
	전국	81,724
	인천	54,814
인천 남동구	인천 남동구	27,967
	경기	14,070
	인천 연수구	10,111
	인천 미추홀구	6,885
	서울	5,443
	인천 부평구	3,539
	경기 시흥시	3,436
	인천 서구	3,019
	경기 부천시	2,037
	충남	1,514
	인천 중구	1,228
	인천 계양구	1,039
	강원	998
	경기 김포시	961
	경기 화성시	876
	충북	818
	경기 안산시	783
	경기 고양시	633

남동구 주택 현황

주택 유형 보겠습니다. 인천시 아파트 비율은 64%인데, 남동구는 76.4%입니다. 다른 지역보다 남동구의 아파트 비율이 높네요.

단독주택과 연립주택 비율이 낮으니 아파트가 많은 거죠. 신도시 구나 생각하면 되겠습니다.

인천의 자가 비율이 60%인데 남동구는 56.4%입니다. 부평구보다 남동구가 자가 비율이 낮아요. 다시 말해 부평구보다 남동구가 오히려 아파트를 투자 목적 또는 전세를 준 사람들이 많다고 볼 수 있는 정도의 수치로 보입니다.

데이터로 읽는 남동구의 아파트

2023년까지의 아파트 입주 물량

인천에 2022~2023년 입주 물량이 많다고 이야기했는데, 남동구는 입주 물량이 적습니다. 그러니 남동구는 여간해서는 아파트 시세가 흔들리기 어려운 조건입니다. 물론 주변 지역에 입주 물량이 많아지면 흔들리기는 하겠지만, 입주 물량이 많은 구보다 가격이 상대적으로 보수적이고 안전한 지역으로 봐도 될 듯합니다.

적기는 하지만 2022년에 입주하는 지역은 구월동과 논현동인데 고려할 만한 물량은 아닌 것 같습니다. 구월뷰그리안, 인천논현4구역 1블록이 입주하는데 적어요. 2022년과 2023년에 입주할 물량이 없다고 해도 무방할 듯하네요.

● **주택 유형(단위: 채)**

지역	구분	계	단독주택	아파트	연립주택	다세대주택	비거주용 주택
전국	주택수	18,525,844	3,897,729	11,661,851	521,606	2,230,787	213,871
	구성비	100.0%	21.0%	62.9%	2.8%	12.0%	1.2%
인천	주택수	1,032,774	95,700	661,611	27,704	238,777	8,982
	구성비	100.0%	9.3%	64.1%	2.7%	23.1%	0.9%
남동구	주택수	-	8,091	128,749	3,155	45,899	1,255
	구성비	0.0%	4.8%	76.4%	1.9%	27.2%	0.7%

● **주택 점유 형태(단위: %)**

지역	계	자가	전세	보증금 있는 월세	보증금 없는 월세	사글세	무상
전국	100.0	58.0	15.1	19.7	3.3	0.0	3.9
서울	100.0	42.7	26.0	24.8	3.3	0.0	3.2
인천	100.0	60.2	15.6	17.4	3.2	0.0	3.7
남동구	100.0	56.4	15.1	21.8	2.7	0.5	3.5

● 남동구 동별 아파트 입주 물량: 재고량 및 입주 예정(2023년까지)(단위: 채)

지역	재고량	2017년	2018년	2019년	2020년	2021년	2022년	2023년
남동구	126,512	4,063	2,090	2,700	2,525	97	358	294
논현동	33,889		788	754	260		238	294
만수동	32,872	44	4	12	797			
구월동	19,000	26	58	24	402	97	120	
서창동	18,593	3,923	1,160	1,212	950			
간석동	17,710	70	80	698	116			
도림동	2,047							
남촌동	1,705							
장수동	696							

※ 합계 재고량은 2007~2023년 데이터입니다.

● 남동구 아파트 입주 예정 단지

읍면동	단지명	총세대수	공급방식	입주년월
구월동	구월뷰그리안	120	지주택	2022.01
논현동	인천논현4 1블록	238	개발	2022.07
	계	358		

2부 구별로 핵심이 다르다, 다른 전략으로 노려라! 237

평단가로 보는 가격 동향

● **남동구 동별 평단가**(단위: 만 원)

시군구	평단가
연수구	1,882
부평구	1,514
인천광역시	**1,475**
남동구	1,452
서구	1,366
미추홀구	1,289
중구	1,200
계양구	1,170
동구	948
강화군	542

읍면동	평단가
구월동	1,794
서창동	1,503
논현동	1,503
간석동	1,502
남동구	**1,452**
도림동	1,216
만수동	1,057
남촌동	763

남동구는 인천 평단가 3위 지역이고, 평균 지역입니다. 남동구에서 평균보다 시세가 높은 지역은 앞서 상위 단지를 소개할 때 언급한 4개 동, 구월동, 서창동, 논현동, 간석동입니다. 꼭 기억하세요.

주목해야 할 동별 아파트

● **구월동 아파트**

순위	단지명	총세대수	평단가(만 원)	입주년월
1	구월한내들퍼스티지(S2)	860	2,042	2016.12
2	롯데캐슬골드2단지	3,384	2,033	2007.08

3	구월아시아드선수촌센트럴자이	850	2,027	2015.06
4	구월힐스테이트롯데캐슬골드1단지	5,076	1,944	2007.08
5	구월힐스테이트3단지	474	1,516	2007.08
6	인천대우재LH	120	1,257	2012.01
7	신세계	700	1,233	1980.05
8	팬더	946	1,086	1991.01
9	두드림	91	853	2006.12
10	희망	145	752	1983.05
11	해창	150	691	1984.02
12	동남	168	688	1991.05
13	송정	108	667	1988.01
14	우정	140	658	1983.08
15	정광	70	649	1985.03
16	우정개나리	95	632	1983.12
17	성문	103	620	1996.01
18	삼보	90	599	1984.01
19	아주정광	45	592	1986.06
20	중앙	40	562	1984.04
21	벽산	149	544	1989.01
22	현광(1259-14)	40	542	1987.09
23	이화	40	500	1984.09

동별로 하나씩 보겠습니다. 남동구에서는 구월동의 시세가 압도적으로 높아요. 구월한내들퍼스티지가 제일 비싸고, 그다음이 롯데캐슬골드2단지, 구월아시아드선수촌센트럴자이, 구월힐스테이트롯데캐슬골드1단지 순으로, 평단가 2천만 원대 아파트들입

니다. 구월힐스테이트3단지는 격차가 좀 있지만 5위고, 6위는 인천대우재LH입니다. 가격 상위 단지와 평당 1천만 원이 넘는 단지들 정도만 기억하면 될 듯합니다.

시세가 저렴한 아파트를 어설프게 사면 안 됩니다. 세대 수도 적고 재건축이 될지도 잘 모르겠습니다. 재건축될 가능성이 높다면 이렇게 낮은 가격에 내버려 두지 않을 테니까요.

● **서창동 아파트**

순위	단지명	총세대수	평단가(만 원)	입주년월
1	e편한세상서창	835	2,039	2017.07
2	인천서창2지구호반베르디움	600	1,877	2017.07
3	인천서창베라체	938	1,740	2012.03
4	서창센트럴푸르지오	1,160	1,723	2018.02
5	인천서창LH8단지	566	1,567	2014.03
6	서창자이	500	1,562	2008.12
7	인천서창에코에비뉴	855	1,553	2014.08
8	임광그대家	666	1,347	2007.02
9	현대모닝사이드	630	1,232	2002.11
10	인천서창퍼스트	1,196	1,182	2012.06
11	태평1차	435	938	1995.11
12	서해그랑블	523	929	2008.05
13	태평2차	577	809	1997.12

상위권인 구월동 다음은 서창동과 논현동입니다. 서창동과 논현동은 평단가가 같은데, 서창동을 먼저 설명하겠습니다.

e편한세상서창이 제일 비싸고, 인천서창2지구호반베르디움, 인천서창베라체, 서창센트럴푸르지오 순으로 상위권을 형성하고 있습니다. 나머지는 참고만 해주세요.

서창동은 서창 1동과 2동으로 나눠져 있는데, 전부 아파트 단지입니다. 즉 여기는 원래 논밭이었는데 아파트로 개발했다고 보면 됩니다. 그러니 개발 전까지는 사람들이 없었을 것 같고, 신도시로 개발했으니 전반적으로 깔끔합니다.

다만 신도시라 하더라도 다 비싸지는 않죠. 신도시치고는 좀 저렴한 편이에요. 전철역이 없어서요. 여기는 도로를 이용해서 움직여야 합니다. 서쪽으로는 영동고속도로, 북쪽으로는 제2경인고속도로, 남쪽으로는 비류대로가 있어요. 도로에 둘러싸여 있는 섬 같은 지역이라고 할 수 있습니다.

다른 지역과 연관성도 높지 않고 전철도 없어서 딱 이 정도 시세만 유지하고 있습니다. 이것도 그나마 수요가 최근에 늘어 가격이 올라간 겁니다. 주기적으로 계속 가격이 올라가기는 어려운 지역으로 보입니다.

● **논현동 아파트**

순위	단지명	총세대수	평단가(만 원)	입주년월
1	힐스테이트	594	2,120	2010.11
2	인천논현유승한내들와이드오션	376	1,898	2018.01
3	에코메트로7단지한화꿈에그린	848	1,840	2010.12
4	에코메트로6단지한화꿈에그린	960	1,834	2010.12

5	에코메트로3차더타워	644	1,807	2013.01
6	에코메트로11단지한화꿈에그린	1,622	1,803	2009.07
7	에코메트로12단지한화꿈에그린	1,298	1,774	2009.07
8	에코메트로5단지한화꿈에그린	1,052	1,722	2010.12
9	웰카운티	888	1,590	2008.08
10	주공13단지	785	1,588	2006.06
11	어진6단지한화꿈에그린	982	1,568	2007.12
12	동산마을뜨란채8단지	833	1,537	2006.08
13	에코메트로9단지한화꿈에그린	810	1,534	2011.02
14	인천논현휴먼시아숲속마을1단지	872	1,448	2009.06
15	신영지웰	985	1,423	2007.08
16	신일해피트리	828	1,418	2007.05
17	단풍마을뜨란채11단지	898	1,325	2006.08
18	소래풍림	1,517	1,310	2000.03
19	주공1단지	1,190	1,258	1998.01
20	에코메트로10단지한화꿈에그린	556	1,206	2010.12
21	주공2단지	1,252	1,172	1998.01
22	유호N-CITY1단지	383	1,125	2013.05

다음은 에코메트로가 있는 논현동입니다. 논현 1동, 2동, 3동이 있고, 남동공단도 있습니다.

힐스테이트가 제일 비싸고, 인천논현유승한내들와이드오션, 에코메트로7단지한화꿈에그린, 에코메트로6단지, 에코메트로3차더타워, 에코메트로11단지, 12단지, 5단지 순입니다. 상위권에 웰카운티 등도 있는데 택지 개발 지구로 보면 될 듯합니다.

● 간석동 아파트

순위	단지명	총세대수	평단가(만 원)	입주년월
1	간석래미안자이	2,432	2,280	2008.01
2	간석마을풍림아이원	922	1,896	2004.09
3	금호어울림	1,733	1,852	2005.09
4	간석한신더휴	643	1,761	2019.02
5	간석LH1단지	587	1,684	2014.11
6	간석LH2단지	792	1,545	2014.11
7	간석신동아파밀리에명품	715	1,460	2007.08
8	극동	760	1,375	1989.05
9	성락	122	1,299	1983.12
10	서해그랑블	270	1,222	2004.05
11	현대홈타운	649	1,198	2003.04
12	우성	1,050	1,187	1990.07
13	한진	600	1,133	1981.04
14	간석태화	464	995	1994.01
15	덕산	62	957	1995.06
16	동국	120	955	1982.12
17	현대	390	859	1991.08
18	간석이삭	180	826	1999.09
19	우신	81	789	1981.11
20	세종보라	137	712	2000.06
21	은하	55	708	1985.03
22	우성2차	108	703	1992.07

다음은 간석동입니다. 간석동도 인구가 많아 1동, 3동, 2동, 4동으로 나눠져 있어요. 간석동까지 아파트 밀집 지역이고 시세

가 평균 이상 지역이라고 이야기했습니다. 2천만 원이 넘은 간석래미안자이가 제일 비싸고, 간석마을풍림아이원, 금호어울림, 간석한신더휴, 간석LH1단지, 2단지 정도가 다른 아파트보다 시세가 높습니다.

　이곳도 시세가 높지 않은 단지들은 조심할 필요가 있어요. 다만 평형대가 크거나 세대수가 많은 아파트는 수요가 있을 수 있습니다. 향후에 리모델링이나 재건축이 될 수 있는지 한번 검토해보면 좋겠습니다.

● **도림동 아파트**

순위	단지명	총세대수	평단가(만 원)	입주년월
1	벽산블루밍	342	1,216	2008.02
2	도림아이파크	349	943	2008.06
3	주공그린빌2단지	642	862	2003.01

　평균 이하 지역들도 한번 보겠습니다.

　도림동에서 그나마 시세가 형성된 아파트들, 거래가 되는 아파트는 벽산블루밍, 도림아이파크, 주공그린빌2단지 정도입니다.

● **만수동 아파트**

순위	단지명	총세대수	평단가(만 원)	입주년월
1	주공4단지	2,220	1,534	1986.11
2	향촌휴먼시아1단지	3,208	1,488	2011.05
3	주공2단지	1,920	1,468	1987.07

4	주공5단지	900	1,446	1987.11
5	향촌휴먼시아2단지	438	1,390	2012.05
6	만수주공3단지	510	1,353	1987.11
7	주공1단지	516	1,267	1986.11
8	주공6단지	800	1,234	1986.11
9	광명	870	1,226	1991.11
10	현대	560	1,224	1993.01
11	남동	770	1,220	1992.11
12	대동	560	1,199	1992.04
13	벽산	2,073	1,188	2000.05
14	효성상아1차	360	1,162	1985.07
15	한국	608	1,155	1992.04
16	담방마을시영2차	1,100	1,119	1994.05
17	뉴서울	1,234	1,067	1992.07
18	주공10단지	420	1,024	1994.06
19	금호	414	966	1992.12
20	효성상아3차	180	938	1990.08
21	대성유니드	364	918	2006.09
22	이삭베스파트1단지	299	917	2000.05
23	고운웰리움	101	892	2006.08
24	효성상아2차	180	885	1989.09
25	영풍1차	132	875	1997.09
26	삼익	256	875	1992.08
27	영풍2차	168	854	1998.05
28	두풍산호마을	135	839	2004.07
29	삼환1차	660	807	1989.08
30	삼환2차	660	794	1990.01
31	만수11단지주공	902	792	1997.11

만수동은 오래된 지역이라 아파트가 꽤 있습니다. 대단지 위주로 가격이 형성되어 있죠. 2천 세대 주공4단지의 시세가 높은 편이고, 3,200세대의 향촌휴먼시아1단지도 상대적으로 높은 편입니다. 1987년에 입주한 주공2단지도 높네요. 재건축을 준비하는 것으로 보입니다. 나머지는 시세가 좀 낮은데 입지 조건이 나쁘다는 의미입니다.

입지를 보면 아파트가 산으로 막혀 있거나 논으로 막혀 있거나 대부분 자연으로 막혀 있어요. 그나마 만수4동 정도만 좀 보이고 나머지는 다세대 빌라라든지 공장이라든지 산이라든지 막혀 있는 곳이 많아서 확장되거나 개발하기가 어려운 부지라고 생각하면 됩니다.

● **남촌동 아파트**

순위	단지명	총세대수	평단가(만 원)	입주년월
1	풍림1차	421	938	1998.06
2	풍림3차	735	823	1999.01
3	남촌2차풍림	319	812	1998.09
4	삼호	98	643	2001.11
5	청호	132	487	1991.05

마지막으로 남촌동입니다. 남촌동은 도로망 주변에 아파트가 있어요. 풍림1차, 풍림3차, 남촌2차풍림, 삼호, 청호 이런 아파트들이 1990년대 중후반 정도에 입주했습니다. 서창지구를 약간 섬

같은 지역입니다. 외지에서 적극적으로 들어가서 살려고 하는 사람들은 많지 않아 보여요.

　하지만 그럼에도 불구하고 아파트는 있고요. 간혹 이런 아파트 시세가 훅 치고 나갈 때가 있는데, 정말 단기 갭투자 할 때만 봐야 합니다. 평소에는 아예 보지 않는 게 좋겠습니다.

분양 현황과 청약 경쟁률
● 남동구 분양 현황

지역	2004년	2012년	2013년	2015년	2019년	2020년	2021년
남동구	16,801	7,624	3,299	4,781	1,307	414	1,453
간석동	753	1,379					1,215
논현동	6,750	820		376	260	294	238
만수동	364						
도림동							
수산동							
고잔동							
서창동		2,389	2,186	4,405	950		
구월동	8,934	3,036	1,113		97	120	
운연동							
장수동							
남촌동							

남동구는 분양이 많지 않습니다. 2004년에 대규모 분양이 있었던 이후에 계속 분양 물량은 줄었어요. 2012년, 2015년에 분양한 이후로는 분양 물량이 모두 1천 세대 미만이었고, 특히

2020년은 거의 분양이 없습니다. 2021년에도 간석동에 분양한 게 다거든요.

2021년에 인천 전체에서 5만 9천 세대를 분양했어요(152쪽 인천시 분양 현황 참조). 서울이라고 해도 대단히 많은 것이거든요. 분명히 물량이 부담으로 작용할 것 같아요. 특히 서구, 미추홀구, 부평구, 연수구, 계양구에 많았죠. 서구는 문제가 될 것 같기도 한데 그 부분은 서구에서 다시 한번 이야기하겠습니다.

강화, 옹진, 동구는 어차피 입지가 그렇게 좋지 않기 때문에 논외를 하는데, 남동구는 입지가 좋음에도 부담스러운 입주 물량이 없어서 남동구에 생기는 변화는 주목해볼 필요가 있습니다. 그리고 많은 분양 물량 때문에 조정장이 온다고 해도 남동구는 다른 지역보다 타격이 덜할 거라고 예상되는 수치입니다.

아직 분양을 안 해서 청약 경쟁률은 따로 볼 게 없어요. 이어서 정비사업을 살펴보겠습니다.

그 외 정비사업 물량
● 남동구 정비사업

사업유형	읍면동	구역명	사업진행단계	세대수
주택재개발	간석동	간석성락아파트구역	착공	469
주택재개발	간석동	간석초교주변 다복마을구역	착공	1,115
주택재개발	간석동	백운주택1구역	착공	728
주택재개발	간석동	상인천초교주변구역	관리처분	2,568

남동구에 재개발이 4개가 있네요. 실제로 관리처분을 받은 것이 한 곳이고 착공한 것이 세 곳입니다. 간석성락아파트 구역, 간석초교 주변 다복마을 구역, 백운주택1구역, 상인천초등학교 주변 구역이 있습니다.

이 4개 구역은 많은 투자자에게 관심 대상이 되었습니다. 남동구에 분양 물량이 적은데 분양을 하는 물량이기 때문에 그렇습니다. 특히 간석동의 간석성락아파트구역은 469세대, 백운주택1구역은 728세대인데, 상인천초등학교 주변구역은 2,568세대입니다. 아마 인기가 많을 것 같아요.

이미 사업시행인가를 받고 관리처분으로 가는 단계라서 이 아파트들이 입주할 때쯤이면 많은 변화가 있을 겁니다.

동남생활권 속 남동구

남동구는 동남생활권입니다. 인구는 3만 명 정도 증가하는 것을 목표로 합니다. 파격적으로 증가하지는 않죠. 여기도 신도시 사업을 할 수 없는 구도심이라서 재생 정비사업으로 인구를 끌어들여야 하므로 그렇습니다. 실제로도 인구 증가는 미미할 듯합니다. 오히려 감소할 가능성도 있고요. 인천시청과 남동구청은 인구가 감소하지 않도록 기초 생활 인프라를 갖추겠다고 노력하려는 겁니다.

● **동남생활권**

이 지역의 수요가 증가할 수 있는 여지는 인천시청역에 GTX-B 복합환승센터가 생기는 것에 있습니다. 남동공단, 이제 남동인더스트리로 이름이 바뀌기는 했는데 그 지역에 호재가 되리라 생각됩니다.

소래 습지 같은 공원을 개발하면 주거 지역의 정주 여건이 개선되고, 공장 위주의 지역이 깔끔해지면 인구가 덜 떠나게 될 듯합니다. 새 아파트가 들어오지 않는 이상 새롭게 유입되기는 어려울 것 같아요.

남동구의 3가지 호재

일자리, 교통, 새 주거시설로 호재를 정리해보겠습니다. 기본적으로 남동구의 개발 호재들은 아까 말씀드린 간석, 석남아파트 재개발 정비구역이 하나 있고요. 간석초교 주변 다복마을, 그리고 논현동 힘찬병원 신축공사가 있습니다. 인천에는 길병원 외에 큰 병원이 없어 병원이 확장하거나 새롭게 들어오는 것은 큰 호재가 됩니다.

● 남동구 호재 한눈에 보기

자료: 네이버 부동산

백운주택1구역 주택재개발사업, 상인천초교주변 재개발정비 사업 등이 들어오면 이 지역에도 주거 수요가 대폭 증가할 것입니다. 서창-안산 구간 영동고속도로 확장 공사를 하면 주거지로 오는 교통 환경이 개선되는 부분이 있겠고요. 소래포구 국가어항 개발, 인천 남동 도시첨단산업단지 개발도 뉴스에 나왔을 때 한 번 관심 있게 지켜보세요.

남동공단은 말 그대로 제조업 공장이었는데, 최근에 남동인더스트리로 이름을 바꿨거든요. 인더스트리로 이름을 바꾼 이유는 공장, 굴뚝이 연상되는 단순 제조업이 아니라 반도체 같은 첨단 업종을 유치해 개선된 첨단산업단지로의 의지라고 할 수 있겠습니다.

1 | 일자리

● 남동구 산업단지 현황

☐ 군·구별 공장 등록 현황 (공장설립온라인지원시스템 2021. 3. 31. 기준, 단위: 개사)

구 분	합 계	중 구	동 구	미추홀구	연수구	남동구	부평구	계양구	서 구	강화군	옹진군
업체 수	12,338	141	224	1,010	286	4,981	1,386	499	3,526	264	21

☐ 산업단지 입주 현황 (제조 및 지원시설)

(한국산업단지공단 전국산업단지현황 통계 2020년 4분기 기준)

구 분	산업단지명(준공년도)	조성면적(천㎡)	가동업체 수	종업원(명)	관리기관
국가산업단지	①남 동 산 업 단 지(1997년)	9,574	6,816	103,086	한국산업단지공단
조성중(5)	①인천남동도시첨단산업단지 남동구 233천㎡ LH			'22.12. 조성 중	
	③남촌일반산업단지 남동구 267천㎡ 남동스마트밸리개발(주)			'23.12. 지정계획고시, 산업단지계획중	

실질적으로 공장에 남동구의 일자리가 얼마나 있는지 체크해보겠습니다. 5,087개로 엄청나게 많습니다. 그러니까 서구가 인구는 제일 많은데 남동구가 공장 수는 훨씬 많죠. 결국 서구는 밀집도가 높은 고부가가치 산업이 많고, 남동구는 면적을 크게 차지하는 산업이 많은 것입니다. 그래서 남동구청은 제조업을 첨단산업으로 응축시키기 위해 노력하고 있습니다.

1997년에 만들어진 남동산업단지가 있고, 인천남동도시첨단 산업단지와 남촌일반 산업단지를 조성할 예정이라고 합니다. 기존 제조업에 더해 첨단산업단지를 조성할 계획이라고 할 수 있습니다.

● **남동산업단지**

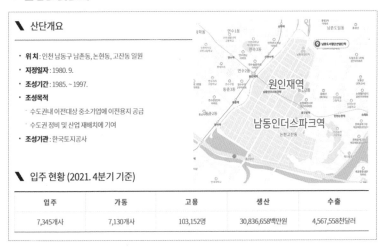

🔻 **산단개요**

- **위치** : 인천 남동구 남촌동, 논현동, 고잔동 일원
- **지정일자** : 1980. 9.
- **조성기간** : 1985. ~ 1997.
- **조성목적**
  - 수도권내 이전대상 중소기업에 이전용지 공급
  - 수도권 정비 및 산업 재배치에 기여
- **조성기관** : 한국토지공사

🔻 **입주 현황 (2021. 4분기 기준)**

입주	가동	고용	생산	수출
7,345개사	7,130개사	103,152명	30,836,658백만원	4,567,558천달러

남동산업단지는 남동구 남촌동, 논현동, 고잔동 일원에 있습니다. 부평산업단지에 이어 차세대를 이끌어갔던 산업단지로, 종업

원 수가 무려 10만 명이 넘습니다. 지금 제일 많고요. 다른 지역들을 다 합친 거보다 더 많아요. 인천뿐만이 아니라 수도권 전체에서 제일 큰 산업단지입니다.

여기에 전철도 지나가죠, 남동인더스파크역이 있습니다. 원인재역은 인천지하철 1호선과 2호선 더블 역세권입니다.

2 | 교통
● 남동구 교통망 개발

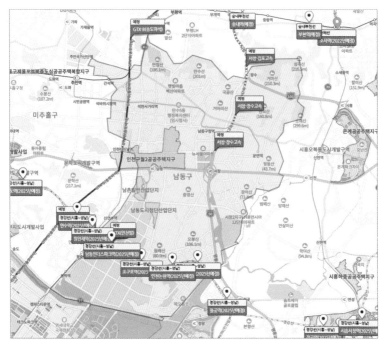

자료: 네이버 부동산

교통도 살펴보겠습니다. 월곶-판교선이라고 하는 경강선이 연결될 예정이고, GTX-B도 예정되어 있습니다. 또한 서창-장수 고속도로가 연장 개통될 예정이라고 하니 교통망도 주목해야 합니다.

3 | 새 주거시설
● 남동구 주거 호재

자료: 아실

새 주거시설은 굉장히 큰 블록인 상인천초교가 있고, 여기를 비롯해 간석초교, 간석성락A구역, 백운주택1구역을 주목할 필요가 있습니다. GTX-B 인천시청역 때문입니다. 이 주변의 재건축·재개발 지역들은 모두 대박 위치라고 봐도 될 것 같아요.

또 가천대 길병원은 굉장히 큰 병원입니다. 여기에 학원가도 있네요. 가장 비싼 아파트 중 하나였던 간석래미안자이와 구월힐 스테이트롯데캐슬, 구월롯데캐슬골드가 이곳에 있습니다. 어울 림마을까지 해서 남동구에서 가장 인기 있는 아파트라고 보면 될 것 같아요.

적은 물량, 별도로 움직일 남동구

향후 전망	• 남동공단 일자리 증감 확인 • 교통망 좋아지는 곳
트레이딩용 아파트	• 구월동, 간석동 • 논현동, 만수동
가치투자용 아파트	• 재개발 • 인천시청역

종합 결론으로 정리하겠습니다. 10년 동안 우리가 봐야 할 것은 남동공단의 일자리 증감입니다. 남동인더스트리의 일자리는 좀 줄어들 것 같고, 그 옆에 새로 개발하고 있는 첨단산업단지는 일 자리가 증가할 것으로 예상됩니다.

또 GTX-B를 비롯해서 교통망이 눈에 띄게 좋아지는 곳들이 향후 10년 남동구를 먹여 살릴 것입니다. 그래서 그 주변에 있는 재건축·재개발을 봐야 한다고 이야기했죠.

트레이딩용 아파트는 구월동, 간석동, 논현동, 만수동입니다.

서창동은 상위 동 대비 매력이 떨어집니다. 수요가 고정되어 있어 시세의 단기 증감이 어려워 보이기 때문입니다. 구월동, 간석동이 그나마 좋을 것 같고요. 그다음은 논현동, 만수동은 좀 많이 빠졌을 때 들어간다고 하면 갭투자, 단기 투자용으로 활용할 수 있는 아파트가 좀 있습니다.

5년 정도를 본다고 하면 재개발 구역들을 보세요. 인천지하철, GTX-B 주변도 놓치지 마시고요. 인천시청역 주변의 아파트들은 시세가 잘 빠지지는 않을 듯합니다.

남동구는 지켜볼 만한 지역인 것 같아요. 앞으로도 입주 물량이 적기 때문입니다. 그리고 개발된다고 했을 때 수요가 분명히 몰릴 거예요. 다른 지역들이 오르고 빠지고를 반복하더라도 남동구는 별도로 움직일 것 같습니다. 이렇게 남동구 편을 마무리하도록 하겠습니다.

남동구 한 장 지도

역

간석오거리역
백성상우다

|천초교
|변지구
리처분
2568)

우신구역
지주택(간석길)
추진

다복마을
착공
2023.11

금호,래자
(1733) (2432)
(1115)
석천사거리역
모래내시장역

만수주공
1~6단지
통합
예비안전진단
접수중

웰시티
르지오
.12(376)

구월힐스테이트
롯데캐슬골드1,2
2007.8(8460)

만수역

상업지역

남동구청역

인천대공원역

구월아시아드
선수촌

남동구   운연역

서창지구

상업지역

도림지구

경인선

호구포역   인천논현역   소래포구역

논현지구

연수동

월곶   월곶역

월곶역
블루밍더마크
2021.10(270)

배곧

시흥장현지구

'수요 증가'의 1등 공신
서구 부동산 전략

인천의 네 번째 지역 서구입니다. 인구가 제일 많은 서구인데 송도, 부평구, 남동구의 평균 시세에서 밀렸죠. 왜 그럴까요? 인천의 오리지널 수요를 가진 연수구, 남동구, 부평구는 상향 평준화가 되어 있는 지역들이고 서구는 맨 밑바닥에서 계속 올라가고 신도시 지역에 가깝습니다. 현재는 중위권인 4위까지 올라왔다고 보면 되겠습니다.

인천이기는 한데 인천이라고 하기에는 아직 좀 애매한 서구. 이 추세대로라면 곧 인천의 평균을 뛰어넘지 않을까 예상하고 있습니다. 결정적으로 현재 인천의 인구는 줄고 있는데 서구는 인천의 인구를 계속 늘려주고 있는, 인천 수요 증가의 1등 공신으로서 역할을 가장 잘 수행하고 있습니다.

자료: 인천시설공단 청라공원 누리집

서구의 현재를 이끄는 아파트

서구에서 가장 비싼 아파트는 대부분 청라에 있습니다. 1위가 청라푸르지오 29억 5천만 원입니다. 114평에 57층이니까 펜트하우스겠죠. 2위는 청라더샵레이크파크로 17억 원입니다. 격차가 많이 나네요. 3위는 청라롯데캐슬로 14억 원 정도 합니다.

청라가 아닌 지역이 4위로 치고 올라왔네요. 검암역로열파크씨티푸르지오1단지입니다. 2023년 입주니까 분양한 지 얼마 안 된 아파트입니다. 61평에 14억 원 정도로 거래되었습니다. 나머지는 다 청라라고 이해하면 될 것 같습니다.

분양권, 대형 평수를 봤으니 국민주택 규모로 봤을 때 어디가 제일 비싼지 디테일하게 따져보겠습니다.

● 서구 아파트 상위 거래 순위

전체 평형		84m²(약 34평) 기준	
1위 청라푸르지오 2013 입주 인천 서구 청라동 | 20년4월 | 114평 | 57층	**29억5천만**	**1위 청라한양수자인레이크블루** 2019 입주 인천 서구 청라동 | 21년8월 | 34평 | 23층	**12억9,500만**
2위 청라더샵레이크파크 2013 입주 인천 서구 청라동 | 21년9월 | 55평 | 40층	**17억9,500만**	**2위 청라제일풍경채에듀앤파크2차** 2017 입주 인천 서구 청라동 | 21년8월 | 34평 | 15층	**9억4천만**
3위 청라롯데캐슬 2013 입주 인천 서구 청라동 | 21년9월 | 53평 | 42층	**14억9천만**	**3위 청라센트럴에일린의뜰** 2018 입주 인천 서구 청라동 | 21년10월 | 35평 | 36층	**9억3천만**
4위 검암역로열파크씨티푸르지오1단지 인천 서구 백석동 | 20년12월 | 61평 | 39층	**14억1,860만**	**4위 루원시티프라디움** 2018 입주 인천 서구 가정동 | 21년8월 | 34평 | 25층	**8억9,900만**
5위 검암역로열파크씨티푸르지오2단지 인천 서구 백석동 | 20년12월 | 39평 | 39층	**13억9,720만**	**5위 청라호반베르디움** 2012 입주 인천 서구 청라동 | 22년3월 | 33평 | 29층	**8억9,500만**
6위 청라한양수자인레이크블루 2019 입주 인천 서구 청라동 | 21년8월 | 34평 | 23층	**12억9,500만**	**6위 검단신도시푸르지오더베뉴** 2021 입주 인천 서구 원당동 | 21년12월 | 33평 | 12층	**8억5천만**
7위 청라센트럴에일린의뜰 2018 입주 인천 서구 청라동 | 21년10월 | 39평 | 27층	**12억8천만**	**7위 청라국제도시대광로제비앙** 2018 입주 인천 서구 청라동 | 21년8월 | 31평 | 17층	**8억4,700만**
8위 청라한라비발디 2011 입주 인천 서구 청라동 | 21년8월 | 51평 | 18층	**12억8천만**	**8위 청라골드클래스커낼웨이** 2016 입주 인천 서구 청라동 | 21년8월 | 32평 | 7층	**8억3천만**
9위 청라자이 2010 입주 인천 서구 청라동 | 20년8월 | 73평 | 19층	**12억5천만**	**9위 청라호수공원한신더휴** 2020 입주 인천 서구 청라동 | 20년6월 | 33평 | 29층	**8억2,843만**
10위 청라SK뷰 2011 입주 인천 서구 청라동 | 21년7월 | 48평 | 16층	**12억5천만**	**10위 루원시티대성베르힐** 2017 입주 인천 서구 신현동 | 21년8월 | 33평 | 25층	**8억2천만**

자료: 아실(asil.kr)

1위는 청라한양수자인레이크블루입니다. 미분양이 났었는데 '그때 샀더라면' 하는 이야기를 많이 하죠. 34평이 12억 9,500만 원으로 12억 원을 완벽하게 넘겼습니다. 그런데 이 아파트를 제외하고는 아직까지 10억 원이 안 됩니다. 청라제일풍경채에듀앤파크2차가 9억 4천만 원, 청라센트럴에일린의뜰이 9억 3천만 원, 그다음으로 루원시티프라디움이 9억 원 정도 하고 있어요. 가정동 포레나루원시티도 그렇고요. 루원시티도 많이 입주하고 나면 시세가 10억 원 정도 되지 않을까 싶습니다.

청라호반베르디움, 청라국제도시대광로제비앙, 청라골드클래스커넬웨이, 청라호수공원한신더휴, 호반베르디움20블록 등 청라에 있는 아파트들과 가정동에 있는 아파트들이 국민주택 규모 84m²의 시세를 이끌고 있습니다. 새 아파트면서 대단지라고 할 수 있는, 검단신도시와 검암역 사이쯤 아라뱃길에 가까운 쪽에 있는 아파트들이 이렇게 시세들을 형성하고 있다고 보면 될 듯합니다.

서구의 현재와 역사

서구의 행정동과 법정동을 알아보겠습니다. 검암동, 경서동, 연희동이 있습니다. 경서동 쪽은 아까 말씀드린 대로 아라뱃길 주변에 있는 지역들입니다. 청라 1동, 2동, 3동은 인구가 많아져서 나뉘졌네요. 가정동은 가정지구를 개발하고 있고요. 석남동도 인구가 점점 많아지고 있으며 최근에 서울 지하철 7호선이 연장 개통되었습니다. 석남역이 종점입니다.

가좌동, 마전동, 금곡동, 불로대곡이 있는 당하동, 검단신도시도 시세가 많이 올라갈 것 같아요. 마전동도 마찬가지고요. 마지막으로 아라동이 있습니다.

● 서구의 행정동과 법정동

행정동	법정동
검암경서동	검암동, 백석동, 시천동, 경서동
연희동	연희동, 공촌동, 심곡동
청라1동	청라동 일부
청라2동	청라동 일부
청라3동	청라동 일부
가정1동	가정동
가정2동	
가정3동	
신현원창동	신현동, 원창동
석남1동	석남동
석남2동	
석남3동	
가좌1동	가좌동
가좌2동	
가좌3동	
가좌4동	
검단동	마전동 일부, 금곡동
불로대곡동	불로동, 대곡동
원당동	당하동 일부, 원당동 일부
당하동	당하동 일부, 마전동 일부
오류왕길동	오류동, 왕길동
마전동	마전동 일부
아라동	당하동 일부, 원당동 일부

강화군

서구

계양구

부평구

중구

동구

미추홀구

남동구

연수구

행정동  법정동

● 서구 연혁

1945.08.15	지방자치제 실시에 따른 인천부를 인천시로 개칭, 인천시 서곶출장소
1968.01.01	인천시 북구 서곶출장소(구제)
1981.07.01	인천직할시 북구 서곶출장소(직할시 승격-법률 제3424호)
1988.01.01	인천직할시 서구(북구에서 분구-대통령령 제12367호)
1988.05.01	자치구 승격(법률 제4004호)
1995.01.01	인천광역시 서구(법률 제4789호)
~현재	

　　서구의 역사는 인천의 다른 구보다 굉장히 간단하죠. 앞에서 오리지널 인천이라고 하기에는 애매하다고 했잖아요. 신도시에 가까우니 역사가 짧다고 보면 됩니다.

　　원래 북구였다가 서곶출장소로 잠시 분리됐다가 1988년에 서구로 분리되었습니다. 서구로 분리됐을 때까지만 하더라도 큰 이슈가 없었는데 1995년에 김포 검단신도시를 받으면서 부각되기 시작했습니다. 당시 김포 검단면을 받으면서 서구가 되었고 인천의 면적이 확대되었습니다. 2000년대 들어서 송도, 청라, 영종도를 개발하면서 지금의 위상이 되었으니 서구의 역사는 짧습니다. 2000년도 이후부터라고 봐도 될 것 같아요.

당시만 하더라도 검단을 받아봤자 관리할 땅만 넓어졌지 인천이나 서구 입장에서 그렇게 달갑지만은 않았어요. 그런데 검단신도시를 개발하고 나니까 세금이 들어올 곳이 많아졌잖아요. 좋아진 거죠. 사람이 안 살면 세금이 안 들어오지만 사람이 살게 되면 세금이 들어오니까요.

여담이지만 김포 검단면에서 투표를 실시한 적이 있대요. 인천으로 갈 것인지 김포에 남을 것인지 말이죠. 검단면은 김포군의 반대에도 불구하고 압도적으로 인천광역시로 통합되기를 희망했다고 합니다. 결론적으로 검단면에서 희망했기 때문에 인천으로 통폐합이 되었을 겁니다. 당시는 김포시도 아니고 한강신도시도 없으니까 광역시로 편입되는 편이 좋아 보였던 거죠.

숫자로 읽는 서구

행정구역별 인구 및 세대 현황

기본 현황을 살펴보겠습니다. 다음 페이지 표를 보면 서구의 인구는 57만 1천 명입니다. 정말 어마어마한 인구입니다. 아무래도 분구가 논의될 것 같습니다. 현재 추세대로라면 검단신도시만 입주해도 서구 인구가 60만 명 넘어갈 것 같거든요. 대개 30만 명 정도가 1개 구의 인구니까 2개로 나눠도 될 듯합니다. 어쩌면 예전대로 북구를 복구할 수도 있겠죠. 개인적인 의견입니다.

아무튼 분구를 해도 될 만큼 서구의 인구는 계속 증가하고 있습니다. 인구수 및 세대수 표에서 빨간색 부분은 신도시고 초록색 부분은 기존 도시 정비사업을 하는 곳이라도 봐도 되겠습니다.

다음 페이지에 일자리 현황도 있습니다. 인천에서 일자리 수는 1등이 남동구, 2등이 서구입니다. 인구는 서구가 더 많지만 일자리는 남동구가 더 많아서 남동구가 아직까지 더 비싸다고 이해해도 크게 틀리진 않을 듯합니다.

오류동, 왕길동 등 수도권 매립지 위쪽에 일자리가 많은 편이고요. 가좌1동은 남동구 공단 가까이에 있어 일자리가 많은 편입니다.

● 서구 인구 및 세대 현황(단위: 명, 세대)

지역	인구수	세대수
서구	571,547	241,083
청라2동	48,250	18,005
검암경서동	45,758	20,139
연희동	40,066	18,989
가정1동	34,821	14,659
검단동	33,574	15,179
청라3동	33,211	12,063
청라1동	31,097	11,874
신현원창동	31,059	12,906
아라동	27,534	10,219
당하동	27,482	10,807
오류왕길동	25,310	10,305
원당동	23,804	9,721
불로대곡동	23,412	9,692
마전동	22,505	8,291
석남1동	22,069	10,907
가좌2동	19,639	7,715
가좌3동	16,542	8,083
석남3동	13,664	6,631
가좌1동	12,833	6,448
석남2동	12,827	6,169
가좌4동	10,283	4,878
가정3동	9,468	4,392
가정2동	6,339	3,011

● 서구 사업체 및 종사자 수(단위: 개, 명)

시군구	사업체수	종사자수	읍면동	사업체수	종사자수
남동구	41,071	235,674	오류왕길동	3,874	31,893
서구	36,650	201,729	가좌1동	3,860	26,288
부평구	32,420	155,411	검암경서동	2,666	17,098
미추홀구	28,017	125,290	연희동	3,001	16,470
연수구	19,802	119,825	신현원창동	2,511	15,038
중구	13,589	103,973	석남2동	2,763	14,584
계양구	18,712	85,605	가좌3동	1,510	12,462
동구	7,875	35,238	청라1동	1,842	8,670
강화군	6,026	21,929	검단동	1,943	7,417
옹진군	2,082	7,820	가좌4동	1,228	7,167
			청라2동	1,457	6,480
			청라3동	683	5,980
			가정1동	1,516	5,431
			석남1동	1,713	4,833
			당하동	1,057	4,525
			마전동	1,077	4,228
			원당동	1,002	3,966
			불로대곡동	1,140	3,823
			가좌2동	926	2,785
			석남3동	557	1,740
			가정3동	208	607
			가정2동	116	244

어디에서 오고 어디로 갔을까?

2020년 한 해 동안 7만 9천 명이 이사를 왔고 8만 3천 명이 이사를 나갔네요. 이때 인구가 살짝 줄었습니다. 신도시가 본격적으로 입주하지 않은 상태에서 재건축·재개발을 하다 보니 이주 수요가 나와 인구가 줄어든 겁니다.

서구로 이사를 오는 지역을 보면 서구, 경기, 서울에서 많이 오는 편이고요. 인천에서는 부평구와 계양구에서 많이 오네요. 결국은 서울의 배후 수요라고 할 수 있는 지역에서 이사를 많이 옵니다. 남동구도 많이 오는 편이고, 김포시, 부천 등도 거의 같은 생활권이니까 이사를 많이 옵니다. 서울 강서구와 밀접한 관계가 있고, 한강 건너 고양시에서도 오는 편입니다.

그렇다면 서구에서 어디로 이사를 나갈까요? 경기도, 그중에서도 김포로 많이 갔네요. 2021년, 2020년 통계라 그렇습니다. 당시 김포시 입주가 많았거든요. 아마 새 아파트를 찾아서 이주한 것으로 여겨집니다. 또 연수구에서 오는 것보다 연수구로 가는 수가 훨씬 많죠. 청라보다 송도가 더 좋다고 판단한 것이 아닌가 싶어요.

● 지역별 이동 현황(단위: 명)

다른 지역→서구

전출지	전입지	계
전국		79,311
인천		51,576
인천 서구	인천 서구	31,998
경기		11,852
서울		8,234
인천 부평구		5,312
인천 계양구		3,982
인천 미추홀구		3,142
인천 남동구		3,019
경기 김포시		2,807
경기 부천시		2,175
인천 연수구		1,552
서울 강서구		1,480
인천 중구		1,255
충남		1,123
전북		859
경기 고양시		856
강원		803
인천 동구		746
경남		655

서구→다른 지역

전출지	전입지	계
	전국	83,273
	인천	50,501
	인천 서구	31,998
	경기	17,339
	서울	7,606
	경기 김포시	6,607
	인천 연수구	3,476
	인천 부평구	3,210
인천 서구	인천 미추홀구	3,065
	인천 남동구	2,653
	인천 계양구	2,416
	인천 중구	2,243
	경기 부천시	1,418
	충남	1,389
	경기 고양시	1,380
	강원	1,056
	서울 강서구	1,035
	경기 시흥시	1,023
	충북	769
	경기 화성시	767

서구 주택 현황

인천시 평균 아파트 비율이 64%인데, 서구는 66.4%로 인천 평균
보다 높습니다. 단독주택이 적고 아파트가 많으니 신도시라고 볼

● 주택 유형(단위: 채)

지역	구분	계	단독주택	아파트	연립주택	다세대주택	비거주용 주택
전국	주택수	18,525,844	3,897,729	11,661,851	521,606	2,230,787	213,871
전국	구성비	100.0%	21.0%	62.9%	2.8%	12.0%	1.2%
인천	주택수	1,032,774	95,700	661,611	27,704	238,777	8,982
인천	구성비	100.0%	9.3%	64.1%	2.7%	23.1%	0.9%
서구	주택수	182,797	8,883	121,370	9,023	42,531	990
서구	구성비	100.0%	4.9%	66.4%	4.9%	23.3%	0.5%

● 주택 점유 형태(단위: %)

지역	계	자가	전세	보증금 있는 월세	보증금 없는 월세	사글세	무상
전국	100.0	58.0	15.1	19.7	3.3	0.0	3.9
서울	100.0	42.7	26.0	24.8	3.3	0.0	3.2
인천	100.0	60.2	15.6	17.4	3.2	0.0	3.7
서구	100.0	56.8	19.2	17.6	1.9	0.3	4.2

수 있겠네요.

인천의 자가 비율이 62%인데 서구는 56.8%입니다. 초기에 입주할 때 입주하지 않고 사둔 사람들이 많은 듯합니다. 투자 목적이든 그냥 사둔 수요든 통상적으로 자가 비율이 낮은 쪽은 아파트일 가능성이 높거든요. 그래서 아파트 비율이 높다고 이해하면 되겠습니다.

데이터로 읽는 서구의 아파트

2023년까지의 아파트 입주 물량

2023년까지 아파트 재고량 숫자만 보면 서구가 제일 많습니다. 아파트가 제일 많으므로 인구가 제일 많을 수 있는 거예요.

그런데 서구에는 큰 이슈가 있어요. 이전까지는 입주 물량이 많지 않았는데 2022년에 무려 1만 9천 세대가 입주합니다. 서구 역사상 최대입니다. 그리고 2023년의 입주 물량도 1만 4천 세대입니다.

2022년과 합치면 거의 3만 3천~3만 4천 세대가 입주하게 됩니다. 그러니 서구의 물량을 조심해야 합니다. 새 아파트 중에서 입지가 좋은 곳들은 오히려 들어갈 기회가 생기겠지만 구축들은 조심할 필요가 있습니다. 관건은 서울에서 수요층이 얼마나 서구로 넘어갈 것인가입니다. 한번 지켜봐야겠네요.

● 서구 동별 아파트 입주 물량: 재고량 및 입주 예정(2023년까지)(단위: 채)

지역	재고량	2017년	2018년	2019년	2020년	2021년	2022년	2023년
서구	163,996	7,148	6,961	2,150	898	8,876	19,126	14,811
청라동	29,997	1,581	2,255	1,534	898	480		
당하동	22,500	530				1,874	6,596	2,352
가정동	20,241		3,478	616			4,284	4,260
원당동	15,914					6,102	5,980	2,176
가좌동	14,158	1,818						1,218
마전동	13,301		380				545	
불로동	7,760						1,291	
석남동	7,353	54	52					
신현동	6,998	1,890	686					
왕길동	5,367							4,805
백석동	4,805						430	
검암동	4,191							
심곡동	3,907							
경서동	2,574	720						
연희동	1,635							
오류동	1,278					420		
금곡동	1,224	555	110					
공촌동	676							
대곡동	117							

※ 합계 재고량은 2007~2023년 데이터입니다.

● 서구 아파트 입주 예정 단지

읍면동	단지명	총세대수	공급방식	입주년월
가정동	루원시티SK리더스뷰	2,378	개발	2022.01
원당동	검단신도시우미린더퍼스트	1,268	개발	2022.01
불로동	인천불로대광로제비앙	556	개발	2022.02
마전동	마전양우내안애퍼스트힐	545	지주택	2022.02
경서동	북청라하우스토리	430	지주택	2022.02
당하동	인천검단대방노블랜드	1,279	개발	2022.03
당하동	호반써밋인천검단2차	719	개발	2022.05
원당동	검단파라곤1차	887	개발	2022.05
당하동	검단신도시파라곤센트럴파크	1,122	개발	2022.06
원당동	검단신도시예미지트리플에듀	1,249	개발	2022.06
당하동	검단신도시안인스빌어반퍼스트	1,073	개발	2022.07
불로동	검단신도시대광로제비앙	735	개발	2022.07
원당동	검단신도시2차보르랜드에듀포레힐	1,417	개발	2022.09
당하동	검단신도시모아미래도엘리트파크	658	개발	2022.10
원당동	검단신도시우미린에코뷰	437	개발	2022.10
원당동	인천검단신도시3차노블랜드리버파크	722	개발	2022.10
당하동	검단신도시대성베르힐	745	개발	2022.11
가정동	루원지웰시티푸르지오	778	개발	2022.11
가정동	포레나루원시티	1,128	개발	2022.12
계		18,126		

동별로 보겠습니다. 입주 물량이 제일 많은 동은 당하동과 원당동의 검단신도시, 가정동 루원시티입니다. 아마 검단신도시 입주 물량이 어떻게 작용할 것인지가 하나의 관건이 될 것 같습니다. 또 백석동 4,800세대는 시세 상승을 이끌었다고 보면 되겠습니다. 나머지 지역들은 참고해주세요.

2022년에 어디가 입주하느냐 살펴봤더니 가정동 루원시티SK리더스원이 1월에 입주했네요. 입지도 좋고 세대수도 많아 매우 좋은 단지입니다. 초반에 피가 굉장히 낮았었는데 지금은 많이 올랐죠. 그리고 검단신도시 우미린더퍼스트, 인천불로대광로제비앙도 입주합니다. 마전양우내안에퍼스트힐도 검단신도시 인근이고요. 정리하자면 검단신도시, 가정동 지구, 청라 일부 아파트들이 2022년에 무려 1만 8천 세대가 입주합니다.

평단가로 보는 가격 동향

가격 동향입니다. 서구는 인천에서 4위입니다. 다만 청라는 연수구 평균보다 높죠. 청라는 서구에서 '넘사벽' 지역이라고 보면 되겠습니다. 하지만 청라의 맹점 중 하나가 입주한 지 어느 정도 지나서 새 아파트가 생각보다 없습니다. 그러다 보니 청라지구를 따라가는 지역인 가정동, 신현동의 가정중앙시장역에 있는 가정지구, 검단신도시의 아파트들이 입주하면 청라신도시에 있는 아파트 가격대를 따라갈 듯하니 기회를 잡을 수 있을 것 같습니다.

● 서구 동별 평단가(단위: 만 원)

시군구	평단가	읍면동	평단가
연수구	1,882	청라동	1,940
부평구	1,514	신현동	1,538
인천광역시	**1,475**	가정동	1,515
남동구	1,452	경서동	1,372
서구	1,366	**서구**	**1,358**
미추홀구	1,289	당하동	1,220
중구	1,200	가좌동	1,172
계양구	1,170	원당동	1,129
동구	948	왕길동	1,014
강화군	542	검암동	998
		불로동	932
		심곡동	912
		마전동	911
		금곡동	819
		연희동	771
		오류동	682
		석남동	593

　만약에 청라보다 다른 지역들이 싸다면 다른 지역들의 시세가 안 빠지겠죠. 청라가 오히려 조정될 수도 있고요. 결국은 2022년에 서울에서 수요를 어떻게 나눠주느냐가 중요할 것 같아요.

　중요한 기준은 검단이나 루원시티가 아니라 오히려 청라 지역의 기존 구축 아파트의 시세가 빠지는지 안 빠지는지가 되겠습니다. 그렇게 되면 검단신도시나 가정지구에 있는 아파트 시세들도 예측할 수 있을 겁니다.

잘 모르겠다 싶으면 제일 입지 좋은 새 아파트를 사서 묻어두면 됩니다. 이렇게 입주 물량이 많을 때는 단타로 투자하기 좀 어렵습니다. 오히려 중장기로 올라갈 아파트를 찾아 투자하는 것이 유효한 방법이 될 지역입니다.

주목해야 할 동별 아파트

● 청라동 아파트

순위	단지명	총세대수	평단가(만 원)	입주년월
1	청라더샵레이크파크	766	3,085	2013.04
2	청라제일풍경채2차에듀&파크	1,581	2,572	2017.12
3	청라힐데스하임	1,284	2,532	2011.07
4	호반베르디움영무예다음	1,051	2,484	2011.05
5	청라호반베르디움4차(173-1)	2,134	2,443	2012.07
6	청라골드클래스커낼웨이	269	2,408	2016.11
7	서해그랑블	336	2,344	2010.12
8	청라우미린	200	2,272	2011.01
9	청라푸르지오	751	2,179	2013.03
10	린스트라우스	590	2,131	2013.08
11	청라한라비발디	992	2,115	2011.01
12	청라동문굿모닝힐	734	2,102	2012.08
13	청라센트럴에일린의뜰(M1)	1,163	1,981	2018.01
14	호반베르디움(168-1)	620	1,966	2011.01
15	청라풍림엑슬루타워	616	1,960	2011.12
16	반도유보라2차	754	1,960	2012.08
17	청라한화꿈에그린	1,172	1,945	2012.03

18	청라자이	884	1,940	2010.06
19	청라LH	1,767	1,930	2011.09
20	청라SKVIEW	879	1,835	2011.12
21	청라웰카운티1차	692	1,835	2010.07
22	청라웰카운티2차	464	1,791	2012.05
23	한양수자인(A38)	566	1,754	2011.12
24	청라동양엔파트5단지	564	1,746	2012.08
25	중흥S-클래스(261-267동)	476	1,730	2010.09

상위권 단지 현황입니다. 서구에서 제일 비싼 청라동부터 보죠. 청라더샵레이크파크가 제일 비싸네요. 그다음 청라제일풍경채2차에듀&파크, 청라힐데스하임, 호반베르디움영무예다음, 청라호반베르디움4차 등이 상위권을 차지하고 있습니다. 현재 기준이 평단가이기 때문에 그때그때 어떤 평형 어떤 타입이 거래되느냐에 따라서 순서는 차이가 날 수 있습니다. 절대 수치가 아니니까 어느 정도의 흐름을 확인하세요.

청라는 일단 서구에서는 압도적으로 비싼 지역입니다. 1천만 원 중반대도 없습니다. 대부분 다 2천만 원이 넘어갔습니다.

청라 2동, 1동 쪽으로 청라중앙호수공원이 있고, 이를 대표하는 타워가 만들어질 예정입니다. 준공 날짜가 확정되면 다시 한번 부각되겠죠. 연희동, 가정동은 청라지구의 확장 지역으로 보면 됩니다.

한번 가보면 청라가 잘 개발된 멋진 계획도시라는 것을 느낄

수 있습니다. 실제로 7호선이 연장되면 한 번 더 가격이 오를 수 있고, 수요도 더 증가할 것입니다.

● **신현동 아파트**

순위	단지명	총세대수	평단가(만 원)	입주년월
1	루원시티대성베르힐	1,147	2,366	2017.01
2	신현e편한세상하늘채	3,331	2,076	2010.02
3	효성	452	839	1991.01
4	은영	108	772	1989.01
5	동진	240	701	1989.03
6	원흥	183	680	1991.01

두 번째로 비싼 곳이 신현동입니다. 신현동, 원창동이라고도 하고요. 이 지역은 아파트는 몇 채 없고 빽빽하게 다세대주택들이 밀집해 있습니다. 가정지구 바로 밑에 있어 그 연장선 정도 보면 되겠네요. 루원시티의 영향력입니다. 그래서 루원시티대성베르힐이 약 2천만 원 중후반대로 1위고, 2010년에 입주했던 신현e편한세상하늘채가 2천만 원대 시세를 보입니다.

그 아래 작은 아파트들은 일단 시세 차이가 크잖아요. 이 정도 격차가 나는 나홀로 아파트에 단기 투자하는 것은 베테랑들의 영역이니 조심하는 게 좋습니다. 재건축 연한이 됐다고 모두 재건축하는 거 아닙니다. 서울의 주공 아파트라면 웬만해서는 재건축을 하겠지만 지방은 주공 아파트라 하더라도 재건축이 안 되는 경우가 있습니다. 더군다나 이곳의 아파트는 주공도 아닌 애매한 민간 아파트들이기 때문에 될지 안 될지는 현장에 직접 가봐야 합니다. 재건축을 추진하는 세력이 있는지, 중개업소 통해서 한번 조사를 해보고 접근하는 것이 좋습니다.

● 가정동 아파트

순위	단지명	총세대수	평단가(만 원)	입주년월
1	루원시티프라디움	1,598	2,335	2018.04
2	루원호반베르디움더센트럴	980	2,257	2018.01
3	루원제일풍경채	900	1,826	2018.02
4	한국	620	828	1992.12
5	예뜰채	93	790	2007.11
6	뉴서울	555	759	1990.12
7	하나3차	274	715	1993.01
8	동우2차	252	715	1988.02
9	동우1차	474	705	1988.01
10	하나2차	495	683	1992.02
11	현광	144	616	1989.04
12	성광	114	600	1987.12
13	하나1차	252	592	1989.11
14	한성	150	571	1992.01
15	대진1차	78	536	1990.07
16	대진2차	94	531	1990.08
17	진흥2단지	132	520	1990.08
18	인향	132	514	1989.12
19	진흥1단지	192	507	1990.04

세 번째는 가정동입니다. 루원시티, 가정지구 개발계획이 있는 곳이죠. 원래 가정동은 굉장히 낙후되었던 지역입니다. 루원시티를 개발하기 전에 이미 이주 철거를 끝내놓고 유령 도시로 몇 년이 지났었어요. 루원시티, 도화지구, 가정지구 등 인천이 오래전에 이주 철거시켜놓았지만 공사를 못 하고 있었습니다. 금융위기 이후 위기감이 있었고, 가격대가 쌌기 때문에 개발 주체도 수익에 대한 확신이 없기도 했죠. 그러다 최근에 시세가 많이 올라오면서 개발 탄력을 받았고 개발 수익성이 높아지면서 개발된 것으로 파악하면 되겠습니다.

그럼에도 불구하고 아직 평당 1천만 원이 안 되는 나홀로 아파트들이 많아요. 싼 아파트들도 가끔 가격이 튈 때 있는데, 이유는 2가지입니다. 리모델링이든 재개발이든 재건축이든 호재가 생겼거나, 아니면 특정 투자 세력들이 와서 가격을 희석시키는 경우죠. 그러니 투자할 때 조심해야 합니다.

말했듯이 가정동에 루원시티 개발 부지가 있고, 다 개발될 블록입니다. 그 뒤로 나홀로 아파트가 있고요. 현장에 가면 딱 눈에 띕니다. '여기는 좋구나,' '여기는 좀 이상한데.' 하고요. 아무것도 안 들어올 것 같은 아파트도 있고 도심에 있어도 이걸 아파트라고 할 수 있나 하는 아파트도 있어요. 그런데 분양하는 루원시티를 보면 청라지구보다도, 서울의 웬만한 아파트보다 더 멋있는 아파트들이 많이 들어왔거든요. 상가도 어마어마하게 큽니다. 그런 것들을 확인해보면 좋겠습니다.

● 경서동 아파트

순위	단지명	총세대수	평단가(만 원)	입주년월
1	인천경서아시아드대광로제비앙	720	1,604	2017.12
2	가이아샹베르2차	560	1,162	2005.03
3	태평샹베르	572	1,062	2005.02
4	우정에쉐르	292	788	2006.05

　다음 경서동이죠. 인천경서아시아드대광로제비앙이 1천만 원 중반대고, 나머지는 참고만 해주세요. 경서동은 중간에 낀 입지예요. 청라 오른쪽(북동쪽)이 연희동인데 바로 북쪽에 있습니다. 수도권 매립지도 여기에 있어요. 서구에는 수도권 매립지가 있는 것도 반드시 기억해야 합니다. 골프장도 있고요. 인천 서부 일반산업단지도 있습니다.

● 당하동 아파트

순위	단지명	총세대수	평단가(만 원)	입주년월
1	검단힐스테이트6차	454	1,788	2013.11
2	검단힐스테이트5차	412	1,745	2013.03
3	검단SK뷰	530	1,732	2017.09
4	검단힐스테이트4차	588	1,552	2012.02
5	당하푸르지오	719	1,334	2005.01
6	원당금호어울림1차	341	1,327	2004.03
7	당하KCC스위첸	1,015	1,312	2005.04
8	원당풍림아이원	1,739	1,299	2004.09
9	신안실크밸리	936	1,227	2004.12

10	태평	528	1,180	1999.06
11	풍림아이원1차	442	1,170	2004.04
12	당하탑스빌	1,368	1,085	1998.03
13	동문굿모닝힐	434	1,048	2004.12
14	대주파크빌	276	807	2006.02

다음은 당하동입니다. 드디어 검단에 있는 아파트들이네요. 당하동은 검단신도시를 개발하기 전 주변에 이미 개발되어 있던 검단지구입니다. 거기에서 최초로 분양되었던 아파트들이고요. 당시 대부분 평당 700만~800만 원대 분양했어요. 쓰레기 매립지가 옆에 있다 보니까 브랜드 아파트라고 하더라도 높게 받을 수도 없었죠. 또 교통과 전철이 들어오는 입지도 아니고 논밭이 섞여 있었기 때문에 비쌀 수가 없었습니다. 미분양도 많았고요.

당하동은 검단신도시 메인 입지는 아니고 검단신도시 바로 주변에 있는 기존에 개발된 구축 아파트들이라고 정리하겠습니다.

● **가좌동 아파트**

순위	단지명	총세대수	평단가(만 원)	입주년월
1	인천가좌두산위브	1,757	1,822	2017.12
2	한신休플러스	2,276	1,499	2007.01
3	진주3단지	798	1,090	1989.12
4	진주2단지	644	1,073	1983.03
5	범양	510	933	1990.07
6	진주4단지	302	928	1991.04

7	풍림	358	902	1996.09
8	유영	200	873	2004.11
9	진주1단지	686	867	1983.04
10	현대3차	263	865	1998.11
11	신현대	343	862	1995.04
12	라일실크빌	101	842	2008.11
13	진주5단지	268	824	1991.04
14	한샘	160	786	1983.12
15	현대	460	756	1985.05
16	상아	150	682	1985.11
17	진흥	240	679	1987.01
18	효정	170	670	1988.11
19	태화	235	663	1986.05
20	쌍마	160	662	1986.05
21	삼영	190	625	1985.03
22	세우	180	625	1984.06
23	영남	195	619	1985.07
24	신영	155	592	1984.11
25	동남	160	571	1986.06
26	신인향	132	557	1990.06
27	인향	99	555	1989.11
28	동진	132	551	1989.04
29	현광	50	550	1986.06
30	신명2차	228	549	1990.12
31	공작	156	542	1990.04
32	하나	300	542	1983.08

가좌동도 최근 조금씩 움직이고 있는 지역이에요. 2017년에 입주한 새 아파트인 인천가좌두산위브가 시세를 이끌고 있어요. 2007년에 입주한 한신휴플러스는 세대수가 많아 함께 이 지역을 이끈다고 생각하면 됩니다.

대단지는 딱 2개밖에 없죠. 비싼 아파트는 2천만 원 정도고, 싼 아파트는 500만 원입니다. 그러니까 인천을 공략할 때 다세대, 빌라 수준의 아파트도 많고, 이런 아파트는 월세도 많다는 걸 알고 있어야 합니다.

가좌동에는 아파트도 있지만 공장 부지도 있습니다. 이런 부지들 사이사이에 아파트 등 주거 환경을 만들다 보니까 비싼 아파트가 들어올 여지가 적었던 거죠. 현장 한번 가보면 좋겠습니다.

● **원당동 아파트**

순위	단지명	총세대수	평단가(만 원)	입주년월
1	LG원당자이	938	1,334	2004.06
2	원당2차금호어울림	269	1,197	2005.02
3	원당e편한세상	449	941	2004.08

원당동도 당하동과 비슷하게 검단신도시 주변으로 미리 개발했던 지역 중 하나입니다. LG원당자이가 있습니다. 자이라는 브랜드가 생기기 전에 분양한 것이라 당하동 검단힐스테이트를 기준 가격으로 LG원당자이 분양 가격을 고민할 때 제가 수주했던 기억이 있습니다. 그런데 현재는 시세를 역전했죠. 결국은 서구

든 어디든 새 아파트가 시세를 주도하고 있다는 겁니다. 원당2차 금호어울림, 원당e편한세상도 그때 다 분양했던 것이었고요.

여기는 나름대로 수요가 있는 지역입니다. 검단신도시 주변에 있어서 그 수요들을 받을 수 있기 때문입니다.

● 왕길동 아파트

순위	단지명	총세대수	평단가(만 원)	입주년월
1	검단e편한세상	1,003	1,252	2007.06
2	검단자이1단지	418	1,240	2010.12
3	검단자이2단지	413	1,228	2010.12
4	드림파크어울림1단지	731	1,116	2010.11
5	유승	608	1,002	2000.04
6	신명스카이뷰Dream	390	859	2004.12
7	드림파크어울림2단지	203	828	2010.11
8	검단풍림아이원	318	770	2004.01
9	동남디아망	308	703	2006.06
10	원흥	354	672	1993.07

왕길동입니다. 검단e편한세상이 검단신도시 메인 입지 주변에 있는 아파트로 평단가가 높고, 그다음으로 검단자이1단지, 2단지, 드림파크어울림1단지, 유승, 신명스카이뷰드림 등이 있습니다.

여기도 아직까지 구축으로서 나름 수요를 갖고 있습니다. 그러나 왕길동, 당하동, 원당동 모두 수요가 아주 강하지는 않아요. 그러니까 다른 지역에서 수요가 밀려왔을 때는 시세가 올라가는

데 외부 수요가 들어오지 않으면 시세가 잘 안 올라가죠. 그렇기 때문에 검단신도시 입주가 시작되면 조심할 필요는 있습니다.

왕길동에는 논밭이 많습니다. 가끔 '이곳을 어떻게 개발할 수 있었던 거지?' '허가를 누가 해놓은 거지?' 그런 의심이 들 때도 있습니다. 그런데 중요한 것은 개발되고 나면, 그다음부터는 사람들이 잘 삽니다. 왜냐하면 경기도나 서울보다는 저렴하거든요. 저렴한 아파트를 좋아하는 사람들이 많이 찾고 있습니다.

● **검암동 아파트**

순위	단지명	총세대수	평단가(만 원)	입주년월
1	서해그랑블	950	1,886	2003.08
2	풍림아이원2차	718	1,805	2004.05
3	풍림아이원3차	341	1,426	2004.07
4	마젤란21	176	1,318	2006.06
5	신명스카이뷰III	282	1,174	2004.05
6	신명스카이뷰I	268	1,166	2003.07
7	풍림아이원1차	280	1,035	2003.09
8	삼보해피하임4단지	252	1,035	2003.08
9	삼보해피하임3단지	288	935	2003.08
10	신명스카이뷰II	325	846	2003.01
11	신명스카이뷰골드	311	769	2004.08

다음 검암동입니다. 검암동은 신규 분양한 아파트들이 있어요. 특히 검암동은 전철역 역세권이 가까워 그 수요가 많습니다. 특히 서해그랑블이라든지 풍림아이원은 거의 2천만 원대까지 시세

가 올라갔던 단지입니다.

검암동 위로 아라뱃길이 있고, 공항철도 검암역이 있습니다. 그거 말고는 별거 없어요. 그런데 역 하나만으로도 평당 1천만 원 이하 지역이 평당 2천만 원까지 받을 수 있음을 보여준 대표적인 사례가 서해그랑블입니다. 정말 엄청난 메리트네요.

● 불로동 아파트

순위	단지명	총세대수	평단가(만 원)	입주년월
1	불로e편한세상	545	1,251	2005.04
2	금호어울림	412	1,128	2007.02
3	삼보해피하임1단지	384	1,069	2007.11
4	월드	1,699	969	1998.05
5	퀸스타운신명	614	953	1998.12
6	동부1,2차	534	947	1999.11
7	한일타운	138	931	2008.04
8	퀸스타운길훈	628	892	1999.06
9	퀸스타운동성	635	883	1998.12
10	삼보해피하임2단지	482	764	2007.11
11	신명스카이뷰	120	729	2007.04
12	연진	84	550	1991.08
13	백두	175	542	1995.12

다음은 불로동입니다. 불로(不老), 늙지 않는 동네네요. 불로e 편한세상, 금호어울림, 삼보해피하임1단지 등이 1천만 원대 초반 시세를 형성하고 있습니다.

불로동도 아직 논밭 부지들이고, 사이사이 조금씩 신도시를 개발하고 있었습니다. 그런데 왜 개발을 하다 말았나요? 예전에 금융위기 때문에 그랬습니다. 고 노무현 대통령 때 2기 신도시를 추진했었는데, 금융위기가 오는 바람에 중단되었다가 최근 몇 년 동안 다시 재개발을 하고 있습니다.

● **심곡동 아파트**

순위	단지명	총세대수	평단가(만 원)	입주년월
1	삼성	421	1,167	1997.06
2	대동	1,048	1,128	1996.05
3	광명17차	604	1,104	1997.01
4	한국(302)	392	1,008	1995.02
5	극동늘푸른	998	833	1997.08
6	동남	280	703	1995.08
7	삼용	87	621	1996.08
8	녹성	45	420	1995.11

다음은 심곡동입니다. 심곡동에 있는 아파트들 목록은 표를 참고해주세요. 평당 400만 원짜리 아파트도 있습니다. 아파트라기보다 그냥 큰 빌라라고 보면 될 것 같습니다.

그래도 심곡동은 도로도 잘 되어 있고, 역세권 주변은 한번 볼 필요가 있습니다. 다만 다른 지역에 새 아파트 입주 물량이 없어지면 경쟁력이 있을 텐데 이 주변에 워낙 신도시가 크게 생기고 있어서 신도시 쪽으로 수요를 뺏길 수밖에 없습니다.

● 마전동 아파트

순위	단지명	총세대수	평단가(만 원)	입주년월
1	당하풍림아이원3차	579	1,351	2004.01
2	검단힐스테이트	465	1,245	2007.01
3	검단1차대주피오레	917	1,196	2007.01
4	검단2차아이파크	409	1,179	2010.05
5	검단아이파크	573	1,163	2007.01
6	검단우림필유	429	1,118	2007.01
7	현대	417	1,091	1998.05
8	동아	1,351	1,070	1999.01
9	대원레스피아1단지	423	1,019	2004.01
10	영남탑스빌	1,042	985	2000.04
11	하나2차	477	892	2001.08
12	마전대주파크빌	346	890	2005.02
13	검단힐스테이트2차	309	868	2010.03
14	대원레스피아2단지	311	865	2004.11
15	검단2차풍림아이원	174	814	2005.02
16	검단2지구금호어울림	236	810	2004.06
17	마전1차풍림아이원	286	789	2004.07
18	마전3차풍림아이원	309	757	2005.07
19	영진	299	729	1999.07
20	이지미래지향	128	725	2008.04
21	마전2차풍림아이원	109	707	2005.01
22	동남2차	111	676	1999.11
23	마전금호어울림	163	657	2007.01
24	마전4차풍림아이원	216	632	2007.01
25	목화	300	618	1990.08
26	장미	260	587	1990.01

27	서해	464	569	1992.12
28	유호	255	558	1992.05
29	은혜	96	556	1991.12
30	한일	252	522	1991.01

다음은 마전동입니다. 마전동도 검단신도시 주변 지역이고요. 1천만 원대 초반 아파트들이 있습니다. 검단힐스테이트1차, 검단 2차아이파크가 여기 있네요.

마전동 옆에 오류동이 있고, 왕길동, 당하동, 검단동이 둘러싸고 있어 마전동은 그사이에 끼어 있는 입지입니다. 뭔가 구역도 정리되어 보이고 신도시 같기도 해요. 하지만 검단신도시가 착착 진행이 잘 되고 있기 때문에 마전동은 아마 배후 수요로서 역할을 하게 될 것입니다.

그리고 여기가 은근히 산악 지형이에요. 검단신도시 주변에 나지막한 산이 많습니다. 그러다 보니까 2021년에 장릉 검단신도시 아파트 불법 건축 논란이 있었습니다. 장릉은 조선시대 인조의 부모 무덤이죠. 계양산을 가린다 해서 검단신도시 19개 동 가운데 3개 아파트를 철거해야 하니 마니 했었어요. 결국 입주를 시작했지만요.

여기는 왕릉뿐만이 아니라 일반 묘지도 사이사이에 되게 많아요. 그러니 무덤 뷰가 나오는 건 아닌지 반드시 현장에 가서 확인해봐야 합니다.

● 금곡동 아파트

순위	단지명	총세대수	평단가(만 원)	입주년월
1	검단오류역우방아이유쉘	555	1,509	2017.08
2	동남1차	370	957	1998.09
3	하나1차	299	754	1998.06

금곡동입니다. 작지만 3개 아파트가 있고요. 검단오류역우방 아이유쉘은 오류역 근처에 있어 시세가 상대적으로 높은 편입니다. 그래봤자 2천만 원은 안 되지만요.

● 연희동 아파트

순위	단지명	총세대수	평단가(만 원)	입주년월
1	태영	390	924	1996.11
2	우성	410	792	1997.06
3	중앙	294	748	1997.08
4	한국(682-12)	356	704	1994.01
5	한국(682-14)	120	649	1995.02
6	청아	65	625	1997.09

연희동도 중간에 끼인 입지인데, 여기는 1천만 원 이상 가는 아파트가 없습니다. 수요가 그렇게 많은 곳도 아니고요.

● 오류동 아파트

순위	단지명	총세대수	평단가(만 원)	입주년월
1	검단힐스테이트1단지	348	902	2010.12

| 2 | 검단힐스테이트2단지 | 303 | 883 | 2010.12 |
| 3 | 검단오류풍림아이원 | 207 | 681 | 2011.03 |

오류동에 가면 검단힐스테이트1단지, 2단지가 있습니다. 인천 서구 오류동입니다. 서울 구로구 오류동과 헷갈리면 안 돼요. 구로구의 오류동은 그래도 메인 대로 주변에 있어 수요가 많습니다. 그런데 인천 서구의 오류동은 수요가 아주 많은 지역은 아니에요. 700만 원대 전후로 분양했던 지역이 아직도 1천만 원이 안 넘고 있잖아요. 그러니 수요가 많은 입지는 아니라고 보면 될 것 같습니다. 오류동은 공장이고 논밭이고 그러다 보니까 시세가 올라갈 여지가 많지 않았습니다.

● 석남동 아파트

순위	단지명	총세대수	평단가(만 원)	입주년월
2	서인천월드메르디앙	778	1,529	2006.08
3	롯데우람	320	1,200	1985.12
4	동진3차	192	1,147	1990.01
5	금호어울림2차	91	1,066	2008.12
6	경남아너스빌	471	926	2006.11
7	우림필유	288	920	2006.09
8	보광네오센스	100	815	2003.07
9	태산	144	813	1989.04
10	황해	90	759	1983.09
11	중앙2차	80	735	1985.11

12	대명	184	720	1998.05
13	동우	100	705	1986.12
14	효정(489)	192	700	1989.01
15	덕산	252	663	1990.05
16	신동아	190	660	1996.03
17	동남	360	650	1989.05
18	수정	144	632	1989.04
19	동진1차	60	618	1983.12
20	효정(588-14)	130	591	1987.06
21	태화	299	586	1995.05
22	신광1차	134	574	1995.03
23	삼산	47	561	2004.04
24	동아	110	554	1984.11
25	현광	138	549	1989.01
26	낙원호산	142	524	1989.11
27	신광2차	191	520	1997.01
28	동진4차	160	495	1991.12
29	동진2차	48	475	1989.11
30	경인	150	472	1984.07

마지막으로 석남동입니다. 석남동은 아파트가 굉장히 많고, 굉장히 싼 지역이었는데 7호선 석남역이 개통되면서 최근에 많이 올랐어요. 특히 여기서도 새 아파트, 역세권 아파트들의 시세가 상대적으로 많이 올라갔습니다. 이렇게 확정된 호재가 있으면 미리 선점하는 게 중요합니다.

단지들 시세 보세요. 너무 싸죠. 이런 아파트는 투자할 생각을 하지 마세요. 제가 이렇게 정리한 것은 추려내라는 의미입니다.

석남동은 인구가 많아요. 아파트는 많이 없어도 촘촘합니다. 또한 일자리도 많은 편이고 교통망도 괜찮은 편이고요. 경인고속도로를 지나가다 보면 양쪽에 보이기도 합니다.

분양 현황과 청약 경쟁률

지금까지 인구가 정말 많은 서구의 동들을 소개했습니다. 다음으로 분양 현황을 정리하겠습니다. 2019년에 서구의 분양 물량이 많고, 2020년도 많습니다. 2021년에는 1만 7천 세대를 분양했어요. 굉장히 많이 한 편입니다.

3년 동안 분양을 많이 한 것들이 2022년부터 돌아온다고 이야기했죠. 그래서 서구는 물량 때문에 굉장히 조심해야 합니다. 그러니까 다시 한번 강조할게요. 저렴한 아파트를 단순하게 갭투자 하면 안 됩니다.

서울에서 수요가 밀려오지 않냐고요? 지금 서구만 물량이 많은 게 아니라 다른 구들도 많잖아요. 서구는 인구도 많고 수요도 많이 들어오지만, 인구가 빠져나가기도 합니다. 그렇기 때문에 가격이 주춤하거나 조정될 때 좋은 아파트로 갈아타거나 매수하는 것은 괜찮지만, 적극적으로 투자하기에는 애매한 시장이라는 생각이 듭니다.

● 서구 분양 현황

지역	2008년	2009년	2018년	2019년	2020년	2021년
서구	7,532	18,702	6,466	19,203	11,421	17,118
불로동				1,291		6,039
당하동			938	4,665	1,867	5,023
원당동			2,620	6,871	3,101	2,488
왕길동						1,500
오류동	858		420			878
석남동	91					645
마전동	875					545
가좌동	101				1,218	
신현동		3,331				
시천동						
원창동						
심곡동						
검암동						
금곡동						
가정동			2,378	6,166		
연희동						
경서동					430	
대곡동						
백석동					4,805	
공촌동			110			
청라동	5,607	15,371		210		

분양 물량을 동별로 보면 특히 2021년도에는 불로동, 당하동에 많았죠. 검단신도시인 원당동도요. 청라는 2007~2009년에 분양이 많았죠. 1,500세대 1만 5천 세대를 분양했어요.

● **2021년 서구 청약 경쟁률**

읍면동	단지명	분양년월	입주년월	총세대수	경쟁률
당하동	검단신도시 우미린파크뷰1단지(AA8)	2021.04	2023.07	370	22.9
당하동	검단신도시 예미지퍼스트포레(AB3-2)	2021.04	2023.01	1,172	24.8
당하동	검단신도시 우미린파크뷰2단지(AB1)	2021.04	2023.07	810	21.2
마전동	마전양우 내안애퍼스트힐(17BL2LOT)	2021.06	2022.02	545	18.8
당하동	검단역 금강펜테리움더시글로(RC3)	2021.05	2024.01	447	57.2

2021년 분양 경쟁률을 보세요. 한 자릿수가 없죠. 분양이 완판된 지역이라고 봐도 되겠습니다. 굉장히 분양이 잘되고, 특히 검단도 잘됐죠. 피도 많이 붙었어요. 그런데 지금부터는 분양권 전매 제한이 있기 때문에 그런 것을 감안해도 괜찮은지 따져봐야 합니다.

그 외 정비사업 물량

● 서구 정비사업

사업유형	읍면동	구역명	사업진행단계	세대수
주택재건축	가좌동	가좌라이프빌라구역 주택재건축	착공	1,181
주택재건축	가좌동	가좌진주1차아파트 주택재건축	조합설립인가	727
주택재건축	석남동	롯데우람재건축	착공	689
가로주택 정비사업	석남동	동진3차	시공사 선정	

서구가 신도시인데 정비사업이 있나요? 있더라고요. 나홀로 아파트들 많았잖아요.

가좌라이프빌라구역 주택재건축이 착공했고, 가좌진주1차아파트 주택재건축이 조합설립인가를 받았고, 롯데우람재건축이 관리처분을 받았습니다. 석남동 동진3차는 시공사를 선정했다고 합니다. 가로주택 정비사업이니까 참고할 사람들은 확인해보길 바랍니다.

서북생활권 속 서구

서구는 서북생활권입니다. 검단, 오류, 검암이 메인 입지라고 볼 수 있습니다. 청라, 가정이 주거로서는 메인 입지고, 북쪽으로 오

● 서북생활권

역사와 미래세대가 어우러지는 나눔이 넘치는 서구

류, 검단, 검암까지도 확장되고 있습니다. 그래서 교통망이 어떻게 연결되는지, 산업벨트가 어떻게 연결되는지 봐야 합니다. 남동구보다 일자리가 적긴 하지만 두 번째로 많은 곳이거든요. 그래서 인구가 많고요.

그런데 여기는 남동구보다는 첨단 일자리들이 많이 들어오기 때문에 서구의 미래 가치가 더 높아 보입니다.

서구의 3가지 호재

일자리, 교통, 새 주거시설로 호재를 한번 정리해보겠습니다.

아이푸드 파크(I-Food Park) 산업단지를 조성합니다. 위치는 금곡, 오류, 왕길동이니까 검단신도시 쪽이라고 보면 되겠네요.

　검단지구 택지개발지구, 루원시티도 앞에서 이미 설명했습니다. 서울 지하철 7호선이 석남역까지 연장됐고, 지금 청라로도 연장하고 있습니다.

● 서구 호재 한눈에 보기

자료: 네이버 부동산

스타필드 청라 신축공사도 예정되어 있는데 계속 변동되어서 지켜봐야 합니다. 인천 가정지구도 개발하고 있고 청라 경제자유구역은 계속 진행 중이고요. 하나금융타운은 이미 조성되어 있는데 확대하고 있고요. 한들구역 도시개발사업도 계속 진행되고 있습니다. 일단 이렇게 간단히 정리하고 하나씩 살펴보겠습니다.

1 | 일자리
● 서구 산업단지 현황

□ 군·구별 공장 등록 현황 (공장설립온라인지원시스템 2021. 3. 31. 기준, 단위: 개사)

구 분	합계	중구	동구	미추홀구	연수구	남동구	부평구	계양구	서 구	강화군	옹진군
업체 수	12,338	141	224	1,010	286	4,981	1,386	499	3,526	264	21

□ 산업단지 입주 현황(제조 및 지원시설)
(한국산업단지공단 전국산업단지현황 통계 2020년 4분기 기준)

구 분	산업단지명 (준공년도)	조성면적(천㎡)	가동업체수	종업원(명)	관리기관
일반산업단지	③인천서부산업단지(1995년)	939	282	5,717	서부관리공단
	⑤청라1지구일반산업단지(2005년)	194	35	818	서구청
	⑦검단일반산업단지(2014년)	2,251	934	10,899	검단관리공단
	⑪ I-Food Park산업단지(2021년)	283	19	967	서구청
도시첨단산업단지	① IHP 도시첨단산업단지(2021년)	1,171	10	864	인천경제청

먼저 서구에 있는 일자리를 볼게요. 3,746개로 남동구 다음으로 많습니다. 공장 시설들이 많은데, 청라1지구일반산업단지와 아이푸드파크산업단지가 조성되어 있습니다. 검단일반산업단지도 조성할 예정이라고 하니, 일자리가 들어오는 부지로서 한번 관심을 가져도 좋을 듯합니다.

● 인천서부산업단지

➤ 산단개요

- **위 치** : 인천 서구 경서동 일원
- **지정일자** : 1992. 7.
- **조성기간** : 1993. 9. ~ 1995. 12.
- **조성목적** : 수도권내 중소기업 이전 집단화로 공업기반 구축
- **조성기관** : 인천서부지방산업단지관리공단

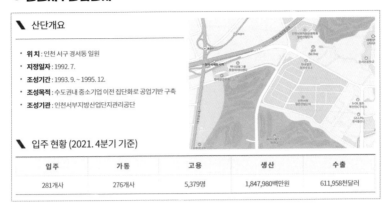

➤ 입주 현황 (2021. 4분기 기준)

입주	가동	고용	생산	수출
281개사	276개사	5,379명	1,847,980백만원	611,958천달러

● 청라1지구일반산업단지

➤ 산단개요

- **위 치** : 인천 서구 경서동 673번지 일원
- **지정일자** : 1997. 8.
- **조성기간** : 1997. 12. ~ 2005. 11.
- **조성목적** : 서해안시대의 거점지역으로 중소기업의 경쟁력 제고
- **시 행 사** : 한국이엠에스주식회사

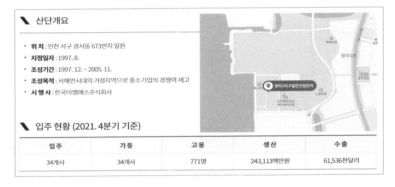

➤ 입주 현황 (2021. 4분기 기준)

입주	가동	고용	생산	수출
34개사	34개사	771명	243,113백만원	61,536천달러

● 뷰티풀파크

➤ 산단개요

- **위 치** : 인천 서구 오류동 일대
- **지정일자** : 2006. 12. 26.
- **조성기간** : 2006. 1. ~ 2014. 3.
- **조성목적** : 검단신도시 및 공공사업으로 인한 이주공장 부지 확보
- **시 행 자** : 인천도시공사

➤ 입주 현황 (2021. 4분기 기준)

입주	가동	고용	생산	수출
995개사	960개사	10,956명	828,555백만원	105,898천달러

인천서부산업단지는 5천 명 정도가 고용되어 있고, 청라국제
도시역 바로 밑에 있습니다. 청라1지구일반산업단지는 2005년에
조성되어 고용 인구는 770명 정도입니다. 그리고 2014년에 조성
된 뷰티풀파크(구 검단일반산업단지)의 고용 인구는 1만 명이 넘습니
다. 검단에 1만 명대 일자리가 있다는 점에서 주목해볼 필요는 있
습니다.

● IHP 도시첨단 산업단지

● I Food Park 산업단지

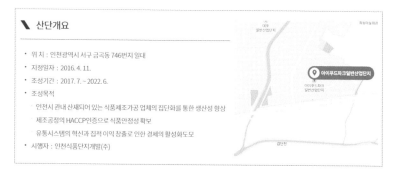

IHP 도시첨단 산업단지는 2021년 12월에, 아이푸드 파크 산업단지도 2022년까지 조성했는데 참고로 보면 될 듯합니다.

2 | 교통

● 서구 교통망 개발

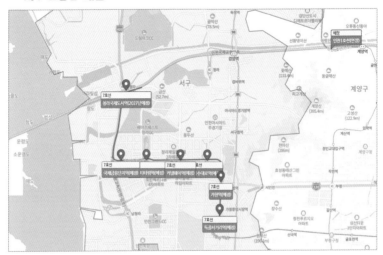

자료: 네이버 부동산

교통 호재를 보겠습니다. 7호선이 청라국제도시역까지 연장될 예정입니다. 현재 석남역까지 와 있고요. 그래서 그 사이에 독골사거리역, 가현역 등 7개 역이 생깁니다. 역세권 부지라 많이 비싸지만 한 번 검토해볼 필요는 있겠습니다.

인천지하철 1호선이 검단신도시까지 연장될 계획이라 공사 중입니다. 그다음에 계양-강화 고속도로도 개통될 예정이라는 점 참고해주세요.

3 | 새 주거시설

● 서구 주거 호재

자료: 아실

새 주거시설로는 앞에서도 이야기했지만 도시개발사업, 루원시
티사업이 있죠. 검단신도시 사업도 있고요. 한들구역도 공사를
했고 분양했으며, 분양권 거래가 가능한 검암역 로열파크시티푸
르지오 2단지, 1단지가 여기 있습니다.

검단신도시는 분양권 거래가 안 되는데 주변 지역들은 분양권
거래가 됐거든요. 물론 규제지역 지정 전 이야기입니다. 규제지
역으로 지정된 다음부터는 예외가 없습니다.

● **경서3구역 도시개발사업**

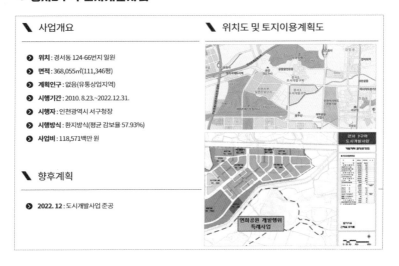

경서2구역 도시개발사업은 2019년 12월 사업이 완료되었고,
경서3구역 도시개발사업은 지도에 표시된 블록들을 개발할 예정
이라고 합니다.

한들구역과 검단3구역은 앞에서 이야기했습니다. 특히 검단

● 한들구역 도시개발사업

↖ 사업개요

- **위치** : 서구 백석동 170-3번지 일원
- **면적** : 567,567㎡(171,990평)
- **계획인구** : 12,274인(4,871세대: 공동 4,805, 단독 66)
- **총밀도** : 215인/ha, **용적률** : 공동주택 240%, 단독 200%
- **시행기간** : 2017. 8. 21.~2022. 12. 31.
- **시행자** : 한들구역 도시개발사업조합
- **시행방식** : 환지방식(평균 감보율 33.3%)
- **사업비** : 193,000백만 원

↖ 향후계획

- **2022. 12** : 사업 준공

↖ 위치도 및 토지이용계획도

● 검단3구역

↖ 사업개요

- **위치** : 서구 왕길동 133-3번지 일원
- **면적** : 524,510㎡(158,664평)
- **계획인구** : 11,429인(4,535세대: 공동 4,483, 단독 52)
  - 총밀도 : 218인/ha, 용적률 : 공동주택 217%, 단독 150%
- **시행기간** : 2014. 7. 7.~2022. 10. 30.
- **시행자** : 검단3구역 도시개발사업조합
- **시행방식** : 환지방식(평균 감보율 35.88%)
- **사업비** : 211,585백만 원

↖ 향후계획

- **2022. 10** : 사업완료

↖ 위치도 및 토지이용계획도

3구역은 4천 세대가 넘고, 한들구역도 4,800세대죠. 이건 분양을 했으니까 참고로 봐주세요.

루원시티 도시개발사업도 있습니다. 9,400세대 정도 됩니다. 루원시티 개발계획은 지도를 참고해주세요. 입지가 다 좋죠. 청라도 있기 때문에 웬만한 신도시급이라고 보면 되겠습니다. 1만 세대라면 약 4만 명 들어오는 거잖아요. 서구의 인구가 계속 들어온다고 이해하면 되겠습니다.

검단신도시 조성사업도 보겠습니다. 1단계를 지금 진행 중이고 3단계까지 있습니다. 계획 인구는 18만 7천 명입니다. 2023년도까지 조성할 예정이고요. 시간이 좀 더 걸릴 것 같긴 해요. 7만 5천 세대, 상당히 큰 규모입니다.

1단계는 2021년까지 준공할 예정이고, 2단계는 2022년까지, 2023년까지 3단계를 한다는 겁니다. 이게 다 들어서면 아마 굉장한 지역이 되겠죠. 이렇게 많은데 이걸 다 채울 수 있을까요? 제가 늘 이야기하지만 반만 채워도 어디예요. 지금 18만 명인데 반만 채워도 9만 명이 들어오는 거잖아요. 어마어마한 인구라니까요. 당연히 반 이상은 채우겠죠.

● 루원시티 도시개발사업

＼ 사업개요

- **위치** : 서구 가정동 571번지 가정5거리 일원
- **면적** : A=906,349㎡(9,440세대/23,789명)
- **시행자** : 인천광역시, LH
- **사업기간** : 2006. 8. 28.~2022. 6. 30. (사업기간 연장 예정)
- **시행방식** : 수용 또는 사용방식 도시개발사업

＼ 향후계획

- 2022.11.: 루원 지웰푸르지오시티(주상3) 입주 예정
- 2022.12.: 포레나 루원시티(공동2) 입주 예정
- 2023. 1.: SK리더스뷰 2차(주상 5·6) 입주 예정
- 2023. 4.: 대성베르힐 2차(주상4) 입주 예정
- 2023. 6.: 린스트라우스(주상7) 입주 예정

＼ 토지이용계획도

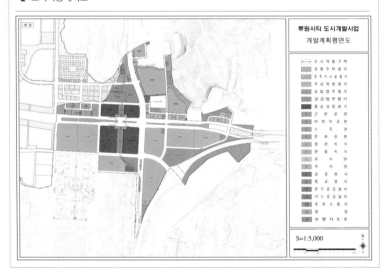

그리고 당하지구, 마전지구, 불로지구, 원당지구는 원래 부분
부분 개발했던 이전의 초기 단계 검단신도시고요. 초기 단계 검
단신도시의 사이사이를 메꾸는 것이 현재 진행 중인 검단신도시

조성산업이라고 이해하면 되겠습니다. 이렇게 빈 공간들을 채우는 것이 시너지가 나는 가장 좋은 개발 방법입니다.

● 검단신도시 조성사업

◣ 사업개요

- **◈ 사업위치** : 서구 마전동, 당하동, 원당동, 불로동 일원
- **◈ 사업면적** : 11.106㎢
  - 단계별 추진: 1단계 3.594㎢, 2단계 0.715㎢, 3단계 6.796㎢
- **◈ 계획인구** : 187,081명/75,851호(168인/ha)
- **◈ 추진기간** : 2009. 2.~2023. 12.
- **◈ 사업비** : 8조 3,868억 원
  - 부담주체: 한국토지주택공사 50%, 인천도시공사 50%
- **◈ 시행자** : 인천광역시, 인천도시공사, 한국토지주택공사

◣ 향후계획

- **◈ 단지조성공사**
  - 1단계 2021. 12. 준공, 2단계 2022.12. 준공, 3단계 2023. 12. 준공

◣ 토지이용계획도

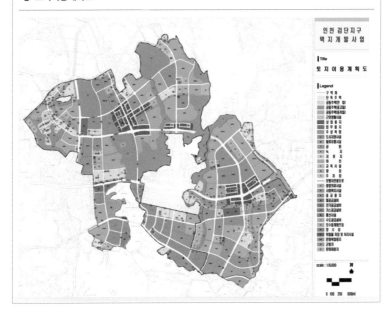

호재가 현재 진행형인 서구

향후 전망	• 청라, 루원, 검단 • 호재가 여전히 현재 진행형
트레이딩용 아파트	• 청라, 루원, 검단
가치투자용 아파트	• 역세권

세 줄 요약으로 마무리하죠. 향후 10년을 바라본다고 하면 청라, 루원시티, 검단은 무조건 우상향합니다. 물론 입주 물량이 많기 때문에 중간에 조정이 될 거예요. 그런데 10년 동안은 꾸준히 오를 수밖에 없는 입지입니다. 모두 교통 호재, 일자리 호재, 새 아파트 호재가 여전히 진행 중이고요. 다른 곳을 잘 모르겠다면 이 3개 입지만 봐도 됩니다.

트레이딩용 아파트도 똑같습니다. 청라, 루원시티, 검단이죠. 이게 사업에 시간이 오래 걸리다 보니까 이미 구축이 된 아파트들이 있어요. 하지만 여기에 새 아파트가 들어오면 시세를 올려놓잖아요. 주변 구축 아파트의 시세가 안 올라와 있으면 따라서 올라갈 거고요. 이런 아파트들을 올라가기 전에 사서 따라 올라갔을 때 팝니다.

이런 아파트들은 트레이딩용이기 때문에 계속 올라간다고 가정하고 장기간 갖고 있으면 안 돼요. 적당한 수익이 났으면 바로 매도해서 수익을 일단 실현해야 합니다. 청라, 루원시티, 검단에 새 아파트들이 들어올 때가 기회입니다.

가치투자용 아파트는 역세권 투자를 추천합니다. 작긴 하지만 인천지하철이나 7호선 등 새로운 역세권이 되는 지역들이 있습니다. 이미 확정됐고 공사를 시작했죠. 개통되는 데 통상적으로 한 5년 가까이 걸리잖아요. 아파트뿐만 아니라 토지나 상가도 나쁘지는 않을 듯합니다.

서구의 인구가 단기간으로 줄어드는 것처럼 보여도 절대 인구가 감소할 수 없는 지역입니다. 청라, 루원시티, 검단신도시 때문에 그렇습니다. 서구편, 여기에서 마무리하겠습니다.

어디보다
인구 유입이 많은
청라 신도시
아파트 투어

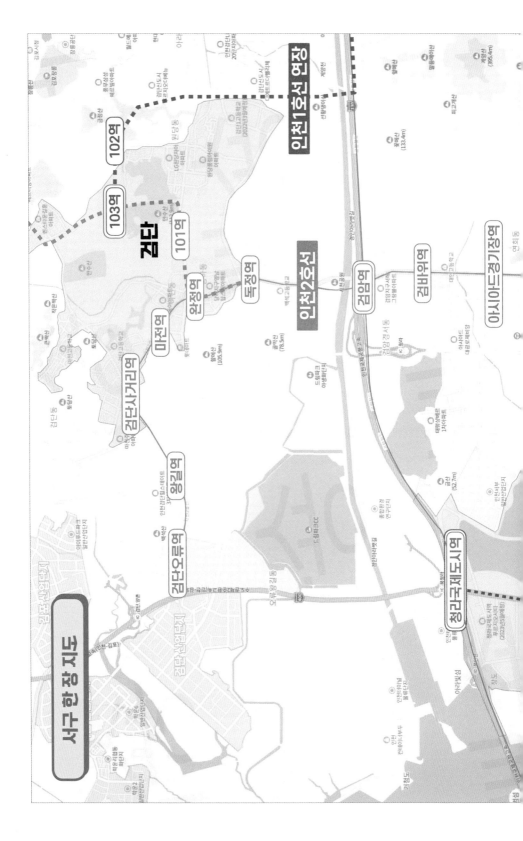

서구 한강 지도

검단

인천1호선 연장

인천2호선

102역
103역
101역
독정역
검암역
검바위역
아라인천광장역

마전역
완정역
검단사거리역

왕길역
검단오류역
청라국제도시역

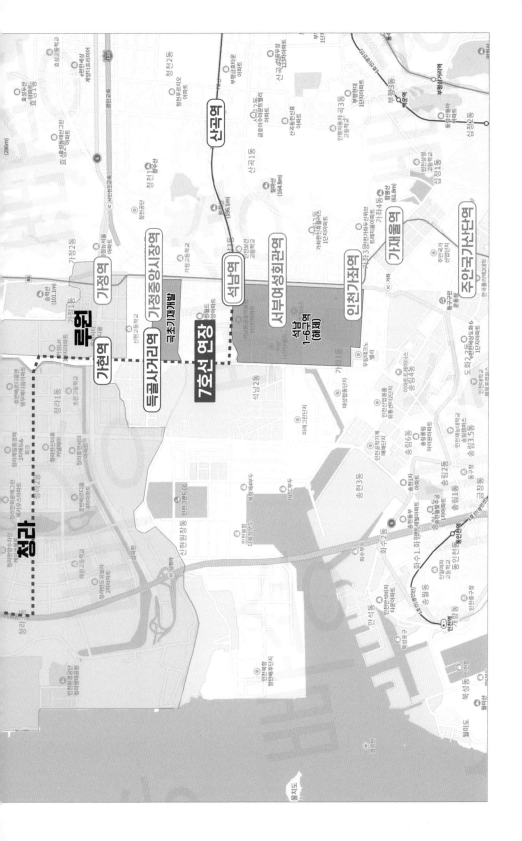

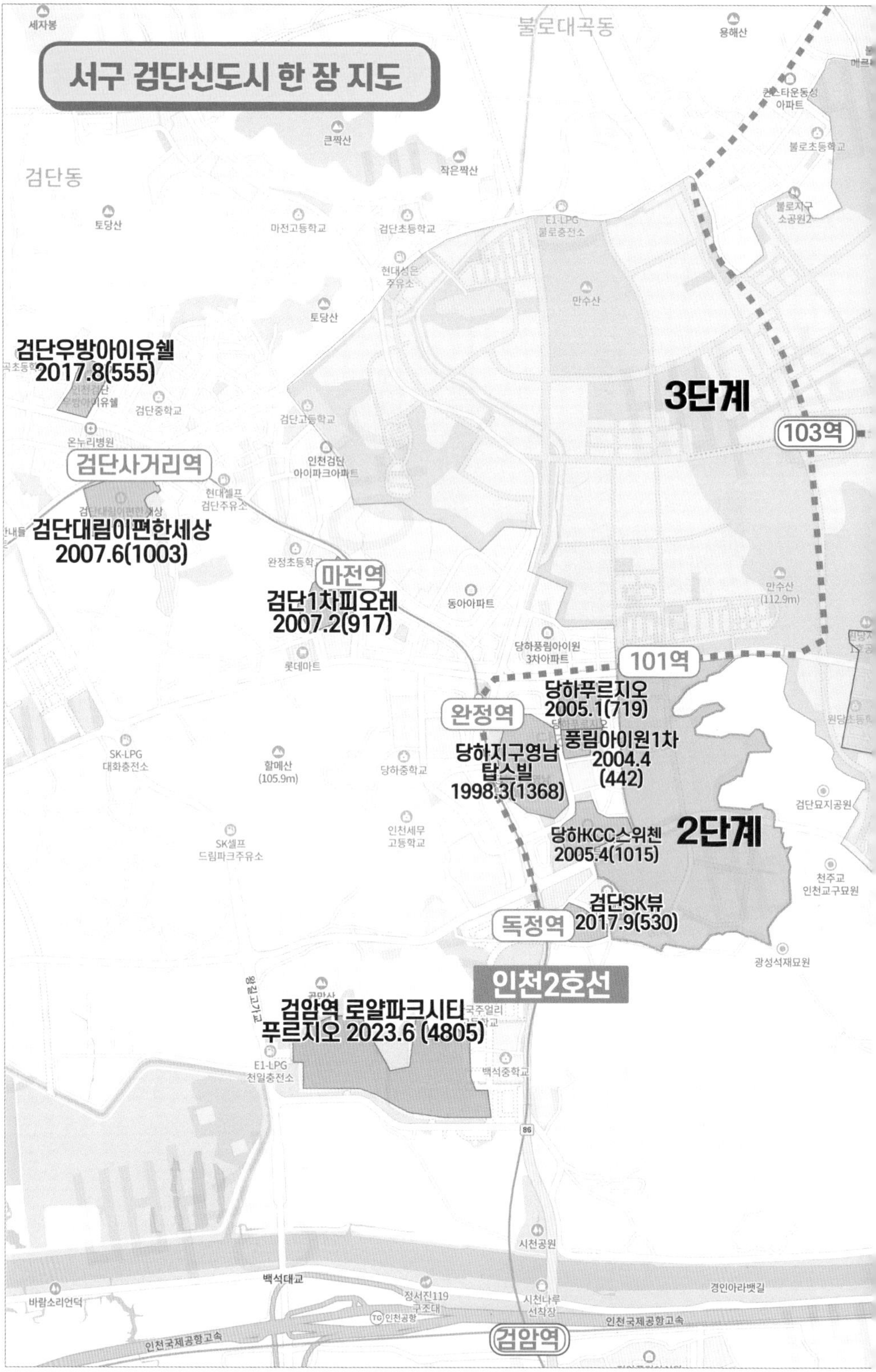
서구 검단신도시 한 장 지도
불로대곡동
검단동
3단계
2단계
103역
101역
검단사거리역
마전역
완정역
독정역
검암역
인천2호선
검단우방아이유쉘
2017.8(555)
검단대림이편한세상
2007.6(1003)
검단1차피오레
2007.2(917)
당하푸르지오
2005.1(719)
풍림아이원1차
2004.4
(442)
당하지구영남
탑스빌
1998.3(1368)
당하KCC스위첸
2005.4(1015)
검단SK뷰
2017.9(530)
검암역 로얄파크시티
푸르지오 2023.6 (4805)
세자봉
용해산
큰짝산
작은짝산
토당산
마전고등학교
검단초등학교
만수산
검단중학교
온누리병원
검단고등학교
완정초등학교
동아아파트
롯데마트
할메산
(105.9m)
당하중학교
인천세무
고등학교
만수산
(112.9m)
검단묘지공원
광성석재묘원
백석중학교
시천공원
백석대교
바람소리언덕
경인아라뱃길
인천국제공항고속

'정비사업'으로 변신 중
미추홀구 부동산 전략

다섯 번째 지역은 미추홀구입니다. 이름의 유래에 대해서는 1부에서 이야기했죠.

인천에서 가장 오래된 도심

미추홀구에는 주안역과 동암역이 있습니다. 1990년대 초반 제가 주안역에 자주 갔어요. 그때까지도 특별한 아파트가 없고 낙후된 지역이었습니다. 그랬던 미추홀구에 몇 년 전 다시 갔는데 놀랍게도 달라진 게 별로 없는 거예요. 인천SK스카이뷰 정도 높은 아파트가 생긴 것 말고는 그때나 지금이나 큰 차이가 없었습니다.

그만큼 낡았기에 '이 정도면 정비사업을 하는 게 아닐까?' 싶

인천SK스카이뷰

자료: SK건설 누리집

었죠. 그랬더니 최근에 와서 정비사업을 지나칠 정도로 하고 있습니다. 부평구만큼이나, 아니 오히려 더 많이 하지 않나 싶어요. 정말 오래된 도심이고 많이 낙후되었기 때문에 이렇게 정비사업을 하고 있다는 생각도 듭니다.

주변에 상가가 많으면 개발이 잘 안 되잖아요. 그랬던 공간이 정비사업을 통해서, 재개발을 통해서 조금씩 나아지고 있습니다. 오래됐기 때문에, 낡았기 때문에 결국은 정비사업을 진행할 수밖에 없고, 미추홀구는 그런 관점으로 접근하면 좋겠습니다.

그동안 낙후됐었던 (구)남구, (현)미추홀구의 시세는 매우 낮았어요. 인천에서 거의 꼴찌 수준이었습니다. 동구나 중구나 미추홀구나 시세가 비슷했거든요. 그런데 시세가 올라 지금 5위까지 올라왔습니다. 최근 새 아파트들이 입주를 많이 하고 있는 덕입니다.

미추홀구의 현재를 이끄는 아파트

● 미추홀구 아파트 상위 거래 순위

전체 평형

순위	아파트	가격
1위	포레나인천미추홀 2022 입주 인천 미추홀구 주안동 · 21년4월 · 59평 · 4층	11억9,880만
2위	엑슬루타워 2010 입주 인천 미추홀구 학익동 · 21년6월 · 77평 · 40층	11억
3위	인천SK스카이뷰 2016 입주 인천 미추홀구 용현동 · 22년3월 · 47평 · 8층	9억5천만
4위	주안더월드스테이트 2008 입주 인천 미추홀구 주안동 · 21년7월 · 47평 · 22층	7억5천만
5위	풍림 1991 입주 인천 미추홀구 관교동 · 21년9월 · 56평 · 15층	7억5천만
6위	풍림아이원 2007 입주 인천 미추홀구 학익동 · 21년9월 · 58평 · 11층	7억4천만
7위	인천더샵스카이타워(8-7블록) 2020 입주 인천 미추홀구 도화동 · 21년7월 · 30평 · 19층	7억3천만
8위	힐스테이트푸르지오주안 2023 입주 인천 미추홀구 주안동 · 21년5월 · 37평 · 14층	7억39만
9위	인천용현엑슬루타워 2011 입주 인천 미추홀구 용현동 · 22년2월 · 52평 · 38층	7억
10위	삼환1단지 1992 입주 인천 미추홀구 관교동 · 22년1월 · 55평 · 11층	6억7,500만

84m²(약 34평) 기준

순위	아파트	가격
1위	인천SK스카이뷰 2016 입주 인천 미추홀구 용현동 · 21년10월 · 35평 · 37층	7억8천만
2위	힐스테이트푸르지오주안 2023 입주 인천 미추홀구 주안동 · 21년10월 · 33평 · 21층	6억9,709만
3위	힐스테이트학익 2021 입주 인천 미추홀구 학익동 · 21년3월 · 34평 · 34층	6억6,428만
4위	주안캐슬앤더샵에듀포레 2022 입주 인천 미추홀구 주안동 · 22년3월 · 34평 · 32층	6억4,210만
5위	인천더샵스카이타워(8-5블록) 2020 입주 인천 미추홀구 도화동 · 21년3월 · 34평 · 23층	6억3,027만
6위	인천더샵스카이타워(8-7블록) 2020 입주 인천 미추홀구 도화동 · 21년5월 · 34평 · 49층	6억3천만
7위	주안파크자이더플래티넘 2023 입주 인천 미추홀구 주안동 · 21년8월 · 33평 · 14층	6억1,936만
8위	주안더월드스테이트 2008 입주 인천 미추홀구 주안동 · 21년8월 · 35평 · 14층	6억800만
9위	포레나인천미추홀 2022 입주 인천 미추홀구 주안동 · 20년11월 · 35평 · 22층	6억350만
10위	주안역센트레빌 2021 입주 인천 미추홀구 주안동 · 21년7월 · 33평 · 17층	5억9,900만

자료: 아실(asil.kr)

전체 평형대에서 가장 비싼 아파트는 2022년 입주하는 포레나인천미추홀입니다. 분양권이 거의 12억 원에 거래되었어요. 그다음이 엑슬루타워입니다. 학익동을 지나가다 보면 굉장한 탑이 보이는데 바로 엑슬루타워입니다. 11억 원 정도고요. 그다음부터는 10억 원 미만 아파트들만 있습니다. 10억 원대 아파트가 없네요.

84m² 기준 국민주택 규모로 봤을 때 1위는 7억 8천만 원의 인천SK스카이뷰입니다. 저는 SK건설하고 브랜드 조사나 상품 만족도 조사는 몇 번 했지만 수요 조사는 한 번도 안 했었는데, 인천SK스카이뷰에 대한 수요 조사를 SK건설 역사상 처음 했습니다. 미분양이 났기 때문입니다. 2008년 금융위기 이후 인천 부동산 경기가 안 좋을 때 분양했는 데다 워낙 크고 비쌌습니다. 그리고 평면도도 안 예쁘게 나왔어요. 보통 판상형을 선호하는데 용적률 문제 때문인지 타원형이었거든요. 이런 이유들로 분양이 잘 안 됐는데, 결국 미분양됐던 아파트들도 분양이 완판되고 현재는 미추홀구에서 가장 비싼 아파트가 되었습니다.

2위는 입주권이네요. 힐스테이트푸르지오주안입니다. 그 뒤를 2021년에 입주했던 힐스테이트학익, 2022년 입주하는 주안캐슬앤더샵에듀포레가 따릅니다.

자료를 보면 주안더월드스테이트만 빼고 나머지는 새 아파트거나 입주권입니다. 이것만 봐도 미추홀구가 얼마나 많이 변하고 있는지 알겠네요. 그래서 미추홀구에 아직도 기회가 있다고 봅니다.

미추홀구의 현재와 역사

본격적으로 미추홀구 이야기를 이어가겠습니다. 미추홀구의 법정동으로는 숭의동, 용현동, 학익동, 도화동, 주안동, 관교동, 문

● 미추홀구 행정동과 법정동

행정동	법정동
숭의1·3동	숭의동
숭의2동	
숭의4동	
용현1·4동	용현동
용현2동	
용현3동	
용현5동	
학익1동	학익동
학익2동	
도화1동	도화동
도화2·3동	
주안1동	주안동
주안2동	
주안3동	
주안4동	
주안5동	
주안6동	
주안7동	
주안8동	
관교동	관교동
문학동	문학동

학동이 있습니다. 멋이 느껴지는 이름들이죠. 동네가 오래되어서 좋은 이름을 선점했다고도 볼 수 있겠네요.

주안동이 8동까지 있어요. 사람이 많이 사나 봅니다. 제일 오

래된 동은 어디일까요? 인천문학경기장이 있는 문학동입니다. 원래 오리지널 구도심인 남구, 즉 미추홀구의 중심지가 문학동이거든요. 이름에 문(文)과 학(鶴)이 들어간 걸 보면 알 수 있습니다. 과거에 벼슬 있는 분들이나 양반분들이 많이 살았던 입지라서 지어진 이름이거든요. 그러니 여기가 중앙이었을 겁니다.

　미추홀구 역사를 보겠습니다. 미추홀 시절, 그러니까 2천 년 전 역사를 알 필요는 없어요. 부동산과 관련해 처음 등장한 것은 1968년으로, 남구가 만들어졌습니다. 1988년에 남구에서 남동구가 분리되고, 1995년에는 남구에서 또 연수구가 분리됩니다. 이후 쭉 이어오다가 2018년 7월 1일 미추홀구로 이름이 바뀝니다.

● 미추홀구 연혁

1936.10.01	숭의동 지역이 부천군 다주면 사충리에서 편입, 인천부 대화

정으로 개편

1936	주안동이 부천군 다주면 사충리와 간석리 일부를 편입, 주안 정으로 개편
1940	인천부 확정에 따라 남동면 편입
1943.07.10	문학출장소 설치, 문학동 등 5개 동 관할
1947.04.01	인천부 주안 지청 설치, 도화 1동 등 9개 동 관할(미 군정)
1948.08.15	공식적으로 남동, 문학, 주안 출장소 등 3개 출장소로 출발
1949.08.15	지방자치제 실시에 따라 인천부를 인천시로 개칭
1955.08.01	인천시 조례 제128호에 의거 문학, 주안 출장소 폐지
1956.10.01	인천시 조례 제143호로 폐지되었던 주안 및 문학 출장소 부활
1956.11.23	인천시 조례 제144호에 의거 남부, 남동, 문학, 주안 출장소 로 분할
1967.03.30	법률 제1919호로 인천시 구설치에 관한 법률 공포
1968.01.01	인천시 남구 개청 구제 실시(구 문학, 남부, 주안, 남동 4개 출장소 통합)
1970.01.01	4개 동 분동 28동(시 조례 제628호)
1979.01.01	1개 동 분동 29동(시 조례 제1146호)
1979.05.01	3개 동 분동 32동(시 조례 제1187호)
1981.07.01	직할시로 승격
1982.09.01	5개 동 분동 37동(시 조례 제1596호)
1983.10.01	1개 동 분동 38동(시 조례 제1649호)
1985.11.15	2개 동 분동 40동(시 조례 제1895호)
1988.01.01	남동구(13개 동) 신설에 의하여 27동(대통령령 제12367호)
1991.11.04	구청사 소재지 변경(숭의동 131-1)(조례 제228호)
1994.07.01	2개 동 분동 29동(조례 제321호)
1995.01.01	광역시로 승격
1995.03.01	연수구(8개 동) 신설에 의하여 23동(법률 제4802호)
1996.03.01	1개 동 분동 24동(조례 제379호)
2009.02.01	3개 동 통합 21동(조례 제947호)

	숭의 1동 + 숭의 3동 → 숭의 1·3동
	용현 1동 + 용현 4동 → 용현 1·4동
	도화 2동 + 도화 3동 → 도화 2·3동
2018.03.20	법률 제15499호로 인천광역시 남구 명칭 변경에 관한 법률 공포
2018.07.01	인천광역시 미추홀구 출범
~현재	

  그래서인지 아직도 남구로 쓰는 경우가 많습니다. 심지어 인천 시청 누리집에 있는 지도도 남구로 되어 있더라고요. 남구라고 적 힌 것들을 모두 미추홀구로 바꾸려면 적지 않은 시간이 걸릴 것 같 아요.

  저는 남구라는 지명이 적절하지 않다고 생각합니다. 왜냐하면 위치상 남구 아래 연수구가 있어 제일 남쪽도 아니고 중간에 껴 있는 상태거든요. 그래서 미추홀구로서 멋있게 탈바꿈하기를 바 랍니다.

숫자로 읽는 미추홀구

행정구역별 인구 및 세대 현황

인구는 40만 7천 명입니다. 많은 편이죠. 남구가 원래 면적이 굉 장히 넓었잖아요. 남동구랑 연수구를 다 포함했을 때보다 인구는 줄지 않았는데 면적은 줄었죠. 인구가 많다 보니까 밀집도가 높아요. 매우 촘촘합니다. 빈틈이 없어 택지가 거의 없다고 봐도 무방합니다.

● 미추홀구 인구 및 세대 현황(단위: 명, 세대)

지역	인구수	세대수
미추홀구	407,180	195,162
용현5동	47,133	20,105
도화2·3동	33,096	14,695
학익1동	31,736	12,864
도화1동	23,196	11,278
주안6동	21,814	10,131
주안1동	20,984	12,330
주안8동	20,813	9,381
주안5동	20,731	10,291
학익2동	18,267	8,175
용현2동	17,766	8,475
용현1.4동	17,529	10,747
주안2동	16,657	8,482
숭의4동	15,942	7,713
숭의1·3동	15,809	7,557
관교동	14,901	6,339
숭의2동	14,783	7,061
문학동	14,597	7,774
주안4동	12,840	6,760
주안7동	12,355	6,052
주안3동	8,631	4,491

남동구는 택지가 있으니까 논현동 논현지구에다가 에코메트로 시티를 지을 수 있었습니다. 그러나 미추홀구는 정비사업, 재건축, 재개발이 아니면 새 아파트를 짓기 어려워요. 이는 곧 인구가 파격적으로 증가하기가 어렵다는 말이기도 하고요. 결국 미추홀구는 재건축, 재개발만 보면 된다는 이야기입니다. 가로주택 정비사업도 있고요. 이 포인트를 집중해서 미추홀구를 봐주세요.

● **미추홀구 사업체 및 종사자 수**(단위: 개, 명)

시군구	사업체수	종사자수	읍면동	사업체수	종사자수
남동구	41,071	235,674	도화2·3동	2,443	15,159
서구	36,650	201,729	주안1동	2,116	11,320
부평구	32,420	155,411	주안5동	1,866	10,514
미추홀구	28,017	125,290	학익1동	1,881	10,026
연수구	19,802	119,825	주안6동	1,877	7,547
중구	13,589	103,973	학익2동	1,328	7,533
계양구	18,712	85,605	용현1·4동	1,502	7,034
동구	7,875	35,238	용현5동	2,312	6,995
강화군	6,026	21,929	숭의2동	856	5,942
옹진군	2,082	7,820	주안4동	1,225	5,938
			관교동	1,310	5,186
			도화1동	1,163	4,897
			숭의1·3동	1,127	4,855
			주안8동	1,118	4,446
			주안2동	1,213	3,661
			주안7동	1,181	3,400
			문학동	802	3,135

용현2동	725	2,156
숭의4동	751	1,985
용현3동	733	1,964
주안3동	488	1,597

미추홀구는 인천에서 네 번째로 일자리가 많아요. 12만 5천 개가 있습니다. 도화2·3동에 1만 5천 개가 있어서 제일 많네요. 주안5동, 학익동에도 많고요. 문학동은 일자리가 3천 개 정도 있어요. 아마 야구장 근로자도 있겠죠.

어디에서 오고 어디로 갔을까?

인구 이동 동향입니다. 6만 4천 명이 미추홀구로 이사를 왔는데 어느 지역에서 가장 많이 왔는지 보니 남동구네요. 서울에서도 좀 왔고요. 경기도 부천, 강원도, 경기도 시흥이 그 뒤를 따릅니다.

6만 8천 명 이사를 나갔고 6만 4천 명이 이사를 왔으니까 인구는 4천 명 줄었어요. 경기도로 제일 많이 빠져나갔네요. 6,600명이 왔고 8,100명이 갔으니까, 한 1,400명 정도가 이사를 나갔네요. 서울로도 4,500명이 들어오고 4,400명이 나갔으니까 여기는 늘었어요.

특이하게 충청남도로 많이 갔네요. 아마 일자리, 직장이 대규모로 옮기지 않았을까 예상할 수 있습니다.

● 지역별 이동 현황(단위: 명)

다른 지역→미추홀구

전출지	전입지	계
전국		64,320
인천		46,912
인천 미추홀구	인천 미추홀구	24,456
인천 남동구		6,885
경기		6,664
서울		4,536
인천 연수구		3,803
인천 부평구		3,354
인천 서구		3,065
인천 중구		1,979
인천 동구		1,834
경기 부천시		1,231
충남		1,071
인천 계양구		1,066
강원		608
경기 시흥시		585
전남		550
경남		542
전북		538
경북		525

미추홀구→다른 지역

전출지	전입지	계
	전국	68,529
	인천	49,966
인천 미추홀구	인천 미추홀구	24,456
	경기	8,152
	인천 남동구	7,745
	인천 연수구	7,529
	서울	4,337
	인천 서구	3,142
	인천 부평구	2,282
	인천 중구	2,079
	인천 동구	1,417
	충남	1,275
	경기 부천시	1,083
	경기 시흥시	1,076
	인천 계양구	826
	강원	756
	경기 김포시	737
	충북	595
	경기 화성시	570
	전북	494

미추홀구 주택 현황

미추홀구의 아파트 비율은 46.9%입니다. 인천 평균이 64.1%인데, 미추홀구는 반수도 안 되네요. 그러나 재생사업을 하면 아파

● 주택 유형(단위: 채)

지역	구분	계	단독주택	아파트	연립주택	다세대주택	비거주용 주택
전국	주택수	18,525,844	3,897,729	11,661,851	521,606	2,230,787	213,871
	구성비	100.0%	21.0%	62.9%	2.8%	12.0%	1.2%
인천	주택수	1,032,774	95,700	661,611	27,704	238,777	8,982
	구성비	100.0%	9.3%	64.1%	2.7%	23.1%	0.9%
미추홀구	주택수	146,766	19,200	68,773	4,547	51,577	2,669
	구성비	100.0%	13.1%	46.9%	3.1%	35.1%	1.8%

● 주택 점유 형태(단위: %)

지역	계	자가	전세	보증금 있는 월세	보증금 없는 월세	사글세	무상
전국	100.0	58.0	15.1	19.7	3.3	0.0	3.9
서울	100.0	42.7	26.0	24.8	3.3	0.0	3.2
인천	100.0	60.2	15.6	17.4	3.2	0.0	3.7
미추홀구	100.0	59.7	14.8	17.6	4.0	0.5	3.3

트 수가 많아지고 인기도 점점 올라갈 겁니다. 단독주택과 연립주택, 다세대주택 비율도 평균보다 높아요. 이런 주택들을 재개발해서 아파트로 바꾸고 있다고 볼 수 있겠습니다.

자가 비율은 59.7%로 인천 평균과 비슷합니다. 그러니까 미추홀구에는 오랫동안 한곳에 사는 사람들이 많다고 볼 수 있겠네요. 하지만 아파트가 들어오면 자가 비율이 조금 떨어질 겁니다.

이렇듯 아파트 비율로도 여러 상황을 유추할 수 있습니다. 특히 지방을 분석할 때 유용합니다.

데이터로 읽는 미추홀구의 아파트

2023년까지의 아파트 입주 물량

다음 페이지를 봐주세요. 미추홀구는 2022년에 4,048세대, 2023년에 8,323세대가 입주할 예정입니다. 2023년은 입주 물량이 많은 시기라 조금 조심해야합니다. 만약 갈아타기를 하려면 2022년에 한 다음에 2023년은 관망하면 좋겠다는 생각이 듭니다.

2022년 입주 물량은 4천 세대입니다. 주안동에 약 2,700세대, 숭의동에 약 900세대, 학익동에 약 300세대입니다. 숭의동은 지주택이네요. 도원역서희스타힐스크루즈시티가 입주합니다, 학익동 미추홀트루엘파크가 입주하고요, 주안동에는 재개발로 2개 주안캐슬&더샵에듀포레, 인천미추홀꿈에그린이 입주합니다.

● 미추홀구 동별 아파트 입주 물량: 재고량 및 입주 예정(2023년까지)(단위: 채)

지역	재고량	2017년	2018년	2019년	2020년	2021년	2022년	2023년
미추홀구	82,692	559	5,437	383	2,376	2,318	4,048	8,323
주안동	26,938	166	76	186		1,702	2,720	5,398
용현동	21,222	8	2,370					2,580
학익동	17,054					616	336	
도화동	10,401	112	2,784		2,376			345
숭의동	3,850	273	207	197			992	
관교동	2,996							
문학동	231							

※ 합계 재고량은 2007~2023년 데이터입니다.

● 미추홀구 아파트 입주 예정 단지

읍면동	단지명	총세대수	공급방식	입주년월
숭의동	도원역서희스타힐즈스크루즈시티	992	지주택	2022.04
학익동	미추홀르루엘파크	336	재개발	2022.04
주안동	주안캐슬&더샵에듀포레	1,856	재개발	2022.07
주안동	인천미추홀꿈에그린	864	재개발	2022.08
	계	4,048		

332

평단가로 보는 가격 동향

● 미추홀구 동별 평단가(단위: 만 원)

시군구	평단가		읍면동	평단가
연수구	1,882		도화동	1,662
부평구	1,514		용현동	1,348
인천광역시	**1,475**		주안동	1,345
남동구	1,452		**미추홀구**	**1,283**
서구	1,366		학익동	1,088
미추홀구	1,289		관교동	988
중구	1,200		숭의동	719
계양구	1,170			
동구	948			
강화군	542			

주요 시세를 보면서 미추홀구에 있는 아파트들을 정리해보겠습니다. 미추홀구는 인천에서는 다섯 번째로 시세가 높은 곳이죠. 동이 6개가 있는데, 도화동이 제일 비싸고 요즘 핫 플레이스로 떠오르고 있습니다. 상가로도 뜨겁죠. 2위는 용현동, 3위는 주안동, 그다음 학익동, 관교동, 숭의동 순입니다.

평균 이상 지역이 도화동, 용현동, 주안동이고, 평균 이하 지역인 학익동, 관교동, 숭의동에는 이렇다 할 아파트가 없다고 보면 될 듯합니다.

주목해야 할 동별 상위 아파트

● 도화동 아파트

순위	단지명	총세대수	평단가(만 원)	입주년월
1	도화동신동아파밀리에	396	983	2012.11
2	대성유니드	265	980	2014.09
3	동아	496	939	1992.02
4	동원	375	790	1987.05
5	굿모닝TS	147	733	2002.12
6	원흥	76	725	1988.02
7	신태양1차	46	711	1981.12
8	이화(119-7)	70	704	1986.12
9	나산	211	667	1996.01
10	신태양4차	40	643	1984.12
11	신태양3차	175	635	1983.12
12	삼덕진주	115	602	1984.04
13	한승美메이드	93	591	2006.03
14	신태양2차	60	583	1985.03
15	삼덕진주(108-5)	50	554	1986
16	삼원	60	547	1985.07
17	태화	180	500	1984.04
18	성락	110	455	1981.05

도화동은 평단가가 1,600만 원 정도로 미추홀구에서 가장 시세가 높습니다. 옛날 인천대학교 부지를 택지로 개발한 도화지구가 도화동에 있습니다. 대한민국 최초의 행복주택이 있는 곳이죠. 이 주변이 정비사업이 되어 있습니다. 새로 입주한 아파트들을 뺀

기존에 있던 아파트들은 평단가가 1천만 원이 안 됩니다.

제가 한국갤럽에 있을 때 도화지구 개발 조사를 맡았거든요. 인천도시개발공사와 몇몇 시공사, 시행사가 연합으로 개최한 세미나에 참석한 적이 있어요. 도화지구를 어떻게 개발해야 하는지 아이디어가 없을 때였죠. 결국은 박근혜 정부 때 행복주택이 발표되면서 행복주택, 뉴스테이로 만드는 것으로 일단 선행되었어요.

저희가 분양가를 책정할 때 당시 제안했던 분양가가 700만 원대였었거든요. 그때 도화동에 평당 500만 원을 넘는 아파트가 하나도 없었어요. 그러다 보니까 인천도시개발공사 무슨 팀장님이 "이걸 700만~800만 원대에 분양한다고 했을 때 당신 같으면 분양을 받겠습니까?"라며 저한테 소리를 지르더라고요. 2010년도 쯤이었습니다. 하지만 결국 도화지구 개발 덕분에 도화동은 남구에서 시세가 제일 높아졌습니다.

놀랍게도 10년 전에 제가 조사했던 단지들의 시세는 하나도 안 바뀌었어요. 그때 시세나 지금 시세나 똑같습니다. 제가 모든 아파트가 다 올라가는 게 아니라고 이야기했잖아요. 지역 내에서 주민들이 일단 먼저 살고 싶어 하는 단지부터 검토할 필요가 있습니다. 최소한 이렇게 낡은 아파트들은 아닐 테죠.

도화동에는 도화역과 제물포역이 있습니다. 1호선의 거의 끝 역이에요. e편한세상도화가 제가 수요 조사했던 단지거든요. 이 단지가 입주하면서 주변 시세가 올라왔습니다. 더샵인천스카이타워 단지들이 이 지역의 시세를 이끌고 있고요.

사이사이에 나홀로 아파트도 상당히 많아요. 전세나 월세 가격을 보면 이런 아파트들의 수요를 알 수 있을 텐데, 잘 안 되는 것을 꼭 볼 필요는 없습니다.

● **용현동 아파트**

순위	단지명	총세대수	평단가(만 원)	입주년월
1	인천SK스카이뷰	3,971	2,170	2016.06
2	신창미션힐	821	1,472	2004.05
3	금호어울림3단지	180	1,302	2010.02
4	금호2단지2차	666	1,259	2000.05
5	금호2단지1차	640	1,259	1999.11
6	금호어울림4단지	209	1,257	2010.02
7	용현엠코	171	1,173	2011.04
8	대우	616	1,102	2001.06
9	용현엑슬루타워	630	1,032	2011.09
10	금호타운1,2차	1,170	982	1991.11
11	성원상떼빌	550	976	2009.03
12	대림	598	968	1990.11
13	유원용현1,2차	940	925	1989.01
14	한국	298	886	1996.12
15	한양1차	606	879	1990.12
16	우성	408	879	1996.08
17	윤성	368	833	1993.06
18	서해	299	797	1994.03
19	동아저층	492	750	1989.08

20	한양2차	352	719	1992.07
21	부성로얄	204	691	1987.11
22	수정	100	674	1985.07
23	선우	40	643	2003.03
24	용현동아	400	633	1990.12
25	삼화	114	625	1994.04
26	새한(181-4)	135	611	1982.12
27	새한(627-80)	110	604	1985.04
28	진달래	130	577	1981.05
29	해안성신	150	538	1986.01

　　두 번째로 비싼 지역이 용현동입니다. 인천SK스카이뷰가 있는 곳이고요. 이 단지만 유독 비싸고 나머지들은 1천만 원 전후로 시세가 형성되어 있습니다.

　　용현동은 나름대로 수요가 있는 지역입니다. 인하대학교가 근처에 있어서 더 그런 것 같습니다. 그래서 신창미션힐, 금호어울림 등의 단지들이 상대적으로 좀 비싼 편이고, 나머지는 그렇게 비싸지 않습니다.

　　이 지역에서 다세대주택이 인기가 많다는 걸 주목해야 합니다. 왜냐하면 몇몇 아파트가 다세대주택이나 빌라와 큰 차이가 없기 때문입니다. 이 경쟁에서 확실한 우위를 차지하는 아파트를 선택해야 합니다. 그런데 인천 같은 경우 다세대주택에 이길 수 없는 아파트들도 많아요. 그러니 투자할 때 항상 조심해야 합니다.

● 주안동 아파트

순위	단지명	총세대수	평단가(만 원)	입주년월
1	주안더월드스테이트	3,158	1,924	2008.05
2	인천관교한신休플러스	1,509	1,546	2010.07
3	신로얄	125	1,092	1981.05
4	남광로얄(1443)	474	1,085	1980.03
5	쌍용주안	768	1,055	1985.08
6	진흥	828	1,037	1995.12
7	광우	160	1,026	1984.04
8	한신休플러스	494	990	2006.09
9	현대홈타운	443	965	2002.11
10	대산고운누리	108	952	2005.05
11	현대	338	942	1985.12
12	행복마을	91	922	2006.12
13	삼용	60	895	1989.07
14	진도로르빌	78	813	2005.08
15	로얄맨션	146	805	1978.11
16	주안휴먼빌	99	804	2006.07
17	선정	103	794	2001.03
18	두산	76	764	1998.02
19	우정	230	750	1982.12
20	삼영(1574-2)	150	722	1983.01
21	미도	170	689	1984.05
22	연흥(8동)	235	687	1985.12
23	광해리드빌2차	85	687	2002.01
24	현광고층	273	686	1995.01
25	아주	70	676	1983.09
26	태화2차	143	660	1993.05

27	시영	110	656	1986.12
28	태화1차	170	653	1982.12
29	광명6차	90	648	1986.05
30	신비마을	720	639	1995
31	광해리드빌	70	638	2001.04
32	가람	119	634	1988.05
33	광명3차	55	632	1984.08
34	동인	140	601	1978.12
35	광명8차	462	600	1988.07

　　세 번째는 주안동입니다. 현재 2천만 원이 넘는 주안더월드스테이트가 제일 비싸고요. 2위가 인천관교한신휴플러스입니다. 나머지 아파트들은 비슷비슷하네요. 일단 이 두 아파트를 기억해두면 좋겠습니다. 이후 신규 아파트가 들어올 때, 여러 개의 재개발 아파트 들어오고 있으니까 관심을 기울일 필요는 있습니다.

　　주안동에 인천지하철 2호선과 1호선(경인선)이 지나는 지역을 관심 있게 보면 좋을 것 같아요. 더블 역세권이기 때문에 재개발이 좀 진행되고 있는 지역들이거든요.

● 학익동 아파트

순위	단지명	총세대수	평단가(만 원)	입주년월
1	풍림아이원	2,090	1,508	2007.12
2	엑슬루타워	707	1,448	2010.09

3	학익두산위브	432	1,322	2011.09
4	동아풍림	1,480	1,220	1999.12
5	장미	630	1,173	1984.12
6	신동아7차	510	1,099	1994.12
7	신동아4차	630	1,098	1990.11
8	신동아8차	538	978	1997.06
9	신동아1차	364	967	1988.12
10	신동아5차	594	959	1993.06
11	신동아3차	894	910	1990.04
12	신동아6차	254	870	1992.05
13	신동아2차	574	867	1989.07
14	하나2차	112	826	2000.05
15	하나1차	312	826	1998.01
16	원흥	396	771	1996.11
17	정광산호	280	750	1998.11
18	현광1차	348	729	2000.04
19	태산	252	729	1998.01
20	현광2차	171	715	2002.09
21	영남들국화	444	637	1989.01
22	대동	402	616	1988.05
23	호산1차	80	609	1996.07

다음은 학익동입니다. 그래도 도화동, 용현동, 주안동까지는 아파트가 있는데, 학익동, 관교동의 순위권 아파트는 그럴듯한 아파트가 아니에요. 그래서 구분해서 볼 필요가 있습니다. 현재 학익동에서는 풍림아이원과 엑슬루타워, 학익두산위브가 상대적

으로 비싼 아파트입니다. 나머지는 참고로만 봐주세요.

학익동은 아파트 구역이 네모반듯합니다. 택지를 개발한 부지, 택지개발지구라서 그렇습니다. 또한 지방법원과 검찰청, 북쪽으로는 인하대학교가 있어서 이 시설을 이용하는 사람들이 사는 지역입니다.

세대분리형 아파트라는 게 있습니다. 두 번째 지역 용현동의 인천SK스카이뷰에 있죠. 아파트의 분리된 가구를 전세나 월세를 놓을 수 있게 개발하는 것이거든요. 인천SK스카이뷰에서 세대분리형이 나름대로 인기가 있었던 건 인하대학교를 다니는 학생들을 고정수요로 둘 수 있었기 때문입니다. 자취방을 제공하는 수요들도 있다고 체크해 두면 좋을 것 같습니다.

● **관교동 아파트**

순위	단지명	총세대수	평단가(만 원)	입주년월
1	동부	420	1,371	1991.09
2	성지	420	1,354	1991.08
3	쌍용관교	464	1,344	1991.07
4	삼환까뮤	410	1,203	1991.12
5	동아	390	1,111	1990.01
6	삼환	352	1,083	1992.04
7	풍림	300	1,019	1992.03
8	신비마을(111-112동)	240	616	1994.03

다음은 관교동입니다. 관교동에는 동부, 성지 이런 아파트들이 1990년대 초반 아파트로서 수요가 있고요. 수요가 아주 많은 곳은 아닙니다.

관교동은 나름의 택지 지역이에요. 도로를 보면 알 수 있죠. 그래서 기본적으로 학교 안에 있는 이 아파트 단지들이 인기가 있는 편이라고 이해하면 될 듯합니다.

그리고 중요한 건 중앙공원입니다. 여기에서 조금만 올라가면 인천시청도 있고 깔끔한 택지개발지구고 교통이 편리한 지역이에요. 그 수혜를 받는 데다 남동구의 수요까지 받는 입지라고 보면 될 듯합니다. 인천터미널역을 건너면 롯데백화점이 있어요. 이 롯데백화점을 이용할 수 있는 것도 이 지역의 메리트입니다.

이런 지역들은 어떻게 봐야 할까요? 갭투자형, 단기 투자형 아파트로서 늘 보고 있다가 가격이 안 오르는 것 같으면 사고 오르면 팔고 하는 전략이 필요한 지역입니다. 입지가 좋으니까요.

● **숭의동 아파트**

순위	단지명	총세대수	평단가(만 원)	입주년월
1	한화꿈에그린	405	1,164	2007.02
2	광해리드빌III	117	669	2003.12
3	극동	133	638	1997.01
4	다복	100	586	1976.06
5	현대	134	583	1986.08
6	파란마을	54	583	2005.07

7	제물포	115	556	1978.04
8	미주	75	503	1984.01
9	삼화(동화)	88	500	1997.01
10	박문	80	435	1985.04
11	태양	40	429	1984.02
12	수봉	50	320	1978.12

마지막으로 숭의동입니다. 숭의동은 한화꿈에그린이 제일 비싼 아파트고요. 이를 제외하면 평당 1천만 원을 넘는 아파트가 없습니다. 그냥 이런 입지가 있다 정도로만 보면 되겠네요. 여기에 미추홀구청이 있습니다. 그나마 구청이 있어 이 정도 시세를 유지하는 것 같습니다.

숭의동에는 아파트가 거의 없어요. 그래서 한화꿈에그린을 제외하고 나머지 지역들은 그냥 주거 지역, 베드타운이라고 이해하면 됩니다.

이렇게 해서 미추홀구에 있는 주요 지역과 아파트 현황을 다 설명했습니다. 가격이 안 올라갈 아파트가 꽤 많지만 그 사이사이 갭투자용 아파트들도 있습니다. 잊지 마세요.

분양 현황과 청약 경쟁률

● 미추홀구 분양 현황

지역	2016년	2017년	2018년	2019년	2020년	2021년
미추홀구	326	2,767	5,909	5,445	2,702	10,355
학익동			616	336		4,117
주안동	326		2,322	5,058	2,054	2,846
용현동		870	1,500		303	2,277
숭의동			992	51		1,115
문학동						
도화동		1,897	479		345	
관교동						

미추홀구는 이제 재개발을 할 수밖에 없는 입지라고 이야기했습니다. 재개발이 언제부터 본격화되었을까요? 2017년부터 하나씩 하나씩 진행됩니다. 그래서 2018년, 2019년에 입주하는 아파트들이 나오고요. 2020년에는 2,700세대를 분양했고 2021년에도 1만 세대를 분양했습니다.

서구 같은 경우는 신도시고, 미추홀구 같은 경우는 재건축·재개발입니다. 특히 재개발이거든요. 그 때문에 물량이 돌아오는 2023~2024년에 미추홀구와 서구에서 여러 가지 문제가 생길 수도 있습니다. 다만 서구는 서울시의 수요를 받을 수 있다는 장점이 있고, 미추홀구는 해소해야 할 잔여 물량이 많지 않다는 장점이 있습니다. 조합원분을 빼면 일반 분양분이 많지 않거든요. 그러니 어떤 조건이 유리한지 한번 지켜보면 좋겠습니다.

동별로 보면 학익동이 분양을 제일 많이 했네요. 그다음 주안동, 용현동, 숭의동 등의 순입니다.

● 2021년 미추홀구 청약 경쟁률

읍면동	단지명	분양년월	입주년월	총세대수	경쟁률
용현동	용현자이크레스트	2021.05	2023.11	2,277	27.0
학익동	시티오씨엘1단지	2021.06	2024.03	1,131	17.0
학익동	시티오씨엘3단지(1BL)	2021.03	2024.12	977	12.6
학익동	시티오씨엘4단지(2BL)	2021.09	2025.01	428	44.6
주안동	e편한세상주안에듀서밋	2021.03	2023.09	386	17.7

실제 청약 경쟁률을 보겠습니다. 2021년의 경쟁률이에요. 용현자이크레스트가 27 대 1입니다. 2,200세대인데 두 자릿수가 나왔죠. 다 분양은 잘 됐습니다.

그리고 굉장히 인기 많은 아파트도 있었습니다. 시티오씨엘 1단지입니다. 이어서 3단지, 4단지를 분양했고요. 다 두 자릿수가 나왔고, 평형에 따라 세 자릿수도 나왔어요. 가격이 저렴했고 나름 이 지역의 입지를 좋게 하는 역할을 했기 때문입니다. 향후 아파트가 많지 않은 학익동에서 주거시설의 수준을 올리는 역할을 할 듯합니다.

그리고 또 하나 e편한세상주안에듀서밋도 분양이 잘된 편입니다. 이런 단지들이 2021년에 분양을 했고 또 이제 분양 물량이 계속 나옵니다.

그 외 정비사업 물량

● 미추홀구 정비사업

사업유형	읍면동	구역명	사업진행단계	세대수
주택재건축	주안동	남광로얄아파트구역	조합설립인가	654
주택재건축	주안동	우진아파트	착공	
주택재건축	주안동	주안7구역	착공	
주거환경개선	용현동	용마루구역	착공	
주택재개발	도화동	도화1구역	사업시행인가	2,331
주택재개발	도화동	도화4구역	관리처분	703
주택재개발	도화동	미추A구역	추진위	
주택재개발	도화동	미추B구역	추진위	
주택재개발	숭의동	숭의3구역	관리처분	658
주택재개발	숭의동	숭의5구역	조합설립인가	565
주택재개발	숭의동	여의구역	착공	1,112
주택재개발	숭의동	용마루지구	관리처분	3,252
주택재개발	숭의동	전도관구역	관리처분	1,116
주택재개발	용현동	용현4구역	조합설립인가	
주택재개발	주안동	주안10구역	착공	967
주택재개발	주안동	주안3구역	착공	
주택재개발	주안동	주안4구역	착공	
주택재개발	주안동	미추8구역	관리처분	2,825
주택재개발	주안동	미추C구역	구역지정	
주택재개발	주안동	공단시장	구역지정	
주택재개발	주안동	미추1구역	이주/철거	
주택재개발	주안동	미추2구역	추진위	1,934
주택재개발	주안동	미추4구역	추진위	1,212
주택재개발	주안동	미추5구역	추진위	2,918
주택재개발	주안동	미추6구역	추진위	1,610

주택재개발	주안동	미추7구역	추진위	1,684
주택재개발	주안동	미추E구역	추진위	0
주택재개발	학익동	학익1구역	착공	1,581
주택재개발	학익동	학익2구역	준공	301
주택재개발	학익동	학익3구역	사업시행인가	1,500
주택재개발	학익동	학익4구역	관리처분	567
소규모주택정비사업	주안동	광명아파트	착공	
소규모주택정비사업	주안동	우남연립	착공	
소규모주택정비사업	주안동	로얄맨션	철거	
소규모주택정비사업	도화동	우남아파트	조합설립	
소규모주택정비사업	용현동	용현4·5동 새한아파트	관리처분인가	
소규모주택정비사업	주안동	삼영아파트	사업시행자지정	
소규모주택정비사업	주안동	삼덕진주아파트	조합설립	
소규모주택정비사업	용현동	대진아파트	조합설립	
소규모주택정비사업	주안동	삼일빌라	철거	
소규모주택정비사업	숭의동	석정 가로주택정비사업	착공	
소규모주택정비사업	숭의동	숭의2 가로주택정비사업	착공	
소규모주택정비사업	용현동	용현1(진달래아파트) 가로주택정비사업	사업시행인가	
소규모주택정비사업	숭의동	숭의동289-1 가로주택정비사업	조합설립	
소규모주택정비사업	용현동	용현진달래 가로주택정비사업	조합설립	
소규모주택정비사업	용현동	용현3 가로주택정비사업	조합설립	
소규모주택정비사업	학익동	학골 가로주택정비사업	조합설립	

재건축·재개발이 정말 많다고 이야기했습니다. 미추홀구는 재개발이 많긴 하지만 재건축도 3개가 있습니다. 남광로얄아파트구역이 조합설립인가를 마쳤고, 우진아파트랑 주안7구역이 착공했습니다. 그리고 주거환경개선 사업으로 용마루구역도 착공했고요.

그리고 재개발은 정말 많습니다. 도화1구역, 도화4구역, 숭의3구역, 숭의5구역, 여의구역, 용현4구역, 전도관구역, 주안10구역, 주안3구역, 주안4구역, 학익1구역, 학익2구역, 학익3구역, 학익4구역 등이 있으니까 한번 관심 있게 봐주세요.

재건축·재개발에 더해 소규모 주택 정비사업도 있습니다. 단계별로 인터넷에서 조사한 것인데 직접 이 구역들을 다 돌지는 않았어요. 좀 더 진도가 나간 구역도 있을 테니 참고로만 봐주세요. 이런 구역들에서 지금 할 수 있는 부분들, 살 수 있는 것들도 한번 고려해봐도 좋겠습니다.

어떤 게 좋다, 나쁘다를 판단하는 것은 책을 읽고 있는 여러분입니다. 저는 이 지역에 직접 가보고 직접 평가해보는 것을 추천합니다. 인천에서 가장 많은 정비사업이 진행되고 있는 만큼 촘촘하고 밀집도도 높습니다. 지주택, 도시개발 사업, 재정비촉진지구(뉴타운), 소규모주택 정비사업도 있습니다. 지금 기본 계획을 짜고 있는 것들도 있고 해제 구역도 있습니다.

해제 구역이 있다는 것도 중요합니다. 2007~2008년에 여기도 열기가 뜨거웠거든요. 그런데 구역이 해제되는 바람에 여기에 투자했던 사람들이 다 물렸습니다. 즉 언제든지 물릴 수 있는 지역이라는 점에서 조심할 필요가 있습니다. 하지만 과거보다는 주변 아파트 시세가 꽤 상승했기 때문에 해제될 가능성이 과거 대비 낮아졌습니다. 그런 부분들은 감안하고 검토해보세요.

중부생활권 속 미추홀구

● 중부생활권

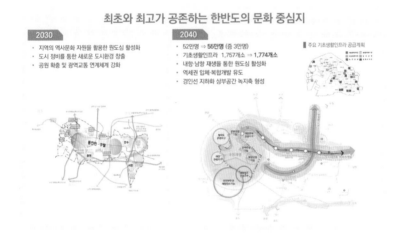

미추홀구는 남동구랑 더불어서 중부생활권입니다. 도심이기 때문에 택지가 없어 인구가 많이 증가하지는 않습니다. 주안 도시 개발 1구역 복합개발 등도 있고, 기존의 헌 인프라 시설을 새 시설로 바꿔가는 공간임을 염두에 두면 좋겠습니다.

미추홀구의 3가지 호재

이제 호재들을 정리해보겠습니다. 문학구역 도시개발사업, 용마루 주거환경개선사업, 용현학익 1블럭 도시개발사업, 주안2-4동 일원 재정비촉진지구 등이 있으니 지도에서 한번 체크해보면 좋을 것 같습니다.

● 미추홀구 호재 한눈에 보기

자료: 네이버 부동산

1 | 일자리

미추홀구에는 972개의 큰 공장이 있습니다. 특히 1973년에 인천지방산업단지가, 1971년에 인천기계산업단지가 준공되었는데, 부평산업단지와 더불어서 아주 초기 산업단지입니다. 부평구와 미추홀구의 공장들이 가장 오래된 산업단지라는 사실을 잊지 마세요.

● 미추홀구 산업단지 현황

□ 군 · 구별 공장 등록 현황 (공장설립온라인지원시스템 2021. 3. 31. 기준, 단위: 개사)

구 분	합 계	중 구	동 구	미추홀구	연수구	남동구	부평구	계양구	서 구	강화군	옹진군
업체 수	12,338	141	224	1,010	286	4,981	1,386	499	3,526	264	21

□ 산업단지 입주 현황[제조 및 지원시설]
(한국산업단지공단 전국산업단지현황 통계 2020년 4분기 기준)

구 분	산 업 단 지 명 (준 공 년 도)	조성면적(천㎡)	가동업체 수	종업원(명)	관리기관
일반산업 단 지	①인천지방산업단지(1973년)	1,136	536	6,905	인천도시공사
	②인천기계산업단지(1971년)	350	176	2,675	기계관리공단

이곳도 제조업 기반입니다. 많은 일자리 때문에 유입된 혈기 왕성한 젊은이들 때문에 유흥시설이 즐비했던 적이 있습니다. 지금은 정비사업으로 많이 사라졌으니, 이 점도 한번 감안하고 봐주세요.

● 인천지방산업단지

🔧 산단개요

· **위 치**: 인천 미추홀구 도화동, 서구 가좌동 일원
· **지정일자**: 1973. 4.
· **조성기간**: 1970. 3. ~ 1973. 12.
· **조성목적**
  도심지 공해업체의 집단이전으로 업종별 계열화와 쾌적한 도시환경 조성

🔧 입주 현황 (2021. 4분기 기준)

입주	가동	고용	생산	수출
578개사	578개사	6,928명	5,682,632백만원	216,720천달러

● 인천기계산업단지

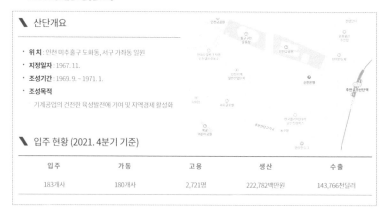

🏷 산단개요

* **위치** : 인천 미추홀구 도화동, 서구 가좌동 일원
* **지정일자** : 1967. 11.
* **조성기간** : 1969. 9. ~ 1971. 1.
* **조성목적**
  기계공업의 건전한 육성발전에 기여 및 지역경제 활성화

🏷 입주 현황 (2021. 4분기 기준)

입주	가동	고용	생산	수출
183개사	180개사	2,721명	222,782백만원	143,766천달러

인천지방산업단지는 1973년에 조성을 마쳤고, 굉장히 부지가 넓습니다. 이 부지들이 바뀌려면 첨단 업종이 들어오는 입지가 되어야 하는데, 청라나 송도가 있으니 좀 어려울 수도 있습니다. 1971년에 조성된 인천기계산업단지도 참고해서 봐주세요.

2 | 교통

그리고 교통망을 보겠습니다. 미추홀구 한가운데를 지나는 것은 아니지만 GTX-B가 지나가요. 동쪽으로는 남동구와 접하고요. 남동구에 GTX-B 인천시청역이 있습니다. 여기는 미추홀구 일부 지역도 영향을 받아요. 주안역까지는 세 정거장이에요. 이런 부분도 참고하면 좋을 듯합니다.

● 미추홀구 교통망 개발

자료: 네이버 부동산

3 | 새 주거시설

새 주거시설은 앞에서 다 말했죠. 지도에는 진행되는 구역들만 표시했습니다. 참고만 하고 꼭 현장 답사를 해야 합니다.

미추홀구에는 문학구역 도시개발사업이 있습니다. 공동주택이 992세대가 들어와요. 문학동에 아파트가 없어서 이 사업 자체가 의미가 있을 것 같아서 한번 이야기해봤습니다. 2022년 10월에 사업이 완료된다고 하네요.

● 미추홀구 주거 호재

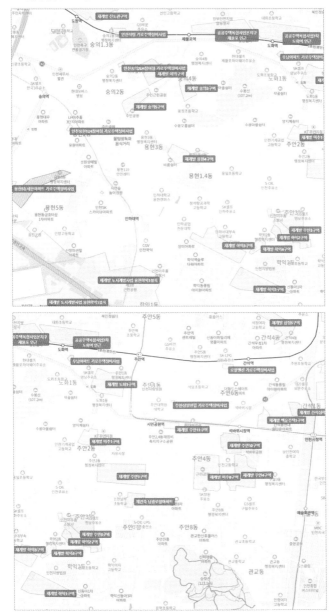

자료: 아실

● 문학구역 도시개발사업

＼ 사업개요

- ❯ **위치**: 미추홀구 문학동 141-1번지 일원
- ❯ **사업면적**: 81,250㎡(24,578평)
- ❯ **계획인구**: 2,500인(공동주택 992세대)
  - ▪ 총밀도: 307인/ha, 용적률: 공동주택 200%
- ❯ **사업기간**: 2011.12.26.~2022.10.31.
- ❯ **사업비**: 19,343백만 원
- ❯ **사업방식**: 환지방식(평균 감보율 56.4%)
- ❯ **시행자**: 문학구역 도시개발사업 조합

＼ 향후계획

- ❯ 2022.10.31.: 사업완료

＼ 토지이용계획도

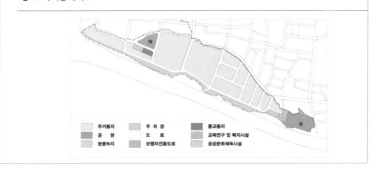

재개발 등 정비사업의 천국 미추홀구

향후 전망	• 구도심의 정비 사업 • 호재가 여전히 현재 진행형
트레이딩용 아파트	• 10년 차 이하 아파트
가치투자용 아파트	• 역세권(GTX)

세 줄 요약하고 마무리할게요. 일단 10년 치를 바라볼 향후 전망은 구도심의 정비사업, 호재가 여전히 현재 진행형이라는 사실입니다. 입주 물량이 점점 많아지기 때문에 향후 2~3년 동안은 입주 물량과의 전쟁을 할 수도 있습니다. 하지만 이미 20년 전과 10년 전 미추홀구와 비교하면 입지 가치가 이미 높아져 있습니다. 이전까지만 해도 지역을 떠나는 사람들이 많았을 텐데 더 이상은 떠나지 않을 것 같다는 희망과 기대를 주네요.

트레이딩용 아파트는 한 10년 차 전후 아파트입니다. 주변에 입주 물량이 많다? 가격이 빠집니다. 가성비가 높은 단지들도요. 그럼 그때 삽니다. 그리고 새 아파트 가격이 올라가면 근처 구축들이 따라 올라가죠. 그때 팝니다. 싸게 사서 상승한 금액에 팔 수 있는 아파트가 바로 새 아파트 주변의 10년 차 이하 아파트입니다.

가치투자형 아파트는 GTX-B 주변에 있는 아파트들입니다. 지금은 티가 나지 않지만 분명히 호재가 될 것입니다. 하지만

GTX-B 같은 경우는 10년 이상 걸릴 거라 5년 정도씩 보면서 투자해도 나쁘지는 않을 것 같습니다.

이렇게 해서 재개발의 천국, 정비사업의 천국, 그리고 조금씩 예전 모습을 버리고 주변 환경이 좋아지고 있는 미추홀구를 이야기해봤습니다. 개인적으로 추억도, 애정도 많은 인천 미추홀구였습니다.

2023년
입주 물량에 주목!
미추홀구
아파트 투어

미추홀구 한 장 지도

동인천역

도화금강
2020.

도화지구

금송구역
뉴스테이
(3965)
전도관
(뉴스테이)

도원역

전도관2
(지주택)

제물포역

더샵스
2020

신포역

서희스타힐스크루즈시티
(지주택)
2022.4(992)

여의구역
관리처분 철거중
두산위브
(1111)

숭의3 대림e편한
관리처분예정
(736)

숭의역

용마루지구

숭의5
조합설립
현대 (517)

용현자이
크레스트
2023.11
(2277)

용현4
사업시행
SK,KCC
2026.10(932)

성신소규모
1986.10(150)

유림노르웨이숲
2023.4(520)

용현경남아너스빌
2023.3(303)

인천SK
스카이뷰
2016.6(3971)

인하대역

학익3구역
대우
사업시행인
1501세대(4C

힐스학익
2021.6(616)

시티오씨엘1
2024.3(1131)

시티오씨엘3
2024.12 (977)

법조타운

용현학익지구

학익역(예)

시티오씨엘
4단지
(분양예정)

인천 미추홀구
야구장

송도역

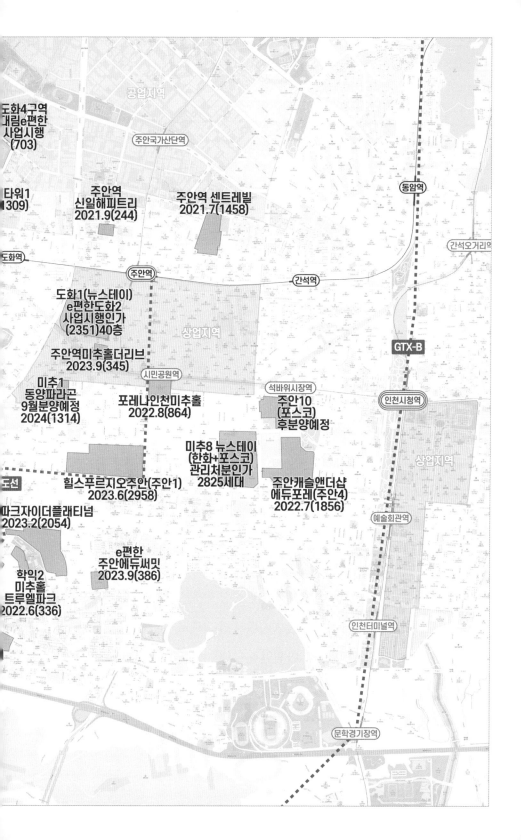

'새로운' 길을 찾다
중구 부동산 전략

인천광역시 여섯 번째 지역 중구입니다. 중구는 원래 동구와 더불어서 인천에서 제일 저렴한 지역이었어요. 그런데 지금은 순위가 올라왔습니다. 그 이유 중 하나가 새 아파트입니다. 한 채 두 채가 아닌 대규모의 여러 개 새 아파트 단지가 해당 입지의 시세 상승을 이끕니다. 만약 중구에 구도심만 있었다면 이렇게 시세가 오르지는 않았을 겁니다. 당연히 신도시가 생겼다는 것이고, 그 신도시가 영종국제도시입니다.

중구는 인천시청이 있었던 행정 중심지였습니다. 그러나 인천시청이 남동구 구월동으로 옮겨가면서 말 그대로 옛날 모습들이 있는 그런 역사적인 도시로 바뀌었죠. 그러다가 영종국제도시가 들어서면서 이전과는 다른 길을 걷게 되었습니다. 행정 중심도 경제 중심도 아닌 새로운 모습을 찾아가고 있는 곳, 바로 중구입니다.

송도파크자이

영종국제구냐 제물포구냐

실질적으로 과거의 역할을 하지 못하고 새로운 역할이 추가되었기 때문에 중구의 이름이 바뀌어야 하지 않을까 생각이 듭니다. 남구에서 미추홀구로 이름이 바뀐 것처럼요. 그런데 이미 논의가 진행되고 있더군요.

중구청 누리집에 가봤더니 검토안 중에 '영종국제구'가 있더라고요. 그만큼 영종도의 의미가 커졌기 때문이겠죠. 그리고 여기가 원래 제물포잖아요. 역사적인 의미를 둔다고 했을 때 일제강점기 이전 조선시대부터 이미 사용하던 이름이기도 해서 '제물포구'도 고려되는 듯합니다.

중구가 분구되지 않는 이상 다수결로 이름을 정하게 될 텐데요. 뒤에서 이야기하겠지만 현재 구도심 인구는 3만~4만 명이고, 신도시라고 할 수 있는 영종도 인구는 거의 10만 명에 육박합니다. 그러다 보니 구도심에 대한 의견보다는 신도시에 대한 의견을 들을 가능성이 높을 겁니다.

결국 중구는 2가지를 가진 도시가 될 겁니다. 일제강점기 적산가옥 등 역사 문화 도시라고 하는 관광지, 영종도라고 하는 항공·물류 기타 등 업무 시설 도시로요.

중구의 현재를 이끄는 아파트

중구에서 제일 비싼 아파트는 당연히 영종도에 있습니다. 영종자이 97평, 12억 8천만 원입니다. 영종하늘도시한라비발디는 12억 원에 거래되었습니다. 여긴 수영장도 있죠. 아무튼 이 두 아파트만 10억 원이 넘고요. 나머지는 10억 원 미만 아파트들입니다. 3위 스카이시티자이가 평단가로는 제일 비싼 아파트라고 생각되고요. 운남동과 중산동에 위치하는데 영종도입니다.

영종도에 처음 생긴 동이 운서동이고, 그다음 중산동, 운남동으로 확장되었습니다. 분동됐네요. 중구 내륙에 있는 동들은 거의 분화되지 않고 있는데, 영종도는 인구가 증가할 때마다 동이 분화되고 있습니다.

국민주택 규모를 보면 제일 비싼 아파트는 실거래가로 6억

● 중구 아파트 상위 거래 순위

전체 평형

순위	아파트	소재지	거래일	평형	층	가격
1위	영종자이 2009 입주	인천 중구 운남동	20년9월	97평	23층	12억8천만
2위	영종하늘도시한라비발디 2012 입주	인천 중구 중산동	21년10월	70평	33층	12억
3위	스카이시티자이 2018 입주	인천 중구 중산동	21년7월	38평	25층	7억5천만
4위	e편한세상영종국제도시오션하임 2019 입주	인천 중구 중산동	21년12월	33평	21층	6억6천만
5위	e편한세상영종하늘도시 2018 입주	인천 중구 운남동	21년1월	49평	19층	6억5천만
6위	영종센트럴푸르지오자이 2019 입주	인천 중구 운남동	21년9월	33평	24층	6억5천만
7위	영종하늘도시화성파크드림 2019 입주	인천 중구 중산동	21년11월	33평	33층	6억5천만
8위	영종하늘도시KCC스위첸 2019 입주	인천 중구 중산동	21년10월	33평	15층	6억2,500만
9위	영종힐스테이트 2012 입주	인천 중구 중산동	21년8월	33평	26층	6억
10위	하늘도시우미린2단지 2012 입주	인천 중구 중산동	21년11월	34평	25층	5억6,900만

84m²(약 34평) 기준

순위	아파트	소재지	거래일	평형	층	가격
1위	스카이시티자이 2018 입주	인천 중구 중산동	21년11월	35평	13층	6억9,500만
2위	e편한세상영종국제도시오션하임 2019 입주	인천 중구 중산동	21년12월	33평	21층	6억6천만
3위	영종하늘도시화성파크드림 2019 입주	인천 중구 중산동	21년11월	33평	33층	6억5천만
4위	영종센트럴푸르지오자이 2019 입주	인천 중구 운남동	21년9월	33평	24층	6억5천만
5위	영종하늘도시KCC스위첸 2019 입주	인천 중구 중산동	21년10월	33평	15층	6억2,500만
6위	영종힐스테이트 2012 입주	인천 중구 중산동	21년8월	33평	26층	6억
7위	e편한세상영종하늘도시 2018 입주	인천 중구 운남동	21년10월	33평	14층	5억8,500만
8위	하늘도시우미린2단지 2012 입주	인천 중구 중산동	21년11월	34평	25층	5억6,900만
9위	영종동보노빌리티 2012 입주	인천 중구 중산동	20년4월	33평	25층	5억2,500만
10위	영종금호베스트빌2단지 2003 입주	인천 중구 운서동	21년10월	31평	7층	4억9,500만

자료: 아실(asil.kr)

9,500만 원에 거래된 스카이시티자이고요. 중산동, 운남동, 운서동 등 아파트 소재지가 전부 영종도입니다. 즉 지금 영종도에 있는 아파트들이 대부분 시세 상승률 상위를 차지하고 있습니다.

놀라운 것은 중구 운서동이죠. 굉장히 오래됐습니다. 영종금호베스트빌2단지가 2003년에 입주했으니까요. 2001년에 인천공항이 개항하면서 입주한 아파트가 바로 영종금호베스트빌인데, 그

아파트가 지금 한 5억 원대 아파트가 된 겁니다. 그러면 중구 내륙에 있는 아파트는 얼마나 싸다는 이야기입니까? 검토할 필요도 없을 정도로 싸다는 이야기죠. 그렇게 중구를 이해해주세요.

중구의 현재와 역사

● 중구 행정동과 법정동

행정동	법정동
신포동	관동1가, 관동2가, 관동3가, 중앙동1가, 중앙동2가, 중앙동3가, 중앙동4가, 해안동1가, 해안동2가, 해안동3가, 해안동4가, 항동1가, 항동2가, 항동3가, 항동4가, 항동5가, 항동6가, 항동7가 일부, 송학동1가, 송학동2가, 송학동3가, 사동, 신생동, 신포동, 답동
연안동	항동7가 일부, 북성동1가 일부
신흥동	신흥동1가, 신흥동2가, 신흥동3가, 선화동
도원동	도원동
율목동	율목동, 유동
동인천동	경동, 내동, 용동, 인현동, 전동 일부
개항동	선린동, 북성동1가 일부, 북성동2가, 북성동3가, 송월동1가, 송월동2가, 송월동3가, 전동 일부
영종동	운남동 일부, 중산동 일부, 운북동
영종1동	중산동 일부, 운남동 일부
운서동	운서동 일부
용유동	덕교동, 을왕동, 남북동, 무의동, 운서동 일부

행정동

법정동

① 관동1가   ④ 중앙동1가   ⑦ 중앙동4가   ⑩ 해안동3가   ⑫ 항동3가
② 관동2가   ⑤ 중앙동2가   ⑧ 해안동1가   ⑪ 해안동4가   ⑬ 항동4가
③ 관동3가   ⑥ 중앙동3가   ⑨ 해안동2가

본격적으로 중구 이야기를 시작해볼까요. 앞에서도 말했지만 법정동이 복잡한 곳은 오래된 도시입니다. 행정동과 법정동은 표를 참고해주세요.

행정동은 신포동, 연안동, 신흥동, 도원동, 율목동, 역사 문화도시 쪽인 동인천동, 개항동, 영종동, 운서동, 용유동이 있습니다. 영종동, 운서동, 용유동 쪽이 다 매립한 지역들입니다.

● 중구 연혁

고대	백제시대 미추홀이라 칭한 것이 시초임
1018	고려 현종 9년 수주군으로 개칭
1096	고려 숙종 때 인주로 개편
1390	고려 공양왕 때 경원부로 개편
1392	조선 태조 원년 인주로 환원
1413	조선 태종 13년 인천군으로 개편
1460	조선 세조 때 인천도호부로 승격
1910	조선 융희 4년 인천부 설치
1945.08.15	미군정하에서 인천부를 인천시로 개칭
1956.11.23	인천시 조례 제144호에 의거 인천시 중부출장소 설치
1968.01.01	인천시 중구 개청
1973.07.01	동구 월미도를 중구로 편입
1977.05.10	내경동, 인현동, 신포동 설치(10개 동)
1983.11.26	신흥1동을 신흥동으로, 신흥2동을 신선동으로 명칭 변경
1985.11.15	연안동 신설(11개 동)
1988.05.01	자치구로 승격
1989.01.01	경기도 영종면, 용유면을 중구로 편입하여 영종동, 용유동 설치(13개 동)
1998.10.10	행정동 통폐합(10개 동) 신포동＋중앙동 → 신포동 신흥동＋신선동 → 신흥동 내경동＋인현동 → 동인천동
2012.01.01	운서동 신설(11개 동)
2018.01.01	영종1동 신설(12개 동)
2021.07.01	행정동 통폐합(11개 동) 북성동＋송월동 → 개항동
~현재	

중구의 역사는 고대 백제시대에 미추홀이라고 칭한 것이 시초입니다. 미추홀구, 남구, 동구, 중구는 거의 같은 생활권이라고 볼 수 있고요. 1968년은 인천시가 구 제도를 확립한 시기인데, 즉 인천시의 현대 근대적인 역사가 1968년부터 시작되었는데 그때부터 중구가 있었습니다. 동구에 있던 월미도를 중구로 편입했고 이후로도 꾸준히 면적이 증가하는 상황이 보입니다. 1988년에 자치구로 승격했고, 1989년에 영종도 용유면이 중구로 편입됐는데, 이때부터 매립 사업을 시작했던 것 같습니다.

그래서 2012년에 운서동이 신설됩니다. 이때 아마 인구가 많이 증가했겠죠. 2018년 영종1동이 신설된 이때 하늘도시 등이 들어오면서 정주 여건이 개선되었고 인구가 증가했기 때문에 또 이렇게 동이 2개로 나눠졌습니다. 아무튼 중구는 인천에서 제일 오래된 동이자 구라고 이해하면 될 듯합니다.

숫자로 읽는 중구

행정구역별 인구 및 세대 현황

기본적인 현황을 알아보겠습니다. 인구는 14만 명 정도입니다. 인구 상위의 영종1동, 운서동, 영종동이 영종도에 있는 것인데 이 인구를 합치면 9만 명 정도입니다. 다음 페이지 지도 왼쪽은 영종도 내에 있는 행정동이고, 오른쪽은 내륙 쪽 행정동이죠. 한 5만

● 중구 인구 및 세대 현황(단위: 명, 세대)

지역	인구수	세대수
중구	147,705	73,401
영종1동	44,691	17,220
운서동	35,473	19,916
영종동	19,427	10,230
신흥동	13,433	6,392
개항동	7,090	3,758
연안동	5,960	3,327
동인천동	5,792	3,433
신포동	4,918	2,625
도원동	3,945	2,135
용유동	3,832	2,528
율목동	3,144	1,837

명 정도고요. 그러니까 영종도 인구가 9만 명, 내륙 인구가 대략 5만 명, 합쳐서 중구 총인구가 14만 명입니다.

● 중구 사업체 및 종사자 수(단위: 개, 명)

시군구	사업체수	종사자수		읍면동	사업체수	종사자수
남동구	41,071	235,674		운서동	2,417	47,252
서구	36,650	201,729		신흥동	2,262	15,535
부평구	32,420	155,411		연안동	2,094	12,787
미추홀구	28,017	125,290		신포동	1,587	9,254
연수구	19,802	119,825		동인천동	1,278	3,898
중구	13,589	103,973		영종동	1,135	3,769
계양구	18,712	85,605		영종1동	859	3,506
동구	7,875	35,238		북성동	537	3,287
강화군	6,026	21,929		용유동	760	2,498
옹진군	2,082	7,820		도원동	263	871
				율목동	187	764
				송월동	210	552

인천에서 일자리 수는 중구가 6위로 10만 명입니다. 적지 않은 편이죠. 또 중구의 면적은 인천 10개 구군 중에서 제일 넓다고 합니다. 영종도 때문에 그렇고요. 그런데 영종도 대부분은 사람들이 살지 않는 곳이에요. 그래서 의외로 중구가 일자리 밀집도가 높습니다.

특히 중구에는 인천공항이 있는 운서동이 있어요. 인천공항 인구만 해도, 일하는 종사자만 해도 몇만 명일 거예요. 신흥동은 1만 5천 명이네요. 내륙에서는 신흥동이 인구와 일자리가 많다고 알아두세요.

어디에서 오고 어디로 갔을까?

● **지역별 이동 현황**(단위: 명)

다른 지역→중구

전출지	전입지	계
전국		**26,647**
인천		**14,790**
인천 중구		5,490
경기		4,683
서울		3,505
인천 서구		2,243
인천 미추홀구		2,079
인천 연수구		1,248
인천 남동구		1,228
인천 부평구	인천 중구	1,025
인천 동구		671
경기 부천시		669
인천 계양구		642
서울 강서구		555
경기 고양시		460
충남		455
경기 김포시		365
부산		353
경북		351
전남		324

중구→다른 지역

전출지	전입지	계
	전국	**22,189**
	인천	**12,808**
	인천 중구	5,490
	경기	3,798
	서울	2,594
	인천 미추홀구	1,979
	인천 연수구	1,640
	인천 서구	1,255
	인천 남동구	919
인천 중구	인천 부평구	547
	인천 동구	507
	경기 김포시	488
	충남	455
	경기 부천시	399
	서울 강서구	357
	인천 계양구	346
	강원	299
	경기 시흥시	280
	경기 고양시	274
	충북	249

중구로 이사 온 사람이 2만 6천 명, 이사 간 사람이 2만 2천 명입니다. 4천 명이 늘어난 셈이네요. 경기도에서 4만 4천 명 정도,

서울에서 3천 명 정도가 왔어요. 그리고 기타 인천, 경기 부천시, 서울 강서구에서 많이 왔고요. 고양에서도 좀 왔습니다.

반면 빠져나가는 것을 볼까요? 경기도에서 4,600명이 왔는데 3,700명이 나갔습니다. 보통 인천이 경기도하고 인구 경쟁을 하면 무조건 지는데, 중구는 경기도와의 경쟁에서도 이겼네요. 서울과의 경쟁에서도 이겼고요. 이렇게 중구는 계속 인구가 증가하는 지역이라고 이해하면 될 듯합니다.

중구 주택 현황

주택 유형입니다. 다음 페이지를 봐주세요. 중요한 건 아파트 비율입니다. 64%로 인천시 평균과 같습니다. 그리고 다세대주택 비율이 낮은 대신 단독주택의 비율이 높습니다. 왜일까요? 내륙 구도심 쪽에는 다세대 빌라도 많지 않습니다. 대부분 단독주택이에요. 만약 구도심에서 투자한다면, 상가를 만들어도 단독주택을 사야 하고 재개발을 해도 단독주택을 사야 합니다. 이런 특징을 고려해서 중구에서 어떤 투자를 해야 하는지 고민해보세요.

주택 점유 형태를 보면 중구의 자가 비율이 47.6%입니다. 인천 평균이 60%인데 좀 낮죠. 아마 도심은 자가 비율이 높을 겁니다. 문제는 신도시 아파트죠. 꽤 오랫동안 미분양이 있었기 때문에 투자자가 많이 갖고 있을 것으로 생각합니다. 그러니 영종도의 아파트가 분양하면 분양할수록 입주하면 입주할수록 이렇게 자가 비율이 낮아질 가능성이 높다고 이해하면 될 듯합니다.

● **주택 유형(단위: 채)**

지역	구분	계	단독주택	아파트	연립주택	다세대주택	비거주용 주택
전국	주택수	18,525,844	3,897,729	11,661,851	521,606	2,230,787	213,871
	구성비	100.0%	21.0%	62.9%	2.8%	12.0%	1.2%
인천	주택수	1,032,774	95,700	661,611	27,704	238,777	8,982
	구성비	100.0%	9.3%	64.1%	2.7%	23.1%	0.9%
중구	주택수	50,974	8,061	32,631	1,848	7,749	685
	구성비	100.0%	15.8%	64.0%	3.6%	15.2%	1.3%

● **주택 점유 형태(단위: %)**

지역	계	자가	전세	보증금 있는 월세	보증금 없는 월세	사글세	무상
전국	100.0	58.0	15.1	19.7	3.3	0.0	3.9
서울	100.0	42.7	26.0	24.8	3.3	0.0	3.2
인천	100.0	60.2	15.6	17.4	3.2	0.0	3.7
중구	100.0	47.6	19.5	20.3	4.2	0.8	7.6

데이터로 읽는 중구의 아파트

2023년까지의 아파트 입주 물량

중구의 아파트 재고량은 4만 1천 세대입니다. 2012년에 영종도 하늘도시 입주할 때, 2019년에 중산동, 운남동 입주할 때, 그리고 2022년에 입주가 많네요. 2021년에 인천 부동산이 오르면서 영종도 쪽도 많이 올랐어요. 원래 미분양 관리 지역이었는데 풀리면서 미분양도 해소됐고, 피가 붙어서 새 아파트 시세도 많이 올랐어요. 전세 시세도 올랐고요.

그런데 2022년에 물량이 풀리면서 다시 한번 주춤할 가능성도 있어요. 아파트를 갈아탈 수 있는 이런 기회를 노려보면 좋겠습니다.

동별로 볼 때 중요한 지역은 영종도에 있는 택지개발지구의 메인 동인 중산동, 운서동, 운남동입니다. 2021년 입주 물량이 적었는데 2022년에는 좀 있으니 조심할 필요가 있습니다.

2022년에 운서동 운서SK뷰스카이시티가 입주할 예정이고, 그 다음에 운서역반도유보라, 호반써밋스카이센트럴, 운서2차SK뷰스카이시티, 영종국제도시화성파크드림2차, 영종국제도시동원로얄듀크 등의 단지들이 입주할 예정입니다.

2022년 총 재고량이 4,400세대인데 입주 예정 단지를 정리한 건 3,900세대네요. 임대 아파트는 빼서 그렇습니다.

● 중구 동별 아파트 입주 물량: 재고량 및 입주 예정(2023년까지)(단위: 채)

지역	재고량	2017년	2018년	2019년	2020년	2021년	2022년	2023년
중구	41,718	6	2,601	5,555	450	1,445	4,414	1,929
중산동	19,222		1,034	3,491	450		1,403	1,409
은서동	8,367		990	420			1,603	
은남동	6,056		577	1,604		1,445	1,408	
항동7가	2,698							520
신흥동3가	2,542	6						
신흥동1가	969							
신흥동2가	697							
신생동	307							
답동	166							
도원동	165							
북성동1가	140							
북성동2가	102							
인현동	95			40				
내동	55							
전동	52							
관동3가	50							
북성동3가	35							

※ 합계 재고량은 2007~2023년 데이터입니다.

● 중구 아파트 입주 예정 단지

읍면동	단지명	총세대수	공급방식	입주년월
운서동	운서 SK뷰 SKYcity	1,153	개발	2022.01
운서동	운서역반도유보라	450	개발	2022.02
중산동	호반써밋스카이센트럴	534	개발	2022.04
운남동	운서2차SKVIEW스카이시티	909	개발	2022.07
운남동	영종국제도시화성파크드림2차	499	개발	2022.08
중산동	영종국제도시동원로얄듀크	412	개발	2022.10
	계	3,957		

평단가로 보는 가격 동향

● 중구 동별 평단가(단위:만 원)

시군구	평단가	읍면동	평단가
연수구	1,882	운남동	1,508
부평구	1,514	중산동	1,399
인천광역시	**1,475**	**중구**	**1,200**
남동구	1,452	신흥동3가	892
서구	1,366	운서동	868
미추홀구	1,289	신흥동1가	812
중구	1,200	신생동	667
계양구	1,170	신흥동2가	508
동구	948	항동7가	478
강화군	542		

가격 동향입니다. 중구는 인천시 10개 구군 중에서 6위죠. 하위
권에 포함되고요. 영종도 운남동과 중산동이 시세가 높은 편이

고, 그다음 신흥동, 운서동, 신흥동1가, 신흥동2가, 항동 등의 순입니다.

운서동도 영종도이지만 평균 가격이 싸요. 2002~2003년에 조성됐으니 20년 차가 됐습니다. 그러다 보니까 운서동에는 기존에 있는 구축 아파트, 나홀로 아파트들이 많습니다. 운서동에서도 최근에 입주한 것은 시세가 높아요.

중구에서 지금 새로 입주하는 아파트들은 대부분 운남동과 중산동에 있습니다.

주목해야 할 동별 아파트

상위권 지역부터 하위권 지역까지 주로 어떤 아파트들이 있는지 보겠습니다. 지금 입주하는 아파트 중에서 등기가 안 나온 아파트는 다 빠졌습니다. 지금 이런 아파트들이 기반을 잡고 있다는 정도로만 보면 될 것 같습니다.

● 운남동 아파트

순위	단지명	총세대수	평단가(만 원)	입주년월
1	e편한세상영종하늘도시(A-15)	577	1,579	2018.08
2	영종자이	1,022	973	2009.11

중구에 있는 8개 동 중에서 제일 비싼 동은 운남동입니다. 운남동에는 e편한세상영종하늘도시, 영종자이가 바닷가에 접해 있습니다. 공항과 영종하늘도시 사이에 끼어 있는 입지로, 나름대

로 계속 신도시로 개발되고 있는 지역들이기 때문에 깔끔합니다. 여기는 아직도 개발이 더 필요한 입지고요.

● **중산동 아파트**

순위	단지명	총세대수	평단가(만 원)	입주년월
1	e편한세상영종국제도시오션하임	1,520	1,803	2019.01
2	영종스카이시티자이	1,034	1,696	2018.07
3	한라비발디	1,365	1,620	2012.09
4	영종하늘도시힐스테이트	1,628	1,535	2012.11
5	영종하늘도시우미린1단지	1,680	1,456	2012.09
6	영종하늘도시동보노빌리티	585	1,382	2012.07
7	영종하늘도시한양수자인	1,304	1,364	2012.09
8	영종하늘도시우미린2단지	1,287	1,311	2012.08
9	신명스카이뷰주얼리	1,002	1,159	2013.01

두 번째 비싼 중산동입니다. 과거에 '영종하늘도시'라고 불렀던 지역이고요. 지도를 보면 도로가 가다가 끊겨 있는 부분이 있는데, 제3연륙교로 청라와 연결되는 지역입니다. 그렇기 때문에 제3연륙교가 청라까지 연결되면 제일 부각을 받고 프리미엄이 올라갈 지역이라고 생각합니다.

중산동에서는 e편한세상영종국제도시오션하임이 제일 가격이 비싸요. 가보면 알겠지만 이 단지 앞에 아파트가 들어올 부지는 아니라서 영구 조망으로 보고 있습니다.

영종스카이시티자이도 상위권입니다. 3위는 한라비발디입니다.

한라비발디는 미분양이 나서 제가 미분양 개선 조사를 했어요. 영
종하늘도시힐스테이트도 당시에 9개 시공사가 아파트를 공급했
는데 다 미분양이었거든요. 그래서 미분양을 해소하기 위한 소비
자 리서치를 한 기억이 있네요.

영종하늘도시힐스테이트, 영종하늘도시우미린1단지, 영종하
늘도시동부노빌리티, 영종하늘도시한양수자인, 영종하늘도시우
미린2단지가 2012년에 입주해 상위권에 있습니다. 2013년 입주
한 신명스카이뷰주얼리도 있고요.

당시 12개 단지가 미분양이었는데, 금융위기가 와서 어쩔 수
없었던 상황이었죠. 그때 분양가가 1천만 원이 넘는 단지가 하나
도 없어서 금융위기가 아니었으면 미분양이 그렇게까지 나지 않
았을 거예요. 지금은 분양가보다 다 시세가 올랐어요.

● **신흥동3가 아파트**

순위	단지명	총세대수	평단가(만 원)	입주년월
1	항운	497	1,305	1982.12
2	현대아이파크	1,130	1,006	2002.01
3	한별프라이빌	143	665	2004.01

다음은 신흥동3가입니다. 부두 바로 앞이죠. 그래서 일자리라
든지 학교라든지 아파트 등이 몇 개 있어요. 그런데 비싸다고 할
수 없는 게 여기 아파트가 이것밖에 없어요. 제일 비싼 항운은 지
금 정비사업을 검토하는 듯하니 참고 바랍니다.

● 운서동 아파트

순위	단지명	총세대수	평단가(만 원)	입주년월
1	영종주공스카이빌10단지	740	1,193	2001.07
2	금호베스트빌2단지	454	1,117	2003.01
3	풍림아이원5단지	110	944	2002.11
4	영종주공스카이빌12단지	323	932	2001.01
5	풍림아이원1차	650	912	2002.01
6	금호베스트빌1단지	360	879	2002.06
7	풍림아이원(8단지)	236	877	2003.02
8	영종주공스카이빌7단지	295	871	2002.05
9	영종1차어울림	328	827	2009.02
10	풍림아이원3단지	110	806	2002.11
11	풍림아이원2단지	168	806	2002.11
12	풍림아이원(6-1단지)	240	784	2003.02
13	영종2차어울림	160	748	2009.09
14	풍림아이원(6-2단지)	295	715	2002.01
15	풍림아이원1단지	115	702	2002.11

　다음은 운서동입니다. 2001년 입주한 영종주공스카이빌10단지가 1위입니다. 2001년부터 인천공항을 운항했다고 했잖아요. 그때 같이 만들어서 준공된 아파트라고 보면 될 것 같습니다.

　입주 연월을 보면 알겠지만 2001년 초반에 입주한 아파트들입니다. 이미 집이 낡았어요. 당시 500만 원 전후로 분양했습니다. 분양가 대비해서는 올랐지만 올랐다고 할 수 있는 수치는 아니죠. 물량이 많아지면 결국 새 아파트만 살아남을 가능성이 높습니다. 이 점을 고려해볼 필요가 있습니다.

운서동은 원도심이죠. 인천공항이 있잖아요. 공항 바로 옆에 붙어 있어서 원도심입니다. 생활 기반시설이, 학교 같은 것들은 여기 다 몰려 있어요. 또 유일하게 전철이 있잖아요. 중산동이나 운남동에는 전철이 없어요. 그래서 운서동은 원룸, 다세대 빌라 등도 인기가 많습니다.

● 신흥동1가 아파트

순위	단지명	총세대수	평단가(만 원)	입주년월
1	경남아너스빌	408	1,035	2005.04
2	e편한대림	240	766	2002.12
3	풍림	299	729	1997.03

다음은 신흥동1가인데요. 우리가 기존에 알고 있던 중구에 대한 이미지가 가장 강한 곳이라고 보면 될 것 같고요. 여기 최근에 정비사업이라든지 개발사업을 통해서 신규 부동산들이 들어오고 있습니다. 그래서 경남아너스빌이 제일 비싼 아파트도 평당 1천만 원 정도 하고 있고요.

● 신생동 아파트

순위	단지명	총세대수	평단가(만 원)	입주년월
1	삼성	270	771	2001.06

다음은 신생동입니다. 수인분당선 신포역이 있고, 부두가 있어요.

● 신흥동2가 아파트

순위	단지명	총세대수	평단가(만 원)	입주년월
1	삼익	434	548	1979.01
2	누리타워	95	481	1994.12

그리고 신흥동2가고요. 아까 말씀드린 그런 부지들 다 옆입니다.

● 항동7가 아파트

순위	단지명	총세대수	평단가(만 원)	입주년월
1	연안	690	1,278	1983.08
2	라이프비취2차	854	752	1990.12
3	라이프비취3차	608	548	1990.12
4	라이프비취1차	546	490	1980.03

마지막으로 항동7가는 부두에 있습니다. 작고 오래된 나홀로 아파트들이 있어요. 한 20~30년 동안 계속 이 지역에서 일하는 사람들이 실거주 목적으로 사는 아파트들이어서 시세가 잘 올라가지 않습니다. 참고만 하면 될 것 같아요.

이런 아파트에도 투자하는 사람들이 있는데, 저는 이런 아파트로 어떻게 수익을 내는지 잘 모르겠어요. 큰 택지개발지구 같은 경우 수요가 들어가는 타이밍이 보이거든요? 그런데 여기는 뜬금

없이 올랐다가 뜬금없이 빠져요. 그러니 개인적으로는 투자하지 않았으면 좋겠다고 당부하겠습니다.

분양 현황과 청약 경쟁률

분양 현황입니다. 중구 내륙에서는 재개발밖에 분양할 것이 없으니 거의 분양이 이루어지지 않고요. 분양 물량은 거의 영종도 내에 있는 거라고 보면 되겠습니다.

2019년에 2,500세대, 2020년에 3,700세대, 2021년에 4,200세대 분양했습니다. 그래서 한동안 영종도의 시세를 주목할 필요가 있을 것 같아요. 크게 오르지 못할 것 같으니까 말이죠.

● 중구 분양 현황

지역	2016년	2017년	2018년	2019년	2020년	2021년
중구	2,830	3,682	1,096	2,573	3,799	4,266
중산동	2,253	2,272		450	946	3,666
운서동		1,210		1,603		600
신흥동3가				520		
운남동	577				2,853	
신흥동1가						
운북동			1,096			

동별로 보게 되면 당연히 중산동 영종하늘도시 쪽에 분양이 많았습니다. 운서동은 2019년 분양이 이제 입주하는 상황이라고 보면 될 것 같고요. 운남동도 2020년에 2,800세대가 분양했거든요.

2022년, 2023년 입주 예정이니까 순차적으로 검토해보세요.

운서동, 운남동, 중산동은 모두 영종도인데 거리는 꽤 떨어져 있어요. 그래도 서로 영향을 주고받기는 할 겁니다. 특정 동의 입주 물량이 몰렸을 때는 그 동에 있는 전세 시세는 하락할 가능성이 있거든요. 그런 것들을 미리 대비해야 합니다.

● **2021년 중구 청약 경쟁률**

읍면동	단지명	분양년월	입주년월	총세대수	경쟁률
중산동	영종국제도시 서한이다음(A42)	2021.06	2024.05	930	9.0
중산동	e편한세상영종국제도시 센텀베뉴(A28)	2021.02	2023.03	1,409	10.5
중산동	영종하늘도시 한신더휴2차A40(공공분양)	2021.09	2024.01	870	32.7

중구의 청약 경쟁률입니다. 2021년에 분양했던 것들이고요. 일단 한 자릿수 경쟁률이 나온 것은 '줍줍'이 좀 나왔을 가능성이 있어요. 두 자릿수 경쟁률이 나온 것들은 분양이 대부분 다 잘됐다고 보면 될 것 같습니다.

영종국제도시서한이다음은 2021년 6월에 분양했었고, 다음에 또 2월에 분양했던 e편한세상영종국제도시센텀베뉴, 9월에 영종하늘도시한신더휴2차도 분양했었습니다. 분양은 다 잘된 편입니다.

그 외 정비사업 물량

● 중구 정비사업

사업유형	읍면동	구역명	사업진행단계	세대수
주택재개발	경동	경동구역	조합설립인가	873
주택재개발	경동	경동율목구역	조합설립인가	453
주택재개발	송월동1가	송월구역	조합설립인가	518
주택재개발	송월동1가	송월아파트구역	조합설립인가	730
주택재개발	사동	인천여상주변구역	관리처분	667

중구에도 정비사업이 있습니다. 구도심에는 지금 대부분 재개발
이 추진되고 있고요. 인천광역시 정비사업 누리집에 5개가 정리
되어 있네요. 대부분 조합설립인가가 되어 있고요. 그리고 관리
처분을 받은 것도 하나 있습니다. 경동구역, 경동율목구역, 송월
구역, 송월아파트구역, 인천여상주변구역 등 구역을 기억하세요.
다 재개발이고 거래가 가능한 시기이기도 합니다.

영종생활권 속 중구

영종생활권은 인천시 도시기본계획에서도 별도로 분리합니다.
면적이 넓다고 이야기했잖아요. 계속 매립해서 면적이 커지고 있
는 영종도 때문입니다. 넓은 면적과 공항이 있어 중요하기도 하
지만 인천에서 가장 획기적으로 일자리가 많이 생기고 있는 곳이

● 영종생활권

비행기 타고, 배 타고 세계인이 어울리는 국제도시

2030
· 공항 중심의 융·복합 관광산업 육성
· 국제항공 물류 중심지 활성화
· 항공산업 육성으로 성장기반 마련

2040
· 9만명 ⇒ 16만명 (증 7만명)
· 기초생활인프라 295개소 ⇒ 474개소
· 항공산업 클러스터 조성 및 리조트형 마이스 거점 개발
· 제3연육교 및 제2공항철도 개통으로 접근성 강화

■ 주요 기초생활인프라 공급계획

라 더 중요합니다.

일자리가 생기면 일자리가 생기는 것 이상으로 인구가 증가합니다. 현재 인구가 9만 명인데 16만 명까지 증가할 예정이래요. 영종도 인구가 거의 2배 이상 넘어갈 수도 있습니다.

여기는 지금 모든 게 새롭고 모든 게 새로 생기는 지역입니다. 기반시설이 원래 부족했는데 학교도 만들고 학원도 만들고 전철망도 만들고 계속 만들어내고 있거든요. 그렇기 때문에 지금이 최저 상태인 거고요 지금보다 더 좋아질 일들만 남았습니다.

항공 산업을 기반으로 해서 관광 산업들도 그렇고요. 제3연륙교, 제2공항철도 등의 교통, 일자리, 새 아파트가 향후 10년 동안은 계속 들어오지 않을까 기대가 되는 지역입니다.

중구의 3가지 호재

일자리, 교통, 새 주거시설을 볼게요. 중구에서 개발 중인 사업을 간단하게 훑어보죠. 경동구역 도시환경정비사업, 동인천 쪽 도시재생뉴딜 사업(신흥동 업사이클링, 공감마을), 영종동에 있는 미단시티 개발사업, 영종2지구 개발, 영동-신도 평화도로 건설사업이 있고, 영종하늘도시 개발사업은 제3연륙교로 연결될 예정입니다.

영종항공 일반산업단지 개발사업, 인천 내항 1, 8부두 항만 재개발 사업, 인천-안산 고속도로가 있습니다. 지도에서 확인해주세요.

● **중구 호재 한눈에 보기**

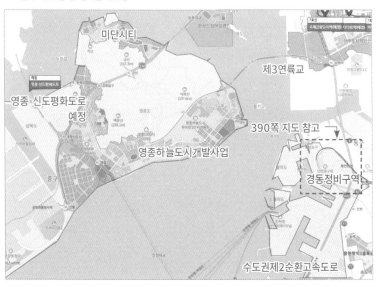

자료: 네이버 부동산

1 | 일자리 호재

영종항공일반산업단지를 개발할 계획이라고 이야기했죠. 지도를 보면 이렇습니다.

● 영종도 개발 계획

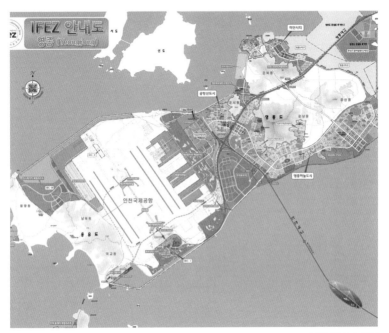

자료: IFEZ 누리집

지도에 표시한 것은 영종도에만 있는 개발 계획인데, 지금 개발 완료가 된 것들이 있고, 개발 중인 것도 있고요. 실시 계획 수립 중인 것도, 개발 계획이 아직 수립되지 않았지만 개발될 것도 있어요. 이렇게 많은 일자리가 순차적으로 만들어질 예정이니까

● 영종국제도시 추진현황

구분	단위개발 사업지구	면적	계획인구	세대수	사업비 (억원)	개발컨셉	시행자	추진단계
1	운서구획정리	0.31	4,791	1,652	382	주거	중구청	
2	배후지원단지	2.17	19,409	6,261	2,796	주거, 상업	인천광역시	개발 완료
3	운남구획정리	0.49	7,217	2,489	768	주거	운남조합	
4	SK글로벌아카데미	0.06	-	-	520	교육연구	홈플러스(주)	
5	용유왕산마리나	0.10	-	-	1,554	마리나	인천광역시	
6	영종하늘도시	19.3	133,629	53,553	82,121	주거, 물류	LH, IH	
7	미단시티	2.71	14,198	5,567	9,357	관광레저	IH	개발중
8	인천국제공항	17.28	-	-	12,552	관광레저	인천국제공항공사	
9	한상드림아일랜드	3.32	-	-	4,046	해양문화,관광	(주)세계한상드림아일랜드	
10	용유오션부	0.12	-	-	2,648	관광레저	(주)오션부	실시계획
11	무의 LK	1.25	1,780	685	1,900	관광레저	그랜드개발(주)	수립 중
12	무의쏠레어	0.45	-	-	15,000	복합관광	쏠레어코리아(주)	
13	영종2지구 등	3.70	-	-	10,059	-		개발계획 미수립
	합계	51.26	181,024	70,207	143,703			

388

이것들도 놓치면 안 됩니다. 이것만 보더라도 인천 특히 영종도 일자리의 미래는 밝습니다.

2 | 교통

● 중구 교통망 개발

교통망입니다. 영종-신도 평화도로가 착공했지만 아직 공사 중입니다. 공사 중인 제3연륙교가 연결되면 영종하늘도시 중산동, 운남동, 운서동까지도 한 번에 쭉 가는 거죠.

제3연륙교의 이용료를 예상해보자면, 이용료가 있기는 할 건데 비싸지는 않을 거 같아요. 영종대교 통행료가 5,600원, 인천대교가 5,600원으로 비싸잖아요. 왕복하면 1만 원이 넘어요. 물론 현지 주민들은 하루에 한 번 왕복이 무료라고 합니다. 그런데 외부인들이 많이 들어와야 하거든요. 그래서 제3연륙교는 좀 저렴하게 이용료를 책정하지 않을까 생각이 들기도 합니다.

제3연륙교가 개통된 다음 7호선 연장도 개통되면 강남까지의 교통망이 생겨요. 여기 다리를 건너가는 데 10분밖에 안 걸리고, 청라로 넘어간 다음에 7호선 타고 강남 쪽으로 갈 수 있거든요. 물론 1시간이 넘게 걸리기는 하겠죠. 그래도 강남까지의 교통망이 확보된다는 차원으로 봐도 좋겠습니다.

또 공항철도도 서울 종로구와 중구 방향으로, 서울역까지 확정 운행되고 있으니까 참고하면 될 듯하고요.

3 | 새 주거시설
● 중구 주거 호재

자료: 아실

영종도에 있는 새 주거시설은 아직도 개발 기회가 많이 남아 있습니다. 내륙 쪽으로 동인천에 개발 기회가 있고요. 화수화평구역,

송월아파트구역, 송월구역, 경동구역, 경동율목구역, 인천여상주변 등 지역들이 개발 진행 중이니까 참고 바랍니다.

신포역 주변에 신포국제시장이 있죠. 만두라든지 닭강정이라든지 맛집들이 유명합니다.

인천역이 종점인데 보통 동인천역을 더 많이 알고 있죠. 여기에 차이나타운도 있기도 하고, 자유공원도 있잖아요. 그래서 여기를 하인천이라고도 하더라고요. 상인천, 중인천, 하인천 들어봤나요? 통상적으로 자유공원 오른쪽을 상인천, 자유공원 왼쪽을 하인천이라고 합니다. 보통 동인천이라고 많이 쓰죠. 위가 아닌 옆인데 왜 상인천일까요? 제 생각에는 서울로 간다는 상경한다는 의미, 서울에 조금 더 가까워서 상인천이라고 하지 않았을까 합니다. 상인천은 남동구 쪽이고, 동인천은 중구입니다.

이렇게 해서 영종도를 포함한 중구 이야기를 했습니다. 내륙은 내륙대로 신도시는 신도시대로 나름대로 재미가 있고 가볼 만한 지역입니다. 특히 영종하늘도시 같은 경우는 일자리가 많이 생기고 있어서 주거 수요가 크게 증가할 지역으로 여겨집니다.

이렇게 주거 수요가 증가하게 되고 구도심이 개발되면 상가도 기회가 생깁니다. 상가 투자의 관점에서도 한번 접근해보세요.

호재가 가시화될 영종도와 중구

향후 전망	• 영종도 • 호재가 여전히 현재 진행형
트레이딩용 아파트	• 10년 차 이하 아파트
가치투자용 아파트	• 재개발, 신규 아파트

세 줄 요약합니다. 10년 치 향후 전망은 어떨까요? 영종도는 10년 동안 계속 오르락내리락을 반복하겠지만 계속 기회를 만들어줄 것 같아요. 그래서 호재가 여전히 현재 진행형입니다. 일자리, 교통망, 새 아파트 호재가 가시화될 정도의 지역들이 그렇게 많지 않은데 영종도는 이런 입지입니다. 내륙 쪽에서도 새 아파트는 지어지고 있습니다.

단기적으로 봐야 할 아파트들은 2000년도 이후의 아파트입니다. 10년 차뿐만이 아니라 20년 미만인 아파트들은 살 타이밍과 팔 타이밍이 좀 명확히 보일 겁니다. 그런 기회를 활용하세요.

다만 30년 차, 40년 차 되는 아파트들은 제가 따로 의견은 드리지 않겠습니다. 새 아파트가 계속 들어오는 시점에서 이런 구축 아파트는 특별한 입주 호재가 없는 이상 사업성이 떨어지기 때문에 리모델링이나 재건축 가능성이 낮거든요. 그래서 이왕이면 준신축으로 트레이딩, 갭투자를 제안하고 싶습니다.

마지막으로 가치투자형 아파트로 재개발 아파트들을 5년 정
도는 보고 들어가면 좋을 것 같아요. 꼭 입주하는 것까지 볼 필
요는 없고요. 분명히 지금은 싸지만 올라갈 가능성이 있습니다.
신규 아파트들도 가격이 조정될 때마다 한 2~3년 혹은 5년 정
도 본다고 하면 우리에게 충분한 수익률을 안겨줄 만한 메리트
가 있습니다.

분양 물량이
쏟아진다
영종도
아파트 투어

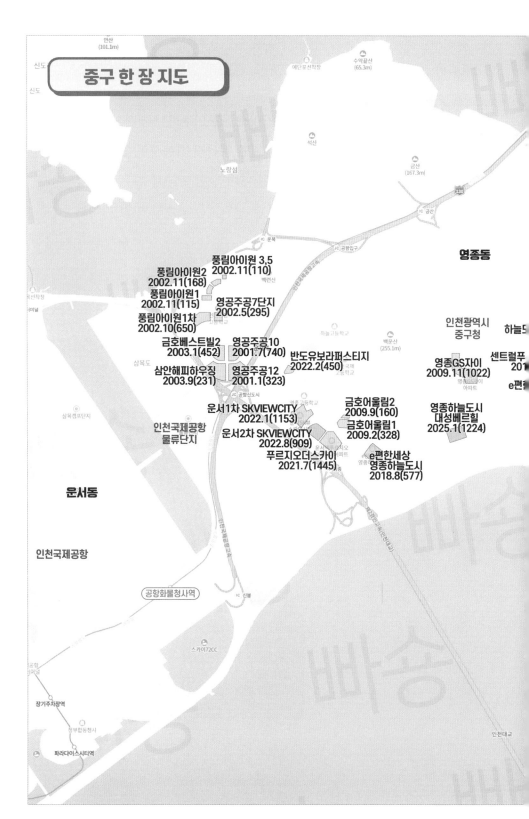

중구 한 장 지도

영종동

인천광역시
중구청

풍림아이원 3,5
2002.11(110)

풍림아이원2
2002.11(168)

풍림아이원1
2002.11(115)

풍림아이원1차
2002.10(650)

영공주공7단지
2002.5(295)

금호베스트빌2
2003.1(452)

영공주공10
2001.7(740)

반도유보라퍼스티지
2022.2(450)

삼안해피하우징
2003.9(231)

영공주공12
2001.1(323)

영종GS자이
2009.11(1022)

센트럴푸
20

e편

운서1차 SKVIEWCITY
2022.1(1153)

금호어울림2
2009.9(160)

영종하늘도시
대성베르힐
2025.1(1224)

운서2차 SKVIEWCITY
2022.8(909)

금호어울림1
2009.2(328)

푸르지오더스카이
2021.7(1445)

e편한세상
영종하늘도시
2018.8(577)

인천국제공항
물류단지

운서동

인천국제공항

공항화물청사역

스카이72CC

장기주차장역

파라다이스시티역

인천대교

영종대교

매도

인천환경공단
청라생태공원

해원고등학교

호반베르
4차아파트

청라반디유보라
2차아파트

심곡천

IC 남청라

신현원창동

인천그랜드

인천북항
항만배후단지

인천북항
다목적부두

화산
(7.6m)

한신더휴
스카이파크
2019.3(562)

A67블록
2022.3

늘도시
휴2차
(870)

한신더휴
스카이파크

호반써밋스카이센트럴
2022.7(534)

물치도

e편한세상
영종국제도시오션하임
2018.12(1520)

하늘도시
우미린1단지
2012.9(1680)

한양수자인
2012.9(1304)

힐스테이트
2012.10(1628)

뉴
9)

하늘도시우미린2단지
2012.8(1287)

만석동

송월아파트
조합설립
대림,신탁
(730)

화수부두

화수2동

송현동부

듀크
12)

보노빌리티
2012.8(585)

경기만

벚꽃부구

송월구역
조합설립

경동구역
조합설립
코오롱,신탁

인천역

동인천역

수1.화 팰리스벨아파트

송림
1차아파트

경동율목구역
조합설립
계룡,한진
(586)

북성동

월미도

월미산

제6부두

국립인천
해사고등학교

상업지역

신포역

인천여상주변
이주중
대림,신탁
(667)

숭의역

IC 인천

소월미도

준공업지역

인천항제3부두

인천항제4부두

상업지역

인천항석탄부두

인천역

인천항
연안여객터미널

상업지역

남항유어선
라이프비치펜션
1차아파트

연안동

상업지역

용천한일
1차아파

연안아파트

신흥동

IC 능해

울진군청

인천공사
남항부두

송

송

송

서울과 '함께'하는
계양구 부동산 전략

일곱 번째 계양구입니다. 계양구가 중요합니다. 시세가 싸기 때문에 그렇습니다. 저는 계양구의 시세가 왜 싼지를 이해하면 인천 부동산을 정말 완벽하게 이해한다고 생각합니다. 제일 이해가 '안 가는' 곳이 송도고, 제일 이해가 '안 되는' 곳이 계양구예요.

서울과 접하지만 저렴한 계양구

계양구가 왜 저렴할까요? 왜 8개 지역 중에서 7위 밖에 하지 못하는 것일까요? 서울 근처에 있으면 무조건 비싸야 하는 거 아닌가요? 그동안 제 이론대로라면 서울 옆에 있는 게 시세 상승에 유리할 텐데요. 하지만 계양구는 인천 부동산 역사상 단 한 번도 비

힐스테이트 자이 계양

자료: 힐스테이트 자이 계양 누리집

싼 적이 없었습니다. 아파트로서의 입지가 아니었기 때문입니다.

호재는 늘 3가지로 봐야 합니다. 일자리가 많은지, 교통이 좋은지, 새 아파트로 대표되는 양질의 베드타운이 형성되어 있는지입니다. 계양구는 어떨까요? 일자리는 어느 정도 형성되어 있었어요. 그런데 계양구로 출퇴근하기 위한 교통망이 애매했고, 괜찮은 베드타운이 없었습니다. 일단 세 번째 이유로 계양구 시세가 낮을 수밖에 없었던 것이죠.

반대로 송도는 왜 제일 비쌀까요? 양질의 일자리가 있고, 현재의 부족한 교통망은 계속 개선되고 있고, 결정적으로 송도는 전체가 양질의 베드타운입니다. 이렇게 보면 송도와 계양구의 차이점을 확실하게 이해할 수 있겠죠.

계양구의 핵심은 시세가 저렴하다는 것입니다. 그런데 계양구의 가장 큰 약점인 양질의 베드타운이 지금 들어오고 있습니다. 여기에 도로를 이용하면 서울 인접성, 서울 접근성은 가장 가까운 입지입니다. 이런 장점을 살린 프리미엄과 혜택을 볼 수 있는 조건은 무엇일까요? 바로 새 아파트입니다. 한두 단지가 아닌 대규모 단지, 이게 가장 중요한 조건입니다.

우리가 주목해야 할 것은 3기 신도시입니다. 계양구의 운명을 바꿔줄 가장 중요한 호재죠. 지금까지는 아무도 관심이 없었지만 계양구가 계양신도시로 명명되는 순간부터 이미 계양구의 비상은 시작되었습니다.

계양구는 서울과 유일하게 접하고 있는 인천시입니다. 강서구와 접해 있어요. 부평구는 경기도와 접해 있고, 남부 쪽은 서울과 접해 있는 것처럼 보여도 경기도랑 접해 있습니다. 그렇기 때문에 계양구가 서울 접근성이 가장 좋다고 할 수 있습니다. 하지만 지금까지 특별한 것이 없었어요. 마침내 특별한 선물을 받는 시기가 왔고요. 서울이랑 함께 있는 것이 얼마나 유리한지 지금부터 보여주겠다고 하는 지역, 계양구 이야기를 지금 시작합니다.

계양구의 현재를 이끄는 아파트

계양구에서 평형대 관계없이 제일 비싼 아파트는 힐스테이트자이계양입니다. 2024년 입주이기 때문에 분양권이죠. 34평인데

● 계양구 아파트 상위 거래 순위

전체 평형

순위	단지	가격
1위	**힐스테이트자이계양** 2024 입주 인천 계양구 작전동 | 21년10월 | 34평 | 28층	8억6,365만
2위	**계양센트레빌3단지** 2013 입주 인천 계양구 귤현동 | 22년2월 | 46평 | 5층	8억1,500만
3위	**계양코아루센트럴파크** 2017 입주 인천 계양구 용종동 | 21년9월 | 35평 | 13층	7억9천만
4위	**계양센트레빌1단지** 2013 입주 인천 계양구 귤현동 | 21년11월 | 45평 | 10층	7억7천만
5위	**서운동경남아너스빌** 2007 입주 인천 계양구 서운동 | 21년6월 | 49평 | 15층	7억6천만
6위	**e편한세상계양더프리미어** 2021 입주 인천 계양구 효성동 | 21년8월 | 32평 | 8층	7억2,990만
7위	**초정마을동아** 1998 입주 인천 계양구 용종동 | 21년12월 | 46평 | 19층	7억1,500만
8위	**은행마을삼보** 1997 입주 인천 계양구 계산동 | 21년9월 | 43평 | 12층	7억1천만
9위	**초정마을두산쌍용** 1997 입주 인천 계양구 용종동 | 21년10월 | 45평 | 16층	7억500만
10위	**계양2차하우스토리** 2010 입주 인천 계양구 박촌동 | 21년6월 | 50평 | 5층	6억9,500만

84m²(약 34평) 기준

순위	단지	가격
1위	**힐스테이트자이계양** 2024 입주 인천 계양구 작전동 | 21년10월 | 34평 | 28층	8억6,365만
2위	**계양코아루센트럴파크** 2017 입주 인천 계양구 용종동 | 21년9월 | 35평 | 13층	7억9천만
3위	**e편한세상계양더프리미어** 2021 입주 인천 계양구 효성동 | 21년8월 | 32평 | 8층	7억2,990만
4위	**계양효성해링턴플레이스** 2021 입주 인천 계양구 서운동 | 21년4월 | 35평 | 29층	6억7,400만
5위	**계양한양수자인** 2011 입주 인천 계양구 박촌동 | 21년7월 | 34평 | 12층	6억5,700만
6위	**계양센트레빌3단지** 2013 입주 인천 계양구 귤현동 | 21년8월 | 33평 | 10층	6억4,500만
7위	**계양센트레빌2단지** 2013 입주 인천 계양구 귤현동 | 21년10월 | 33평 | 7층	6억4,200만
8위	**계양센트레빌1단지** 2013 입주 인천 계양구 귤현동 | 21년10월 | 33평 | 11층	6억2,800만
9위	**은행마을강북** 1997 입주 인천 계양구 계산동 | 21년9월 | 35평 | 10층	6억1천만
10위	**한화꿈에그린** 2005 입주 인천 계양구 박촌동 | 21년11월 | 32평 | 10층	6억

자료: 아실(asil.kr)

8억 6,365만 원입니다. 양질의 새 아파트가 3개 단지 이상 들어와야 한다고 이야기했는데, 힐스테이트자이계양은 한 단지예요. 괜찮을까요? 보통 한 단지를 1천 세대 전후로 보는데, 힐스테이트자이계양은 2천 세대가 넘어요. 이것만으로도 거의 세 단지가 들어오는 효과를 볼 수 있죠. 또 작전동 주변에 새 아파트도 개발되고 있습니다.

이전까지는 제일 비쌌던 단지가 계양센트레빌3단지입니다. 약 8억 원 정도죠. 이것도 많이 올라간 편입니다. 그리고 서운동경남 아너스빌은 좀 비싸지만 대형 평형이니 논외로 할게요.

국민주택 규모 84m²로 봤을 때는 힐스테이트자이계양이 제일 비싸고 계양코아루센트럴파크가 그다음입니다. e편한세상계양 더프리미어 등 2021년 입주한 아파트들도 비쌉니다. '새 아파트 가 들어오면서 시세를 이끌고 있구나.' 생각이 드네요. 앞에서 말 했던 것처럼 계양구의 문제는 새 아파트가 없다는 거였어요. 그 러니 새 아파트가 들어설 때마다 시세는 올라갈 것입니다.

뒤에 지도에서 보겠지만, 길 하나를 사이에 두고 효성동하고 작전동은 붙어 있어요. 그래서 효성동에 새 아파트가 생기면 작 전동도 혜택을 보고 작전동에 새 아파트가 생기면 효성동도 혜택 을 봅니다. 그렇게 작은 신도시를 점점 넓혀 간다고 보면 될 것 같 습니다.

결국 계양구 신도시의 완성은 3기 신도시입니다. 1차 사전 청 약으로 먼저 분양하기는 했지만, 3기 신도시는 아무리 빨라도 5년 이상은 걸립니다. 그렇기 때문에 계양구의 완성은 5년 이후 로 잡아야 할 것 같고요. 그렇다고 하면 중간에 오르고 내리고를 한두 번 정도 반복할 수 있습니다.

3기 신도시가 생길 때까지는 기본적으로 우상향할 것이라는 점을 염두에 둔다면 지금 계양구도 살 것들이 꽤 있을 겁니다.

계양구의 현재와 역사

계양구의 법정동, 행정동은 표를 봐주세요. 말했듯이 계양구 옆이 강서구고요. 부평구는 경기도 부천과 접해 있습니다.

계산동에 유일하게 택지 개발 지구가 있습니다. 1990년대 초반에 만들어진 거라 낡고 아파트다운 아파트는 없다고 봐도 됩니다. 그나마 작전동에 홈플러스가 들어오고 인천지하철이 개통되

● 계양구 행정동과 법정동

행정동	법정동
효성1동	효성동
효성2동	
계산1동	계산동
계산2동	
계산3동	
계산4동	계산동, 용종동 일부
작전1동	작전동
작전2동	
작전서운동	작전동 일부, 서운동
계양1동	박촌동, 동양동, 귤현동 일부, 노오지동, 선주지동, 이화동, 오류동, 갈현동, 독실동, 목상동, 다남동, 장기동
계양2동	임학동, 용종동, 병방동, 방축동
계양3동	동양동, 귤현동 일부, 상야동, 하야동, 평동

행정동

법정동

면서 그나마 살기 좋은 동네가 됐고요. 나머지는 작전동 주변 나홀로 아파트가 많은 지역입니다. 계산동, 계양동에 그나마 옛날 구축 아파트들이 많다고 보면 되겠고요. 대부분은 다세대 빌라 밀집 지역입니다.

● **계양구 연혁**

470(고구려)	주부토군 설치
757(통일신라)	장제군으로 개칭
1215(고려시대)	계양도호부 개칭
1413(조선시대)	부평도호부 개칭
1914.03	부천군 부내면 편입
1940.04	인천부 편입
1949.08.15	인천부를 인천시로 개칭
1968.01.01	인천시 북구 설치
1981.07.01	인천직할시 승격

1989.01.01	김포군 계양면을 북구 계양동으로 편입
1990.01.01	효성동을 효성 1, 2동으로, 계산동을 계산 1, 2동으로 분동
1990.05.01	작전동을 작전 1, 2동으로 분동
1991.08.27	계산2동을 계산 2, 3동으로 분동
1992.09.01	계양동을 계양 1, 2동으로 분동
1994.07.01	작전1동을 작전 1, 3동으로 분동
1995.01.01	인천광역시 승격
1995.03.01	인천광역시 계양구 설치
1998.10.03	작전3동과 서운동을 작전서운동으로 통합
2003.03.01	계산3동을 계산3, 4동으로 분동
2015.04.01	계양1동을 계양1, 3동으로 분동
~현재	

계양구의 역사를 보겠습니다. 부천시, 부평구, 계양구는 어떻게 보면 하나의 지자체로 묶어도 크게 무리는 없을 듯해요. 뿌리가 같거든요. 부평구도 좀 오래됐다고 이야기했잖아요.

고구려시대로 올라가면 주부 토군이라는 명칭이 있었고, 장재군으로 바뀌었다가 고려시대 때 계양도호부라고 했습니다. 특히 계양이라는 이름이 처음 나와요. 조선시대까지는 부평 쪽이랑 통합해서 부평도읍으로 관리받다가 1914년 일제강점기 때는 부천군에 편입됐다가 1940년 다시 인천으로 편입됐습니다. 1968년 북구가 생길 때 그 지역에 포함되는 것으로 인천 역사를 시작합니다. 그렇게 쭉 오다가 1995년에 계양구로 분리됩니다.

계양구의 역사는 인천시 구들의 역사 중에서는 제일 짧습니다.

그것도 서구라든지 부평구로 분리하면서 지역에 인구들이 많아 지면서 임의로 분리시켰을 뿐이지 계양구가 특별한 이유로 치고 나가서 분리된 곳은 아닙니다.

서구는 청라로 치고 나가서 분리되었고, 부평구도 GTX-B로 치고 나가서 분리되었죠. 서구와 부평구가 분리되고 남은 게 계양구였습니다. 그래서 지금까지는 특별한 것이 없었습니다. 그러면 앞으로는 있을 것인가? 그게 이번 계양구 편의 포인트입니다.

숫자로 읽는 계양구

일반 현황을 볼게요. 계양구에 동이 많죠. 옛날부터 사람들은 많이 살았던 겁니다. 그래서 이런 구도심들은 개발하기가 어렵죠. 나홀로 아파트, 다세대 빌라 같은 것들이 많고요. 아파트가 있더라도 좀 작은 아파트들 위주입니다.

북쪽으로는 김포시, 서쪽으로는 서구, 동쪽으로는 서울 강서구와 부천시, 남쪽으로는 부평구가 접해 있습니다.

행정구역별 인구 및 세대 현황

지도에서 아래 일직선으로 되어 있는 것은 경인고속도로입니다. 계양구와 부평구를 나눈 기준이죠. 보통 이렇게 직선으로 나올 수 없는데, 직선으로 나왔다고 하는 것들은 '임의로 나눴구나.'라

● **계양구 인구 및 세대 현황**(단위: 명, 세대)

지역	인구수	세대수
계양구	**295,696**	**127,984**
작전서운동	35,033	14,204
계양2동	33,090	15,682
효성2동	28,995	11,724
작전1동	27,815	11,279
효성1동	27,361	11,625
계양3동	25,459	10,038
계산4동	23,166	9,185
계양1동	20,887	8,571
작전2동	19,816	9,143
계산1동	19,230	10,034
계산3동	19,091	8,630
계산2동	15,790	7,869

고 이해하면 되겠습니다.

작전서운동이 제일 인구가 많습니다. 교통도 편리하고 편의시설도 좋기 때문에 부평구 쪽에 가까울수록 수요가 더 많습니다.

계양구의 일자리 수도 7위네요. 시세도 7위였는데 말이죠. 시세가 낮은 지역들이 시세가 낮은 이유는 대부분 일자리 문제입니다. 자체 수요가 적어서 철저하게 베드타운 역할을 했는데, 이때 부천이나 부평구의 삼산지구처럼 신도시처럼 개발되어야 했는데 그러지 못했습니다. 그래서 계양구는 깔끔하게 개발된 지역들이 1990년대부터 없었던 거죠. 그래서 베드타운으로 시설들이 들어

● 계양구 사업체 및 종사자 수(단위: 개, 명)

시군구	사업체수	종사자수		읍면동	사업체수	종사자수
남동구	41,071	235,674		계산4동	2,470	16,451
서구	36,650	201,729		작전서운동	2,152	13,185
부평구	32,420	155,411		작전2동	1,881	8,361
미추홀구	28,017	125,290		계산1동	2,189	7,891
연수구	19,802	119,825		효성2동	1,695	7,554
중구	13,589	103,973		계양2동	1,931	6,391
계양구	18,712	85,605		작전1동	1,167	5,313
동구	7,875	35,238		계산2동	1,115	4,903
강화군	6,026	21,929		효성1동	1,384	4,565
옹진군	2,082	7,820		계양3동	990	4,403
				계양1동	978	3,767
				계산3동	760	2,821

오면 조금씩 세상을 놀라게 할 것입니다.

특히 계양구에서도 계산4동이 있죠. 여기가 일자리가 제일 많고, 작전서운동이 그다음으로 많습니다. 여기가 제일 많은 이유는 부평구 산업벨트랑 연결되는 라인이기 때문에 그렇습니다.

북쪽은 완전히 논밭이에요. 아직도 개발하자고 하면 개발될 지역들이 많죠. 이 지역을 개발하는 게 계양신도시잖아요. 계양신도시가 계양구의 운명을 크게 바꿔놓으리라 기대해도 좋겠습니다.

어디에서 오고 어디로 갔을까?

계양구에는 1년 동안 3만 5천 명이 이사를 왔고, 4만 1천 명이 이

● 지역별 이동 현황(단위: 명)

다른 지역→계양구

전출지	전입지	계
전국		**35,187**
인천		**23,027**
인천 계양구	인천 계양구	13,884
경기		5,239
서울		3,873
인천 부평구		3,726
인천 서구		2,416
경기 부천시		1,548
인천 남동구		1,039
인천 미추홀구		826
서울 강서구		749
경기 김포시		714
충남		516
인천 연수구		510
경기 고양시		354
강원		350
인천 중구		346
서울 양천구		296
경북		279
경기 시흥시		271

계양구→다른 지역

전출지	전입지	계
	전국	**41,671**
	인천	**25,445**
인천 계양구	인천 계양구	13,884
	경기	8,634
	인천 서구	3,982
	서울	3,878
	인천 부평구	3,152
	경기 김포시	2,341
	경기 부천시	1,357
	인천 남동구	1,198
	인천 연수구	1,165
	인천 미추홀구	1,066
	충남	792
	경기 고양시	698
	인천 중구	642
	경기 시흥시	640
	서울 강서구	536
	강원	506
	경기 화성시	425
	충북	402

사를 나갔습니다. 인구가 줄고 있죠. 양질의 일자리와 새 아파트
가 없기 때문입니다.

이사는 대부분 주변 지역에서 옵니다. 나갈 때는 주변 지역뿐만이 아니라 부평구, 서구로 많이 나가네요. 그러니까 이렇게 서울에서 먼 쪽으로 나가는 경우는 좀 드문데, 계양구에서 서구로 가는 이유는 딱 하나입니다. 새 아파트가 서구에 많기 때문이죠. 검단신도시, 루원시티 쪽으로요. 많이 비쌀 것 같지만 놀랍게도 검단이나 루원시티 분양할 때는 분양가가 비싸지 않았어요. 그 때문에 많이 갈 수 있었죠.

인구가 이동해서 들어오기보다는 아직 나가는 수가 많습니다. 하지만 계양신도시가 입주할 때쯤이면 계양구로 이주해 들어오는 사람들이 많을 것이라고 충분히 예측할 수 있습니다.

계양구 주택 현황

계양구의 아파트 비율은 인천시 평균과 같습니다. 그런데 다세대주택이 비율이 상대적으로 높죠. 단독이 적고 다세대가 높습니다. 이것은 다세대 월세가 많은 지역이라는 판단 근거입니다. 소득이 적은, 단독주택에 살기는 좀 부담스럽고 다세대주택에 살 정도의 경제력을 가진 사람들이 사는 지역이라고 이해하면 될 듯합니다.

점유 형태는 자가가 많아요. 그런데 아파트가 아닌 것들을 자가로 가지고 있다는 건 어쩌면 아파트로 이사 가기에 금액이 부담스러운 사람들이 예전에 살던 단독주택에서 그대로 살고 있다고 볼 수도 있습니다.

● 주택 유형(단위: 채)

지역	구분	계	단독주택	아파트	연립주택	다세대주택	비거주용 주택
전국	주택수	18,525,844	3,897,729	11,661,851	521,606	2,230,787	213,871
	구성비	100.0%	21.0%	62.9%	2.8%	12.0%	1.2%
인천	주택수	1,032,774	95,700	661,611	27,704	238,777	8,982
	구성비	100.0%	9.3%	64.1%	2.7%	23.1%	0.9%
계양구	주택수	107,004	3,628	68,453	1,815	32,456	652
	구성비	100.0%	3.4%	64.0%	1.7%	30.3%	0.6%

● 주택 점유 형태(단위: %)

지역	계	자가	전세	보증금 있는 월세	보증금 없는 월세	사글세	무상
전국	100.0	58.0	15.1	19.7	3.3	0.0	3.9
서울	100.0	42.7	26.0	24.8	3.3	0.0	3.2
인천	100.0	60.2	15.6	17.4	3.2	0.0	3.7
계양구	100.0	62.8	15.6	17.0	1.7	0.2	2.7

데이터로 읽는 계양구의 아파트

2023년까지의 아파트 입주 물량

재고량을 볼 때 인천은 2022년과 2023년에 물량이 많아서 조심하자고 이야기했었죠(140쪽 인천 아파트 입주 물량 표 참고). 계양구는 2021년에 입주 물량이 많았습니다. 그래서 실질적으로 입주한 계양구 아파트의 시세는 많이 올라갔고요. 전세는 계양신도시 때문에 원래 빠졌어야 정상인데 3기 신도시 사전 청약 때문에 한 1~2년 전부터 전세가 증가했습니다. 사전 청약을 위해서 전입해 온 수요층 때문에 그나마 시세를 떠받칠 수 있었습니다.

하지만 계양구에도 좋은 것이 있나요? 없어요. 2022~2023년에 큰 물량이 없어서 새 아파트 위주로 시세가 조금 반등할 가능성도 높다고 봅니다. 전세 시세도 아마 사전 청약이 끝날 때까지는 계속 유지될 가능성이 높을 테고요. 이 점에 포인트를 두고 봐주세요.

동별로 보겠습니다. 재고가 제일 많은 지역은 작전동입니다. 작전동에 아파트가 제일 많다는 의미도 되고요. 그다음은 효성동, 계산동 순입니다. 실질적으로 2021년 입주가 많은 곳들은 효성동, 서운동 쪽입니다. 2023년에도 물량이 있습니다. 그 정도만 보면 돼요.

2022년 입주 물량이 없고, 2023년에는 방축동에 계양하늘채파크포레, 효성동에 계양서해그랑블더테라스가 입주합니다. 분양은 잘됐습니다.

● 계양구 동별 아파트 입주 물량: 재고량 및 입주 예정(2023년까지)(단위: 채)

지역	재고량	2017년	2018년	2019년	2020년	2021년	2022년	2023년
계양구	76,056	724		123	931	3,315		670
작전동	22,996			28	562			
효성동	14,859			88		1,646		124
계산동	14,562			7	369			
병방동	5,524							
용종동	4,100							
귤현동	3,104	724						
동양동	2,604					1,669		
서운동	2,297							
박촌동	1,922							
방축동	1,413							546
오류동	1,192							
임학동	946							
이화동	399							
장기동	138							

※ 합계 재고량은 2007~2023년 데이터입니다.

● 계양구 아파트 입주 예정 단지

읍면동	단지명	총세대수	공급방식	입주년월
방축동	계양하늘채파크포레	546	지주택	2023.04
효성동	계양서해그랑블더테라스	124	개별	2023.06
	계	670		

평단가로 보는 가격 동향

● 계양구 동별 평단가(단위: 만 원)

시군구	평단가	읍면동	평단가
연수구	1,882	용종동	1,597
부평구	1,514	귤현동	1,482
인천광역시	**1,475**	동양동	1,463
남동구	1,452	병방동	1,241
서구	1,366	**계양구**	**1,164**
미추홀구	1,289	작전동	1,116
중구	1,200	계산동	1,065
계양구	1,170	서운동	1,049
동구	948	오류동	1,048
강화군	542	효성동	1,013
		방축동	980
		장기동	844

동별로 가격 동향을 보겠습니다. 계양구에서는 용종동이 제일 비쌉니다. 그런데 여기는 아파트가 많지 않아서 한두 개 아파트로 시세 순위가 결정됩니다. 그러니 계양구 시세는 참고만 하면 좋을 것 같습니다.

몇몇 아파트는 입지가 좋아서 비싸기보다 아파트가 몇 개 없어서 그렇습니다. 그리고 상대적으로 새 아파트일 가능성이 높고요. 평당 1천만 원대의 지역들은 아파트가 있긴 있는데 다 구축일 가능성이 높습니다. 그래서 입지가 좋은 곳에 새 아파트가 들어오면 시세 순위도 올라갈 가능성이 매우 높습니다.

주목해야 할 동별 아파트

● 용종동 아파트

순위	단지명	총세대수	평단가(만 원)	입주년월
1	계양코아루센트럴파크	724	2,260	2017.06
2	초정마을두산	414	1,550	1997.11
3	초정마을쌍용	384	1,536	1997.11
4	용종신대진	562	1,516	1997.08
5	초정마을동아	616	1,511	1997.11
6	초정마을하나	972	1,485	1997.08
7	용종중앙	428	1,392	1997.01

먼저 제일 시세가 비싼 용종동입니다. 인천지하철 1호선 임학역의 바로 밑에 부분들이고요. 계양구청 윗부분입니다.

반듯하게 구획된 걸 보면 택지입니다. 이 택지에 1990년대 많이 입주했습니다. 쌍용아파트, 두산아파트 등이 1990년대 아파트입니다. 2017년에 입주한 계양코아루센트럴파크는 계양구에서 두 번째로 비싼 아파트인데 용종동의 1위네요. 오조산공원 바로 앞에 있는 새 아파트입니다. 롯데마트도 주변에 있고요. 이 아파트가 제일 비싸고, 인천지하철 1호선도 가깝기 때문에 평당 2천만 원이 훨씬 넘어갔습니다.

계양코아루센트럴파크만 평당 2천만 원대이고, 그 이외는 1천만 원대로 시작합니다. 두산아파트, 쌍용아파트, 신대진, 동아아파트, 중앙아파트 이게 다예요. 결국은 용종동에 있는 모든 아파트인데 시세가 평당 1천만 원대입니다.

1천만 원대 정도면 어느 정도 수요는 있는 거예요. 그럴 수밖에 없는 게 고등학교, 중학교, 초등학교가 다 있죠. 용종동 내에 학교들이 있다는 것은 지역의 기본적인 시세를 이끌고 있다는 것입니다. 그럼에도 용종동이 1위 지역은 아니었었는데 1위가 된 이유는 딱 한 가지, 계양코아루센트럴파크 때문에 1위가 되었습니다.

● 귤현동 아파트

순위	단지명	총세대수	평단가(만 원)	입주년월
1	계양센트레빌2단지	256	1,762	2013.07
2	계양센트레빌1단지	715	1,708	2013.02
3	계양센트레빌3단지	454	1,637	2013.07
4	귤현아이파크	394	1,141	2004.01

두 번째 비싼 지역이 귤현동입니다. 솔직히 말하면 귤현동은 아무것도 없어요. 썰렁합니다. 진짜 아파트만 있는 작은 신도시 중 하나예요. 2004년에 귤현아이파크 달랑 하나 있었거든요.

여러분들은 아라뱃길이나 다른 도로들, 공항철도, 공항도로를 지날 때 그냥 스쳤을 것 같은데, 저는 귤현아이파크를 수요 조사했던 적이 있어서 그쪽을 지날 때마다 지켜보고 있었거든요. 단지 하나만 있을 때는 솔직히 눈에 잘 안 들어왔습니다.

언제부터 눈에 들어오기 시작했냐면 옆에 크레인이 보이면서부터였어요. 여기에 계양센트레빌 1단지, 2단지, 3단지가 순차적으로 분양을 했습니다. 그게 2010년쯤으로 경기가 안 좋을 때였어요. 당시 수요 조사를 했었기에 기억하는데, 분양했을 때 시기가 안 좋아서 걱정했거든요. 다행히 미분양이 쌓이거나 악성 미분양이 되지는 않았습니다. 간간이 분양되는 상황이었죠.

아무튼 이 4개 단지가 들어온 다음부터 귤현동이 주목받기 시작했고, 그 이후 인천지하철이 생겼습니다. 그다음부터 여기가 베드타운으로서 역할을 했죠. 그리고 공항철도도 개통했잖아요. 공항철도 계양역이 한 정거장 거리로 생긴 덕에 귤현동이 떴습니다. 그래서 시세가 1천만 원대 중반까지 올라가게 된 것이에요.

결국 이 지역은 귤현아이파크 한 단지만 있을 때는 주목받지 못하다가 아파트가 두 채 세 채 넘어간 다음부터는 주거지로서 어느 정도 인식하게 되고, 귤현초등학교도 있고 교통망이 좋아지면서 시세가 2천만 원 가까이 올라왔다고 이해하면 되겠습니다.

● **동양동 아파트**

순위	단지명	총세대수	평단가(만 원)	입주년월
1	한진해모로	478	1,611	2006.07
2	동양지구휴먼빌	466	1,445	2007.01
3	동양우남푸르미아	158	1,145	2011.12

세 번째는 동양동입니다. 동양동은 귤현동 바로 대각선 건너편인데, 귤현아이파크 개발 이후 다음으로 개발한 곳입니다. 보통 개발 주체들이 토지를 매입해서 이렇게 순차적으로 개발하죠.

여기는 초등학교도 있고 중학교도 있어요. 한진해모로라는 아파트도 있고요. 동양지구휴먼빌이이라는 주공 아파트도 있습니다. 휴먼빌이라는 게 주공 아파트예요. 그래서 여기도 1천만 원 중반대 시세를 형성하고 있습니다.

● 병방동 아파트

순위	단지명	총세대수	평단가(만 원)	입주년월
1	학마을영남	1,047	1,502	1997.01
2	학마을서원	688	1,344	1997.05
3	학마을서해	1,261	1,323	1997.01
4	학마을한진	1,500	1,160	1998.11
5	영무예다음	79	834	2007.01
6	아주	468	643	1989.09
7	신명진달래1차	258	631	1989.08
8	신명진달래1차	258	614	1989.08
9	신명진달래2차	204	605	1989.08

다음은 병방동입니다. 병방동에서 오래전에 개발됐던 지역들은 1980년대 개발한 아파트들입니다. 1980년대에 개발했던 작은 아파트들은 시세가 싸고요. 그나마 아파트다운 아파트들이 1990년대부터 개발됐는데, 1990년대 개발한 아파트부터는 중위 가격을 형성하고 있다. 즉 양분이 되었다고 봐주면 되겠습니다. 1990년대에 개발한 아파트들은 거의 대단지고, 1980년대 아파트는 작고 판상형 아파트들로 개발됐을 것 같습니다.

여기는 중학교도 2개나 있고 초등학교도 2개가 있습니다. 그러다 보니까 교육 환경이 좋아서 계양구에서는 상대적으로 수요가 있습니다. 인천지하철 1호선 역세권이기도 하고요.

● 작전동 아파트

순위	단지명	총세대수	평단가(만 원)	입주년월
1	도두리마을동보	1,276	1,542	1996.12
2	까치태화	1,004	1,459	1997.11
3	도두리마을동남	641	1,417	1997.11
4	까치한진	670	1,417	1997.11
5	도두리마을대동	1,299	1,396	1997.09
6	도두리마을롯데	641	1,375	1997.11
7	현대2-2차	904	1,375	1994.12
8	현대1차	570	1,371	1990.09
9	현대3차	390	1,271	1992.11
10	동보1차	1,187	1,163	1995.04
11	우남푸르미아	117	1,127	2006.01
12	한신	259	1,080	1991.01
13	유호	299	1,063	1995.12
14	풍림아이원	468	1,033	2003.01
15	동보2차	502	1,015	2000.05
16	코오롱	480	1,006	1989.01
17	한국	250	992	1998.03
18	가나안미도	480	980	1990.11
19	신진	410	977	1988.07
20	한일	168	902	1991.05
21	광명11차	288	861	1989.12

22	뉴서울1차	791	853	1989.05
23	현대2-1차	840	836	1991.01
24	뉴서울2차	400	815	1992.11
25	현광	392	792	1992.08
26	부민렉스타운	48	789	2008.06
27	삼천리	540	789	1988.12
28	현광	392	789	1992.08
29	삼보	454	775	1995.04
30	한양	280	759	1985.01
31	삼우	264	753	1989.04
32	미림	180	749	1983.12
33	신동양	108	742	1983.12
34	선우	210	739	1986.02
35	무지개	240	719	1989.06
36	동성	80	714	1987.01
37	팬더(864-17)	82	710	1990.04
38	백조	105	705	1985.02
39	우영	150	696	1984.11
40	동아	105	692	1983.12
41	한오	75	689	1987.05
42	우암센스뷰	119	685	2003.12

다음은 작전동입니다. 평균 시세보다 낮은 지역인데 아파트
가 많죠. 이는 즉 여기 사람이 많이 산다는 이야기고, 그러다 보
니 작전동이 계양구의 원래 중심지였다고 생각하게 됩니다.

그런데 이 많은 아파트가 대부분 1980~1990년대 지은 구축

입니다. 결국 계양구에서 개발이 이루어진다고 하면 작전동을 중심으로 이루어질 것으로 예상됩니다. 여기에 새 아파트가 들어오면 시세는 오를 겁니다. 다만 이 지역의 정말 싼 아파트, 초록색 아파트들은 조심해야 합니다. 대부분 재건축 연한이 됐는데 재건축을 추진하지 않을 수 있거든요. 구축에 투자할 때는 재건축이나 리모델링 가능성이 있어야 합니다.

인천지하철 1호선이 있는 곳이 메인 입지입니다. 메인 입지이기 때문에 역 아래쪽으로 홈플러스가 있고요. 작전역과 홈플러스 사이가 계양구의 핵심 입지라고 보면 되겠습니다.

이 주변에 많은 아파트가 있습니다. 왼쪽에 효성동이 있는데 효성동에 공장이 많아서 효성동의 이미지가 그렇게 좋지는 않아요. 하지만 작전동에는 원래 아파트가 많았기 때문에 계양구에서는 그래도 살 만한 지역이라는 느낌입니다.

● **계산동 아파트**

순위	단지명	총세대수	평단가(만 원)	입주년월
1	은행태평	574	1,472	1997.06
2	은행태산	544	1,382	1997.08
3	은행삼보	436	1,381	1998.08
4	은행아주	612	1,345	1997.07
5	삼천리열망	460	1,223	1986.06
6	계산주공	1,140	1,100	1991.04
7	신도브래뉴	481	1,066	2005.05
8	극동	629	1,056	1988.08

9	현대	1,248	982	1992.02
10	하나	994	972	1988.07
11	지산그라띠아	137	925	2003.07
12	은행강북	216	898	1997.07
13	한국	416	851	1991.05
14	삼환2차	144	848	1989.12
15	삼환1차	276	835	1989.12
16	태산저층	408	813	1990.07
17	삼보1,2차	474	801	1987.01
18	삼보3차	366	798	1988.11
19	팬더1,2차	504	793	1989.09
20	영남	360	762	1990.12
21	뉴서울	92	750	1993.12
22	기산	142	750	1996.07
23	인정프린스	299	748	1992.04
24	동남(55-1)	336	739	1990.07
25	세경	80	736	1984.06
26	서해3차	498	710	1991.08
27	신동양	90	680	1985.05

다음은 계산동입니다. 계산동도 마찬가지로 1980년대에 많이 개발했던 택지개발지구고요. 하지만 이 지역 모든 아파트가 오르지는 않습니다. 오히려 오르지 않는 아파트가 더 많습니다. 대표적으로 이런 계산동의 아파트 단지가 있죠.

세대수가 세 자릿수라고 하면 웬만큼 큰 단지들이지만 저층이 많기 때문에 가격이 잘 오르지 않아요. 재개발·재건축 이슈가 있지 않고서는 올라가기가 어렵죠. 그나마 태평, 태산, 삼보 등만 간간이 거래되는데, 1990년대 아파트이기 때문에 그렇습니다.

계산동에는 경인교육대학교 인천 캠퍼스가 있고요. 경인교대 입구와 계산역 사이에 있는 아파트가 그나마 거래되는 편입니다. 이 지역에 경인교육대학교, 경인여자대학교가 있어 대학교가 2개나 있네요. 상권이 좀 더 필요한 지역으로 여겨집니다.

● **서운동 아파트**

순위	단지명	총세대수	평단가(만 원)	입주년월
1	임광그대家	373	1,086	2009.01
2	경남아너스빌	255	1,073	2007.09

다음은 서운동인데, 택지개발지구의 연장선으로 아파트가 많지 않고 기반시설도 많지 않죠. 그러다 보니까 집은 여기 있지만 생활권은 계산지구, 부평 쪽으로 이동한다는 것을 염두에 두면 좋겠습니다. 1천만 원 전후의 시세를 형성하고 있습니다.

● **오류동 아파트**

순위	단지명	총세대수	평단가(만 원)	입주년월
1	신동아	1,192	1,152	1997.03

오류동에는 아파트가 하나입니다. 1997년에 입주한 신동아는 평단가 1천만 원대 정도입니다.

● 효성동 아파트

순위	단지명	총세대수	평단가(만 원)	입주년월
1	현대4차	919	1,379	1995.12
2	풍림	342	1,354	1997.01
3	뉴서울5차	648	1,207	1994.12
4	금호어울림	410	1,193	2005.08
5	두산	957	1,188	1997.09
6	뉴서울6차	370	1,141	1995.06
7	현대3차	374	1,136	1992.11
8	신한	324	1,131	1997.01
9	풍림	342	1,093	1997.01
10	태산	1,178	1,084	1997.11
11	현대1차	874	1,069	1991.11
12	현대2차	340	1,050	1992.12
13	뉴서울1차	460	1,028	1985.07
14	뉴서울3차	542	1,017	1993.08
15	하나	498	1,000	1996.01
16	새사미	280	987	1985.01
17	중앙하이츠	375	955	1996.11
18	대림	298	948	1999.09
19	뉴서울2차	775	930	1986.12
20	유승와이드빌	350	925	2002.08
21	경남1차	320	855	1987.07
22	대산	131	839	2003.03
23	서광	140	785	1983.11
24	동아	270	746	1986.05
25	유승그린	279	740	1996.11
26	백영	208	712	1996.05

27	경남2차	156	705	1990.05
28	성지	98	686	1993.01
29	신진	285	675	1984.12
30	중앙	168	651	1989.11
31	동남	120	598	1984.06
32	미도	205	587	1985.01
33	동서	112	555	1981.01

효성동도 아파트가 많습니다. 부평구에 제일 가깝기도 하고요. 1990년대 초반에 많이 개발했습니다.

효성동은 아파트 사이사이에 공장들이 상당히 많습니다. 공장들이 이주하거나 다른 형태로 개발되지 않고서는 공장을 낀 아파트들이기 때문에 시세가 많이 올라가지는 않을 것 같아요. 그래서 여기는 조금 큰 단지로 재건축이나 재개발을 진행하게 되면 그나마 부각을 받을 가능성이 높다고 이해하면 될 듯합니다.

오른쪽으로 작전동이 있는데 여기는 그래도 재개발·재건축이 좀 있습니다. 왜냐하면 나름 수요가 많고 깔끔한 입지인 데다 기존에 아파트들이 있기 때문에 그렇습니다.

e편한세상계양더프리미어의 수요 조사를 2014~2015년에 했는데 분양을 한참 후에 했어요. 왜냐하면 분양될지 걱정스러웠던 단지거든요. 효성동이 인기가 없었기도 하고요. 그렇지만 지금은 효성동도 조금씩 과거에 부정적인 이미지를 벗고 점점 좋아지는 단계라고 볼 수 있습니다.

● 방축동 아파트

순위	단지명	총세대수	평단가(만 원)	입주년월
1	대창센시티	187	991	2006.05
2	한성	200	824	1990.07
3	아주	480	631	1991.04

방축동이죠. 계양구 위쪽에 있는데, 아파트가 많지 않습니다. 참고만 해주세요.

● 장기동 아파트

순위	단지명	총세대수	평단가(만 원)	입주년월
1	계양벽산블루밍	138	878	2009.01

장기동에는 계양벽산블루밍이 하나 있고, 계산 초등학교가 있습니다.

이렇게 해서 계양구에 현재 입주한 모든 아파트를 다 소개했습니다. 이렇게 모든 아파트를 소개한 이유는 여기서 하나 골라서 투자하라는 이야기가 아닙니다. 안 올라가는 아파트의 시세를 보라는 이야기예요. 지금 평당 1천만 원이 안 되는 지역들은 특별한 호재가 없는 이상 올라가기 힘들다는 점을 명심하세요.

분양 현황과 청약 경쟁률

계양구의 분양 현황을 보도록 하겠습니다. 2021년에 전국적으로 분양을 많이 했고, 특히 인천이 정말 많이 했습니다. 서울이나 충청남도보다 더 많이 했으니까요(152쪽 전국 분양 현황 표 참고). 결국은 이 물량들이 어떻게 소화되는지 보라는 겁니다.

분명히 미분양이 나올 거예요. 그다음에 입주를 못 한다는 이야기도 나오겠죠. 지금까지는 수도권 분양 경기가 좋아서 웬만하면 분양이 잘됐는데, 인천도 이제 미분양이 쌓일 수도 있는 지역이 됐습니다.

그러니 선별해서 보자고 하는 것입니다. 3기 신도시에 분양하는 것들을 전후로 해서 한번 지역별 위상이 어떻게 달라질까요? 저는 양극화가 될 것으로 생각합니다. 비싼 입지는 더 비싸질 것이고 비싸지 않은 입지들은 더 떨어질 것입니다. 평당 1천만 원도 안 되는 아파트들은 시세가 더 하락할 수 있어요. 옆에 새 아파트가 들어온다고 구축이 무조건 다 올라가는 게 아니에요.

그래서 이제 분양 물량들을 조심해야 하는데, 특히 계양구도 분양 물량이 많았어요. 7,400세대입니다. 그러니까 계양구의 인구와 규모와 비교해서 굉장히 분양 물량이 많았다고 이해하면 됩니다. 다음 페이지를 봐주세요.

어떤 단지들을 분양했는지도 살펴보겠습니다. 작전동, 효성동, 귤현동, 방축동이 분양했네요. 이 외에도 3기 신도시가 있으니까 그런 것들도 고민해볼 필요가 있습니다.

● 계양구 분양 현황

지역	2016년	2017년	2018년	2019년	2020년	2021년
계양구			2,600	1,734		7,434
작전동			562			4,040
효성동				1,734		1,563
귤현동						1,285
방축동						546
임학동						
박촌동						
장기동						
동양동						
서운동			1,669			
계산동			369			
이화동						
병방동						
용종동						

● 2021년 계양구 청약 경쟁률

읍면동	단지명	분양년월	입주년월	총세대수	경쟁률
효성동	계양서해그랑블더테라스	2021.08	2023.06	124	31.3
작전동	힐스테이트자이계양	2021.08	2024.04	2,371	49.1
방축동	계양하늘채파크포레	2021.05	2023.04	546	43.6

단지를 살펴보겠습니다. 효성동 계양서해그랑블더테라스가 124세대 분양했고요. 작전동 힐스테이트자이계양이 분양했습니다. 계양구의 대장으로 2,371세대입니다. 세대수 2천 세대가 넘는

규모인데도 두 자릿수 경쟁률이 나왔습니다. 분양이 잘된 거죠. 특히 여기 대형들, 중형들은 향후에도 굉장히 인기가 많을 겁니다.

방축동 계양하늘채파크포레도 546세대 단지인데 분양이 잘됐습니다. 계양구에 두 자릿수 경쟁률이 나온다는 것은 완판이거든요. 계양구에 신규 아파트 수요가 많다고 보면 될 것 같아요.

그래서 이런 아파트들이 분양할 때 적극적으로 달려들기보다 이 아파트가 입주할 때 어떤 지역들이 문제가 생길 것인가 한번 따져보면 좋겠습니다. "이거 대충 따져봐도 얼마 안 되는 것 같은데요?"라고 한다면 3기 신도시 청약이 또 있었잖아요. 그것까지 포함하면 됩니다.

그 외 정비사업 물량

● 계양구 정비사업

사업유형	읍면동	구역명	사업진행단계	세대수
주택재건축	계산동	신동양	조합설립인가	
주택재건축	작전동	작전우영아파트구역	조합설립인가	319
주택재건축	효성동	효성뉴서울아파트구역	조합설립인가	570
주택재건축	효성동	효성새사미아파트구역	조합설립인가	413
주택재개발	작전동	계양1구역	착공	
주택재개발	작전동	작전현대아파트구역	관리처분	
주택재개발	효성동	효성1구역	준공	1,354
주택재개발	계산동	계산역부측구역	기본계획	
주택재개발	박촌동	박촌제1구역	기본계획	
주택재개발	박촌동	박촌제2구역	지본계획	

정비사업, 제가 주목하자고 이야기했죠. 특히 도심 쪽, 예전부터 사람들이 많이 살던 지역들은 정비사업입니다. 인천광역시 정비사업 누리집에 들어가면 재개발도 있고 재건축도 있습니다. 아파트를 1980년대에 공급한 구도심이기 때문에 재건축 물량들이 나오는 것이고요. 그리고 공장이 있던 다세대 빌라 밀집 지역들도 개발할 때가 되었기 때문에 재개발도 같이 진행되고 있습니다.

누리집에 나온 것 외에도 몇 개 더 정리했는데요. 재건축을 먼저 보자면 신동양, 우영, 동남, 신진이 있고 거의 다 초기 단계들이거든요. 한번 검토해봐도 될 것 같아요. 세대수가 좀 적다는 것 감안해 들어가면 될 것 같고요. 1980년대 입주 아파트들이고요. 작전우영아파트구역은 조합설립인가, 효성뉴서울아파트구역은 정비사구역 지정, 효성새사미아파트구역은 조합설립인가를 했다고 합니다. 제가 거의 한 7~8년 전에 수주했던 단지들인데 아직도 진도를 나가고 있네요.

재건축 같은 경우 계양1구역은 이미 착공했고, 작전현대아파트구역은 관리처분, 효성1구역은 착공, 계산역북측구역, 박촌제1구역, 2구역 등은 지금 진도가 나가고 있다는 것들입니다.

그 외에 만 평 넘어가는 귤현구역 도시개발사업, 계산종합의료단지 도시개발사업, 방축구역 도시개발사업이 있습니다. 귤현구역은 공동주택이 1,500세대, 방축구역은 공동주택이 600세대 들어올 예정입니다.

동북생활권 속 계양구

계양구는 부평구와 같은 동북생활권입니다. 큰 틀로 보면 부천시까지도 포함해서 별도의 광역시로 해도 된다고 개인적으로 생각해요.

부평구가 워낙 좋은 입지고 계양구도 좋아지는 입지이기 때문에, 이 지역의 미래들을 보면 좋겠습니다. 그런데 지금도 인구가 빽빽하게 많기 때문에 기본적으로 인구가 크게 증가하지는 않아요. 다만 시설들이 새것으로 바뀐다는 것, 새것으로 바뀌어도 입지는 좋아지는 겁니다.

그리고 계양구와 부평구에 여러 가지 호재들이 있습니다. 가장 중요한 것은 GTX-B가 부평구에 들어온다는 것입니다. GTX-B

● 동북생활권

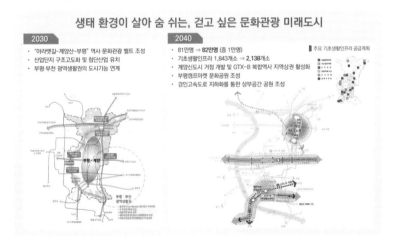

생태 환경이 살아 숨 쉬는, 걷고 싶은 문화관광 미래도시

가 들어오면 계양구도 일부 혜택을 볼 수 있습니다. 그리고 일자리 증가에도 조금 탄력이 붙을 가능성이 높습니다. 부평구가 좋아지면 계양구도 혜택을 본다는 것을 절대 잊으면 안 돼요.

계양구의 3가지 호재

일자리, 교통, 새 주거시설 측면에서 호재를 정리해보겠습니다.

계양1구역 주택재개발 정비사업이 있습니다. 계양산업단지 계

● **계양구 호재 한눈에 보기**

자료: 네이버 부동산

발계획, 계양테크노밸리 개발계획도 계속 진행되고 있습니다. 작전현대아파트구역 주택재개발, 효성1구역주택재개발, 효성구역 도시개발사업도 있습니다. 지금까지 이야기해왔던 것들이죠.

1 | 일자리 호재

● **계양구 공장 등록 현황**

□ **군·구별 공장 등록 현황** (공장설립온라인지원시스템 2021. 3. 31. 기준, 단위: 개사)

구 분	합 계	중 구	동 구	미추홀구	연수구	남동구	부평구	계양구	서 구	강화군	옹진군
업체 수	12,338	141	224	1,010	286	4,981	1,386	499	3,526	264	21

□ **산업단지 입주 현황** [제조 및 지원시설]

(한국산업단지공단 전국산업단지현황 통계 2020년 4분기 기준)

구 분	산 업 단 지 명 (준공년도)	조성면적(천㎡)	가동업체 수	종업원(명)	관리기관
일반산업단지	⑨서운일반산업단지(2019년)	525	56	2,197	계양구청

조성중 ④계양산업단지   계양구 243천㎡ 계양구,한국산단공 '23.12. 지정계획고시, GB해제중

계양구는 공장이 좀 있는 편이에요. 계양구에 505개 공장이 있습니다. 특히 서운일반산업단지는 2019년에 준공됐습니다. 약 2,197명 정도 일자리를 창출해냈습니다. 이 외에 조성 예정인 계양일반산업단지가 있어요. 여기도 나름대로 규모가 있는 지역 중 하나이기 때문에 주목해볼 필요는 있습니다.

서운일반산업단지를 보겠습니다. 앞에서 서운동에 경남아너스빌 하나밖에 없다고 했는데, 그 옆 부지예요. 여기 공원이 있고 일자리도 있는데, 주변은 아직도 논밭이에요. 만약에 계양신도시가 들어온 후 수요가 더 몰려서 시세가 오르면 부평구보다는 개발

할 부지가 조금 남은 계양구에 신도시가 개발될 여지가 많습니다.

● **서운일반산업단지**

물론 이게 2가지 측면이 있는데 신도시가 들어오기 전까지는 기존 아파트 시세가 올라가고, 신도시가 들어오면 기존 아파트 시세가 올라가지 못할 수 있습니다. 일자리가 있다는 것은 플러스알파가 되겠지만 경쟁 물량이 들어온다는 점까지 같이 고려할 필요가 있습니다.

2 | 교통

교통 호재를 보겠습니다. GTX-B, 서창-김포 고속도로가 생길 예정이고요. 인천지하철 1호선이 검단신도시까지 연장됩니다. 계양-강화 고속도로도 생길 예정이고, 김포공항을 지나는 서해선도 위로 올라가고 있습니다.

계양구는 서울 강서구와 맞닿아 있는 지역이기 때문에 서해선
이 개통되면 활용할 여지가 있어요. 계양테크노밸리 신도시도 있
고요. 충분히 서로 시너지를 주고받을 수 있어 보입니다.

● 계양구 교통망 개발

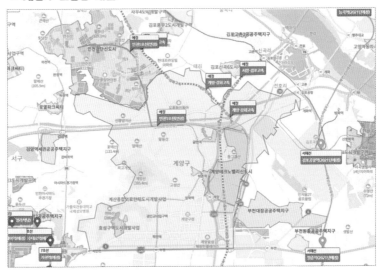

자료: 네이버 부동산

3 | 새 주거시설

그리고 새 주거시설인데요. 지도에 표시한 구역입니다. 효성지구
도시개발사업, 효성 1구역과 2구역, 계양1구역, 작전현대A구역
입니다. 학원가가 몰려 있는 지역도 있죠. 참고로 확인해주세요.

새 주거시설 중에서 우리가 가장 주목해야 할 것은 3기 신도시
입니다. 정식 명칭은 인천계양 공공주택지구이고, 굴현동, 동양

● 계양구 주거 호재

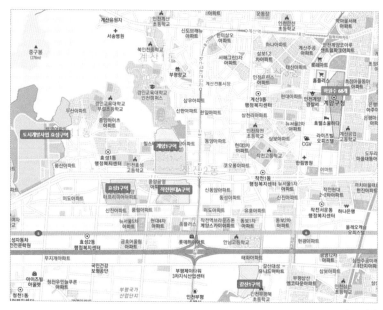

동, 박천동, 병방동, 상야동이 포함됩니다. 시세 하위권 지역들이
었죠. 하위권에 있는 지역 중에 공터가 많았던 지역들을 개발하
는 거고 그 면적이 330만㎡, 즉 100만 평입니다. 그래서 하나의
신도시가 생기는 것이라고 볼 수 있습니다. 1만 7천 호 정도가 생
기고 인구는 3만 9천 명, 약 4만 명 정도가 생기는 것이죠.

어떤 구성으로 개발되는지, 어떤 교통망 호재가 있는지 자료를
보며 청사진을 그려보세요. 그런 다음 계양구에 있는 기존 아파
트들이 어떤 영향을 받을지도 고민해보면 좋을 것 같습니다.

● 인천계양 공공주택지구

지구명 인천계양 공공주택지구	면적 3,331,714㎡ (1,008천 평)	사업시행기간 2019년 ~ 2026년
위치 인천광역시 계양구 귤현동, 동양동, 박촌동, 병방동, 상야동 일원	사업시행자 인천광역시, 한국토지주택공사, 인천도시공사	인구 및 주택계획 주택 17천 호, 인구 39천 인

인천 계양지구 토지이용

단독주택 / 공동주택 / 근린생활 / 상업시설 / 주상복합 / 근린업무복합 / ~자족시설 / 업무시설 / 공원 / 녹지 / 하천 / 공공공지 / 광장 / 보행자전용도로 / 교육시설 / 커뮤니티시설 / 종교시설 / 위험물저장 및 처리시설 / 전기공급설비 / 자동차정류장 / 주차장 / 도로 / 유보지 / 특별계획구역

주요내용

1. S-BRT 등 신교통수단 신설 (김포공항역~박촌역)
2. 국도39호선(벌말로) 확장
3. 국도39호선 연계도로 신설
4. 경명대로확장
5. 인천공항고속도로 IC신설 (접속도로)
6. 장제로 기능개선 (확장 및 교차로개선)
7. 장제로 확장
8. S-BRT 등 신교통수단 신설 (계양지구~부천)
9. 청라-강서 BRT 연계노선 신설
10. 경명대로 신설
11. 대장안지구 연결도로 신설
12. 오정로 확장
13. 소사로 확장
14. 고강IC 연결도로 신설
15. 고강IC 신설
16. 봉오IC 신설
17. 오정IC 신설
18. 내동지하차도 신설
19. 신일지하차도 신설
환승시설 설치 (부천종합운동장)
서울간선도로 TSM
대중교통 운영지원 및 회차공간 확보

자료: 3기 신도시 누리집

다행히 지방이나 서울에서 수요가 이쪽으로 넘어오면 기존 아파트들도 혜택을 보겠지만, 기존 아파트 중에서도 외부인들이 봤을 때 매력적이지 않은 아파트들은 버려질 겁니다. 그런 아파트들은 시장 분위기가 좋을 때 매도하는 것도 좋은 방법입니다. 무조건 사는 것이 능사가 아니라 갖고 있는 것을 매도하는 것도 능사예요.

그러니까 지금 물량이 몰릴 때, 시세가 올라갈 때, 매수 매도를 바꿔야 할 필요가 있다면 이럴 때 매도하세요. 더 올라갈 거 같다고 꼭지를 맞추겠다고 들고 있으면 안 됩니다. 올라갈 타이밍에 미래 가치가 높지 않은 것들은 매도하는 것이 맞습니다.

감춰진 미래 가치를 가진 계양구

향후 전망	• 3기 신도시(계양신도시) • 호재가 여전히 현재 진행형
트레이딩용 아파트	• 10년 차 이하 아파트
가치투자용 아파트	• 신도시 아파트 • 30평형대 아파트

세 줄 요약으로 마무리하겠습니다. 10년 후를 바라보는 향후 전망은 3기 신도시, 즉 계양신도시가 제일 중요합니다. 호재가 현재

진행형이라는 것도 꼭 기억하세요. 확정된 호재는 계양신도시 개발 자체죠. 북쪽의 미개발지가 개발된다는 것이 호재이기 때문에 주목할 필요가 있습니다.

계양구에서 단기 투자가 가능할까요? 가능하긴 한데, 가격이 싸다는 것은 수요층이 두껍지 않다는 이야기거든요. 그렇기 때문에 단기로 하되 초단기로 해야 합니다. 심지어는 1년 안에 사고파는 것도 고려해볼 만합니다. 좀 오르기 직전에, 아니면 오르는 초기에 샀다가 바로 파는 것도 하나의 방법이 되겠습니다. 수요가 없는 너무 오래된 아파트는 안 됩니다. 단기 투자는 10년 차 전후 아파트들까지만, 1990년대 이후에 지은 아파트들만 보는 것이 바람직합니다.

가치투자형으로는 신도시나 30평대 신축들을 추천합니다. 계양신도시가 대부분 20평대라서 30평이 차별화될 수 있을 것 같습니다. 이런 것도 고민하면 좋은 투자 포인트를 찾으면 좋겠습니다.

지금의 계양구는 저렴한 지역입니다. 저렴한 지역이기 때문에 조심해야 합니다. 지금은 수요가 많지 않기 때문이죠. 하지만 미래 가치를 놓고 보면 프리미엄이 올라가는 것이 눈에 보일 정도입니다. 미래 프리미엄이 보장되어 있는데 현재 가격이 낮다면 틀림없이 기회를 주는 부동산일 수밖에 없다는 이야기로 마무리하겠습니다.

계양구 한 장 지도

계산2동

계산1동

경인교대

경인

효성
뉴서울A
무궁화신탁

효성 도시개발구역

계양1
힐스테이트자이계양
2024.3(2371)

작

효성1
e편한세상
계양더프리미어
2021.10(1646)

작전현대A
두산위브더플래티넘
이주중
(1370)

효성2동

작전태림
작전서해그랑블
2020.10(280)

새사미A
조합설립
금호건설
(424)

우리A
파크트루엘
.2(369)

임학역

학마을

계산역

용종마을

계양테크노밸리

계산3동

상업지역

초정마을

계산4동

행정 계양
타운 구청
인천계산

은행마을

도두리마을

까치마을

작전우영
코람코자산신탁
이수건설
2025(600)

서운구역
계양효성해링턴플레이스
2021.2(1669)

작전신라A
인천브라운스톤
계양스카이
2020.10(282)

작전서운동

인천의 '잊힌' 지역 동구 부동산 전략

『인천 부동산의 미래』의 마지막, 동구입니다. 많은 주목을 받은 지역들은 앞에서 다 설명했고, 동구 같은 지역을 어떻게 분석하고 이해하고 매수 여부를 결정해야 하는지 함께 공부하고자 합니다. 동구만을 가지고 분석하는 것은 의미가 없습니다. 동구와 비슷한 지역이 지방에 꽤 많기 때문입니다. 특히 광역시급에 많죠. 다른 지역과 어떻게 매칭하면 될지 한번 고민해봐도 좋겠습니다.

낡고 싸다는 것이 동구의 포인트

동구는 인천에서 인구도 제일 적고 면적도 제일 작습니다. 시세도 제일 낮습니다. 일자리가 많은 것도 아니죠. 개인적으로 동구

송림파크푸르지오 뉴스테이 연계 정비사업 공사현장

자료: 인천일보

가 왜 단독으로 존재하고 있는지 잘 모르겠어요. 차라리 중구로 통폐합을 하거나 아니면 옆에 있는 남구와 통폐합하는 것도 나쁘지 않다는 생각이 들 정도로 동구는 크지 않습니다.

다만 이 지역을 별도로 분리한 것을 보면 지역이 가진 역사적 의미를 굉장히 높게 사는 것 같아요. 이 동구를 지키고 싶은 사람들, 주민들의 마음이 동구를 지키고 있는 것이 아닐까 생각이 듭니다. 하지만 부동산을 분석할 때는 옛것을 지키려는 것에서 크게 프리미엄이 발생하지는 않습니다. 그러니까 서울 재생산업을 많이 할 때 오히려 서울은 점점 악화했거든요. 이런 관점에서 동구를 바라보는 것도 재미있을 듯합니다.

다른 광역시나 도에서도, 이렇게 지키려고 하는 지역들이 있어요. 이런 지역에서는 상가 투자를 해야 합니다. 주거 상품에는 투자하면·안 돼요. 상가가 비싸지 않아 오히려 수익률이 높을 수 있습니다.

제목에서 말한 것처럼 동구는 잊혔습니다. 하지만 그 덕분에 낡을 수 있었고 낡았기 때문에 저렴해졌고 그랬기에 재생산업, 정비사업을 할 수 있었습니다. 여기에 포인트를 두고 동구에 접근해보겠습니다.

동구의 현재를 이끄는 아파트

동구를 통틀어서 가장 비싼 아파트는 송림동에 있는 동산휴먼시아입니다. 휴먼시아는 주공이죠. 주공이 재건축 이슈 없이 그 구역에서 제일 비싼 경우는 굉장히 드물어요. 동산휴먼시아가 제일 비싼 이유는 딱 하나입니다. 제일 새것이기 때문이죠. 최근에 인천브리즈힐이 분양 입주를 하는데 이것을 빼고 일단은 제일 새것이라는 이야기입니다. 43평이기도 하고요.

그리고 3위 송림풍림아이원이 있습니다. 풍림이라는 브랜드가 인천의 대장이었던 적도 있었어요. 2022년 2월 신규로 입주하는 인천브리즈힐도 보이네요. 대형 평형을 살펴보았습니다.

국민주택 규모 84m²로 가려서 보겠습니다. 송현동 솔빛마을주공2차와 주공1차 단지들이 평당 1천만 원을 살짝 넘었습니다. 이 정도 시세라고 생각하면 됩니다.

● 동구 아파트 상위 거래 순위

전체 평형

순위	아파트	가격
1위	**동산휴먼시아** 2010 입주 인천 동구 송림동 | 21년11월 | 43평 | 17층	5억1,800만
2위	**송림휴먼시아1단지** 2009 입주 인천 동구 송림동 | 21년11월 | 45평 | 24층	5억
3위	**송림풍림아이원** 2008 입주 인천 동구 송림동 | 21년9월 | 44평 | 13층	4억7천만
4위	**솔빛마을주공2차1단지** 2003 입주 인천 동구 송현동 | 21년8월 | 33평 | 12층	4억4,500만
5위	**솔빛마을주공1차** 2003 입주 인천 동구 송현동 | 21년10월 | 32평 | 8층	4억4천만
6위	**인천브리즈힐** 2021 입주 인천 동구 송림동 | 22년2월 | 29평 | 20층	4억4천만
7위	**만석웰카운티** 2014 입주 인천 동구 만석동 | 21년9월 | 34평 | 13층	4억300만
8위	**영풍** 2001 입주 인천 동구 화수동 | 21년8월 | 34평 | 15층	3억5천만
9위	**화도진그린빌** 2001 입주 인천 동구 화수동 | 21년12월 | 32평 | 11층	3억5천만
10위	**만석비치타운주공** 2002 입주 인천 동구 만석동 | 21년12월 | 34평 | 13층	3억4,500만

84m² (약 34평) 기준

순위	아파트	가격
1위	**솔빛마을주공2차1단지** 2003 입주 인천 동구 송현동 | 21년8월 | 33평 | 12층	4억4,500만
2위	**솔빛마을주공1차** 2003 입주 인천 동구 송현동 | 21년10월 | 32평 | 8층	4억4천만
3위	**동산휴먼시아** 2010 입주 인천 동구 송림동 | 21년7월 | 34평 | 13층	4억3천만
4위	**송림풍림아이원** 2008 입주 인천 동구 송림동 | 21년9월 | 33평 | 18층	4억2천만
5위	**송림휴먼시아1단지** 2009 입주 인천 동구 송림동 | 21년12월 | 35평 | 13층	4억1,500만
6위	**만석웰카운티** 2014 입주 인천 동구 만석동 | 21년9월 | 34평 | 13층	4억300만
7위	**화도진그린빌** 2001 입주 인천 동구 화수동 | 21년12월 | 32평 | 11층	3억5천만
8위	**영풍** 2001 입주 인천 동구 화수동 | 21년8월 | 34평 | 15층	3억5천만
9위	**만석비치타운주공** 2002 입주 인천 동구 만석동 | 21년12월 | 34평 | 13층	3억4,500만
10위	**진로** 1999 입주 인천 동구 송림동 | 22년4월 | 34평 | 17층	2억8,750만

자료: 아실(asil.kr)

전국적으로 봐도 이런 도심 지역에 평당 1천만 원짜리가 아파트인 경우는 드물죠. 동구가 얼마나 저렴한지 알 수 있는 지표입니다.

동구의 현재와 역사

본격적으로 동구 이야기를 시작하겠습니다. 동구의 행정동과 법정동을 볼까요? 만석동, 화수동, 화평동, 송현동, 송림동, 금곡동, 창영동이 있습니다. 송현동과 송림동에 아파트가 조금 있습니다. 주거지역으로서 중심지라고 할 수 있겠네요.

　동구의 역사는 정말 오래됐습니다. 과거 삼국시대부터 기록이 있어요. 그러다 1968년 인천광역시에 4개 구가 출범하는데, 그중 하나가 동구입니다. 최초로 탄생한 중구, 동구, 북구, 서구의 4개 구에서 북구는 3개 구로 쪼개졌고, 남구도 3개 구로 쪼개졌기 때

● 동구 행정동과 법정동

행정동	법정동
만석동	만석동
화수1·화평동	화수동, 화평동, 만석동 일부
화수2동	화수동 일부, 송현동 일부
송현1·2동	송현동 일부
송현3동	
송림1동	송림동
송림2동	
송림3·5동	
송림4동	
송림6동	
금창동	금곡동, 창영동

444

행정동

법정동

문에 지금 유일하게 남아 있는, 어떻게 보면 초기 구의 자존심이라고도 할 수 있겠습니다.

● 동구 연혁

고대	백제시대 미추홀(동국여지승람의 백제건국건설에 의함)로 칭함
475	매소홀현(고구려 남부)
신라 경덕왕	소성현으로 개칭

1018	수주로 개칭(고려 현종 9년)
1096	경원군으로 승격(고려 숙종)
1123	인주로 개칭(고려 인종)
1390	경원부로 승격(고려 고양왕)
1392	인주로 환원(조선 태조 원년)
1413	인천군으로 개편(조선 태종 13년)
1460	인천도호부로 승격(조선 세조)
1883	인천항 개항(고종 20년)
1910	인천부 설치(융희 4년)
1914.09.01	월미도(영종면 관할)의 인천부 편입(부령 제133호)
1940.04.01	남동, 부평, 서곶출장소 설치(인천부 고시 제32호)
1943.07.10	문학출장소 신설
1945.08.15	인천시로 개칭
1946.03	경인천부로 환원
1947.04.01	주안지청 설치(후에 주안출장소로 개칭)
1949.08.15	인천시로 개칭 *법률 제32호
1956.11.23	중부, 북부, 동부, 남부출장소 신설(시조례 제144호)
1963.01.01	작약도 병합(부천군 관할)(법률 제 1175호)
1968.01.01	동부, 북부출장소 병합, 동구청개청(구제실시)(법률 제1919호)
1973.07.01	월미도(동구 관할)를 중구로 편입(대통령령 제8642호)
1981.07.01	직할시 승격(인천직할시 동구)(법률 제3424호)
1988.05.01	자치구제 실시(법률 제4004호)
1995.01.01	명칭 변경(인천광역시 동구)(법률 제4789호)
~현재	

숫자로 읽는 동구

행정구역별 인구 및 세대 현황

동구의 인구는 5만 9천 명입니다. 그중에서 송현1·2동이 인구가
제일 많습니다.

● **동구 인구 및 세대 현황**(단위: 명, 세대)

지역	인구수	세대수
동구	59,017	27,648
송현1·2동	10,264	4,429
화수2동	7,535	3,749
만석동	6,816	3,212
송림3.5동	6,169	2,796
송림4동	6,103	2,567
송림6동	6,025	2,561
화수1·화평동	5,938	2,873
송현3동	3,471	1,889
송림2동	2,630	1,531
금창동	2,532	1,360
송림1동	1,534	681

동구는 일자리도 제일 적습니다. 3만 5천 개 정도 있네요. 그중
에서 송현동과 송림동에 일자리가 제일 많음에도 몇천 개 단위입
니다.

● 동구 사업체 및 종사자 수(단위: 개, 명)

시군구	사업체수	종사자수		읍면동	사업체수	종사자수
남동구	41,071	235,674		송현3동	1,503	8,623
서구	36,650	201,729		송림4동	2,166	7,325
부평구	32,420	155,411		화수2동	313	3,700
미추홀구	28,017	125,290		만석동	533	3,246
연수구	19,802	119,825		송림6동	859	3,219
중구	13,589	103,973		송림3·5동	485	2,147
계양구	18,712	85,605		송림2동	349	2,007
동구	7,875	35,238		송현1·2동	719	1,655
강화군	6,026	21,929		금창동	396	1,586
옹진군	2,082	7,820		화수1·화평동	426	1,245
				송림1동	126	485

어디에서 오고 어디로 갔을까?

지역별 이동 현황을 살펴보겠습니다. 동구로 이사 온 사람이 7천 명, 이사 나간 사람이 8,600명입니다. 1,600명이 이사를 나가 인구가 줄었네요. 하지만 정비사업이 진행되고 새 아파트가 입주하게 되면 다시 인구가 늘겠죠.

다만 현재 인구가 적어서 몇 집만 이사 나가더라도 수치를 바꿀 수 있기 때문에 통계적으로 유의미한 수치는 아닙니다. 몇백 몇십 단위는 그냥 참고만 하면 될 것 같습니다.

● 지역별 이동 현황(단위: 명)

다른 지역→동구

전출지	전입지	계
전국		**7,011**
인천		**5,544**
인천 동구	인천 동구	1,804
인천 미추홀구		1,417
경기		625
인천 서구		611
인천 중구		507
인천 남동구		462
서울		368
인천 부평구		324
인천 연수구		284
경기 부천시		129
충남		111
인천 계양구		92
강원		58
경기 화성시		48
경기 시흥시		47
경기 수원시		45
전북		41
경기 안산시		39

동구→다른 지역

전출지	전입지	계
전국		**8,611**
인천		**6,654**
인천 미추홀구	인천 동구	1,834
인천 동구		1,804
경기		940
인천 서구		746
인천 연수구		708
인천 중구		671
서울		460
인천 남동구		453
인천 부평구		259
충남		135
경기 부천시		122
경기 김포시		104
경기 시흥시		102
인천 계양구		101
경기 화성시		101
강원		73
충북		61
경기 용인시		59

동구 주택 현황

주택 현황입니다. 아파트 구성비가 59.8%로 인천의 64.1%보다 낮습니다. 동구는 다른 지역보다 단독주택이 많은 편입니다. 이

● 주택 유형(단위: 채)

지역	구분	계	단독주택	아파트	연립주택	다세대주택	비거주용 주택
전국	주택수	18,525,844	3,897,729	11,661,851	521,606	2,230,787	213,871
	구성비	100.0%	21.0%	62.9%	2.8%	12.0%	1.2%
인천	주택수	1,032,774	95,700	661,611	27,704	238,777	8,982
	구성비	100.0%	9.3%	64.1%	2.7%	23.1%	0.9%
구	주택수	24,518	6,421	14,429	356	3,032	280
	구성비	100.0%	26.2%	58.9%	1.5%	12.4%	1.1%

● 주택 점유 형태(단위: %)

지역	계	자가	전세	보증금 있는 월세	보증금 없는 월세	사글세	무상
서울	100.0	42.7	26.0	24.8	3.3	0.0	3.2
인천	100.0	60.2	15.6	17.4	3.2	0.0	3.7
동구	100.0	66.8	15.7	11.5	2.4	0.3	3.2

사실도 동구가 정말 오래된 지역이라는 걸 보여주네요.

제가 단독주택이 많으면 자가 비율이 높다고 했죠. 그래서 동구의 자가 비율이 인천 평균보다 높습니다. 이렇게 단독주택이 많은 다른 지방도 마찬가지로 자가 비율이 높습니다. 이런 사실을 알고 있으면 지역 분석에 도움이 될 겁니다.

데이터로 읽는 동구의 아파트

2023년까지의 아파트 입주 물량

동구는 2009년에 가장 입주를 많이 했고, 그 이후에는 입주 물량이 거의 없다가 2021년에 900세대 정도 입주했습니다. 2022년에도 2023년에도 물량이 없습니다. 그러니 이 데이터로는 분석할게 없습니다.

2021년 송림동에 공공분양했던 인천LH브리즈힐이 입주를 했습니다. 입주 초반이기 때문에 거래가 안 되는 게 당연한 건데, 시세를 볼 때 후순위에 있었죠. 이는 정상적인 가격이 아니라고 볼 수 있습니다. 이 아파트가 거래될 때쯤이면 동구에서 가장 비싼 아파트가 되어 있을 겁니다. 새 아파트이기 때문입니다.

● 동구 동별 아파트 입주 물량: 재고량 및 입주 예정(2023년까지)(단위: 채)

지역	재고량	2009년	2010년	2014년	2020년	2021년	2022년	2023년
동구	15,498	2,366	1,173	178	232	920		
송현동	6,966							
송림동	5,502	2,366	1,173		232	920		
만석동	1,746			178				
화수동	1,284							

※ 합계 재고량은 2007~2023년 데이터입니다.

● 동구 아파트 입주 예정 단지

읍면동	단지명	총세대수	공급방식	입주년월
송림동	인천IN브리즈힐(공공분양)	920	개발	2021.06
계		920		

452

평단가로 보는 가격 동향

● 동구 동별 평단가(단위: 만 원)

시군구	평단가
연수구	1,882
부평구	1,514
인천광역시	**1,475**
남동구	1,452
서구	1,366
미추홀구	1,289
중구	1,200
계양구	1,170
동구	948
강화군	542

읍면동	평단가
송림동	1,037
동구	**946**
송현동	935
만석동	829
화수동	704

동별로 가격 동향을 알아보도록 하겠습니다. 동구가 인천에서 제일 저렴한 지역이라고 했죠. 평균 평당 1천만 원이 안 됩니다. 송림동이 제일 비싸고 송현동, 만석동, 화수동 순인데 격차가 크지 않아요. 분화가 덜 된 지역들은 아직 크게 양극화가 되지 않았고 비슷한 수준입니다.

주목해야 할 동별 아파트

● 송림동 아파트

순위	단지명	총세대수	평단가(만 원)	입주년월
1	풍림아이원	1,355	1,277	2009.08

2	동산휴먼시아2단지	863	1,266	2010.11
3	인천송림휴먼시아1단지	1,011	955	2009.08
4	진로	235	708	1999.09
5	주공	98	660	1998.11
6	삼익	264	462	1979.08
7	누리	94	438	1992.01

송림동에 가장 비싼 풍림아이원이 있고, 동산휴먼시아2단지, 인천송림휴먼시아1단지, 진로, 주공, 삼익, 누리 아파트 등이 있습니다. 평당 1천만 원이 넘는 것은 2009~2010년에 입주한 상대적으로 새 아파트죠. 동인천역이나 도원역으로 갈 수 있는 부지는 아파트 선호 지역으로 볼 수 있겠습니다.

섣불리 사면 안 되는 아파트도 있습니다. 1979년에 입주한 264세대 삼익 아파트는 일반적으로 재건축을 충분히 추진할 만하다고 여겨집니다. 그런데 지금 가격이 싸죠. 400만 원이잖아요. 재건축 추진 가능성이 없다는 겁니다. 그러니 조심해야 합니다.

● 송현동 아파트

순위	단지명	총세대수	평단가(만 원)	입주년월
1	솔빛마을주공2차(201-203동)	386	1,311	2003.12
2	솔빛마을주공1차	2,711	1,168	2003.04
3	동부	1,140	957	1990.05
4	송현2차	400	783	1984.04
5	송현1차	500	780	1982.01

6	삼부	90	647	1985.07
7	삼두2차	432	599	1988.01
8	송현주공	575	571	1993.05
9	삼두1차	264	524	1984.01
10	누리	114	520	1994.09

두 번째 송현동에서 제일 비싼 아파트가 솔빛마을주공2차입니다. 여기도 마찬가지로 1천만 원이 안 되는 아파트는 조심할 필요가 있습니다. 그나마 솔빛마을주공1차나 동부 아파트의 경우는 세대수만으로도 나름 이 지역에서는 인기가 있는 아파트라고 할 수 있습니다. 동인천역 바로 앞에 있기도 하고요.

● **만석동 아파트**

순위	단지명	총세대수	평단가(만 원)	입주년월
1	만석비치타운주공	1,273	962	2002.11
2	만석웰카운티	178	813	2014.06
3	만석2차	100	500	1987.01
4	만석3차	70	433	1991.08
5	만석1차	125	433	1985.11

만석동을 보겠습니다. 만석비치타운주공이 제일 비싸고, 만석웰카운티, 만석 2차, 3차, 1차 순입니다. 이곳은 업무시설과 항만이 있는 데다 학교도 없어 주거지역으로 애매합니다. 평당 1천만 원도 안 되는 건 주거지로서 인기가 없다고 생각하면 됩니다.

● 화수동 아파트

순위	단지명	총세대수	평단가(만 원)	입주년월
1	영풍	359	724	2001.08
2	화도진그린빌	365	722	2001.11
3	미륭	560	689	1990.06

마지막으로 화수동입니다. 화수동에는 영풍아파트, 화도진그
린빌, 미륭 아파트 등이 있는데요. 학교도 없고 주변 환경도 깔끔
하지 않기 때문에 이렇게 쌉니다. 이런 아파트에 어설프게 투자
하면 안 됩니다.

분양 현황과 청약 경쟁률
● 동구 분양 현황

지역	2000년	2001년	2005년	2006년	2007년	2019년	2020년	2021년
동구	1,638	740	1,355	1,011	1,173		1,152	
송림동			1,355	1,011	1,173		1,152	
창영동								
만석동	1,273							
화평동								
금곡동								
송현동		740						
화수동	365							

다음은 분양 물량을 보겠습니다. 동구는 2020년에 1,152가구
를 분양한 다음 분양이 없습니다. 아마 2020년에 분양한 것들이

2022년, 2023년도에 입주를 하겠죠. 이때만 조금 주목해볼 만하고요. 이후로는 특별한 것이 없습니다.

분양한 지역은 송림동이네요. 2022년과 2023년에는 분양 물량이 없어요.

● 동구 아파트 입주 예정 단지

읍면동	단지명	총세대수	공급방식	입주년월
송림동	인천LH브리즈힐(공공분양)	920	개발	2021.06
	계	920		

그 외 정비사업 물량

● 동구 정비사업

사업유형	읍면동	구역명	사업진행단계	세대수
주택재건축	송현동	송현1차	조합설립인가	1,290
주택재건축	송현동	송현2차	조합설립인가	
주거환경개선	만석동	만석동괭이부리마을구역	착공	
주거환경개선	송림동	대헌학교뒤구역	착공	
주거환경개선	송림동	송림4구역	사업시행인가	
주거환경개선	송림동	송림초교구역	착공	
주택재개발	송림동	금송구역	관리처분	3,965
주택재개발	송림동	서림구역	사업시행인가	372
주택재개발	송림동	송림1, 2구역	관리처분	3,693
주택재개발	송림동	송림3지구	관리처분	1,321
주택재개발	송림동	송림6구역	관리처분	294
주택재개발	송림동	송림3-1지구	사업시행인가	879
주택재개발	화평동	화수화평구역	조합설립인가	2,986

많이 낡았다고 했으니 당연히 정비사업을 해야겠죠. 주거환경개선사업, 재개발·재건축도 있습니다. 몇 년 후에 동구는 분명히 달라져 있을 겁니다. 사업이 많이 진행된 상황이거든요. 최근 동구를 주목하는 이유 중 하나가 바로 정비사업입니다. 정비사업 누리집에 더해 따로 정리한 자료를 함께 살펴보겠습니다.

동구에서 재건축을 하는 단지는 송연 1차, 2차로, 조합설립인가를 마친 상태입니다. 주거환경개선 사업으로는 대헌학교뒤구역과 만석동괭이부리마을구역, 송림4구역, 송림초교구역이 있는데, 3~4단계 진행 중입니다. 주택재개발로는 금송구역이 관리처분, 서림구역이 사업시행인가, 송림1, 2구역이 사업시행인가, 송림3지구와 송림6구역이 관리처분, 화수화평구역이 조합설립인가를 마쳤습니다. 이런 지역들도 한번 검토해보세요.

중부생활권 속 동구

동구는 중부생활권입니다. 남동구하고 연결되어 있고, 중구와도 연결되어 있습니다. 중간 역할을 하는데 도심이기 때문에 인구가 크게 증가하지는 않습니다. 기존 인프라들을 새것으로 바꾸는 정도의 역할만 하고 있다고 생각하면 될 것 같아요.

여기는 예전부터 1호선 라인이 있잖아요. 동인천역에서 시작해 서울로 가려는 1호선이 보통 지상철이기 때문에, 이 지상철 부

● 중부생활권

최초와 최고가 공존하는 한반도의 문화 중심지

2030
· 지역의 역사문화 자원을 활용한 원도심 활성화
· 도시 정비를 통한 새로운 도시환경 창출
· 공원 확충 및 광역교통 연계체계 강화

2040
· 52만명 ⇒ **55만명** (증 3만명)
· 기초생활인프라 1,757개소 ⇒ **1,774개소**
· 내항·남항 재생을 통한 원도심 활성화
· 역세권 입체·복합개발 유도
· 경인선 지하화 상부공간 녹지축 형성

주요 기초생활인프라 공급계획

분을 지하화하거나 뚜껑을 덮는 작업을 하기 위해 많이 노력하고 있습니다. 그래서 실제 뚜껑 역사를 개발한 지역들은 있어요. 그런데 대도시에 있는 역사 개발은 말 그대로 진짜 역사를 만든 것밖에 안 되거든요. 실질적으로 역사를 개발해서 사업성이 나올지 생각해봐야 합니다.

동구의 3가지 호재

일단 호재로 금송구역 주택재개발 사업, 동인천역 주변 도시재생 사업, 송림1, 2구역, 송림3구역, 화수화평구역 주택재개발사업, 송림6구역 도시환경정비사업 등이 있습니다.

● 동구 호재 한눈에 보기

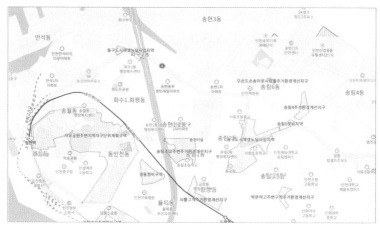

자료: 네이버 부동산

1 | 일자리

● 동구 공장 등록 현황

구 분	합 계	중 구	동 구	미추홀구	연수구	남동구	부평구	계양구	서 구	강화군	옹진군
업체 수	12,338	141	224	1,010	286	4,981	1,386	499	3,526	264	21

□ 군·구별 공장 등록 현황 (공장설립온라인지원시스템 2021. 3. 31. 기준, 단위: 개사)

일자리는 중구나 옹진군보다 많기는 하지만 공장이 232개거든요. 이게 일자리의 거의 전부가 아닐까 싶습니다. 실질적으로 조성 완료된 대형 산업단지도 조성 예정인 산업단지도 없습니다.

일자리가 크게 증가할 이유가 없다는 것이고, 오히려 줄어들고 있다고 해도 무리는 없을 것 같습니다. 인구가 줄고 있는 이유는 바로 그런 것들이니까요.

2 | 교통

● 동구 교통망 개발

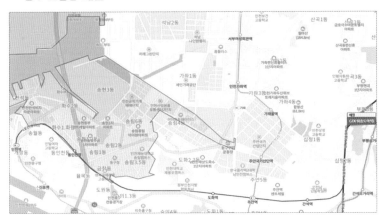

자료: 네이버 부동산

교통을 살펴보겠습니다. GTX-B가 여기를 스쳐 지나가죠. 스치기 때문에 동구와는 크게 상관은 없어요. 하지만 1호선 라인에 역이 생기면 환승을 할 수 있겠죠. 만약 인천지하철 1호선 내에서 환승을 할 수 있다고 하면 강남권에 가는 속도가 빨라지지 않을까 그런 것들을 기대할 수 있을 듯합니다.

3 | 새 주거시설

새 주거시설 구역은 다음 페이지 지도를 참고해주세요. 역세권 주변들은 아마 직장인들이나 신혼부부들이 좋아할 듯하고요.

기존의 도심들 있잖아요. 아파트 단지랑 붙어 있는 지역들 같은 경우는 기존에 이 지역에 살고 있는 사람들 혹은 외지에서 혹시 이곳으로 이사 올 사람들이 좋아할 입지라고 나눠보면 될 듯합니다.

● 동구 주거 호재

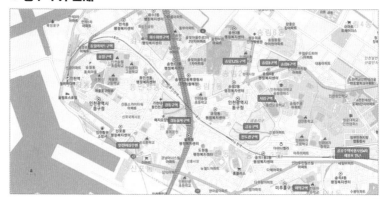

자료: 아실

상업시설에 주목해야 하는 동구

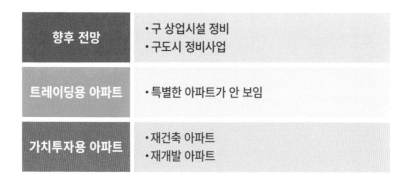

향후 전망	• 구 상업시설 정비 • 구도시 정비사업
트레이딩용 아파트	• 특별한 아파트가 안 보임
가치투자용 아파트	• 재건축 아파트 • 재개발 아파트

동구에는 정비하고 있는 상업시설들이 의외로 많습니다. 잘 정
비된 상업시설 덕에 최근에 활성화된 상업 지역이 나오기도 했고
요. 이런 이슈가 있는 지역들을 선점하는 것도 좋을 것 같고요.
상권이 확장될 여지가 있다고 하면 상권을 구매하고 투자하는 것
도 나쁘지 않습니다. 하나의 10년 동안의 방향성입니다.

또 하나 면적에 비해 많은 정비사업이 진행되고 있습니다. 재건축과 재개발, 주거환경 정비사업도 있죠. 게다가 상당히 진행된 상태이기 때문에 이 구역들이 다 정리되고 깔끔하게 정비사업이 끝날 때쯤이면 동구의 가치가 많이 올라와 있을 겁니다. 영종도 시세를 역전할 수는 없겠지만 중구의 웬만한 지역들보다는 높아질 겁니다. 그때는 아마 계양구의 웬만한 아파트보다 비싸질 수도 있습니다.

단타로 봐야 할 특별한 아파트는 없어요. 여기에 투자하느니 다른 지역에 투자하는 게 낫습니다.

가치투자형을 이야기하겠습니다. 재건축 아파트, 재개발 구역을 매수해도 큰 수익을 기대하기는 어려울 겁니다. 애초에 가격이 높지 않기 때문에 큰 수익을 낼 수는 없지만, 그래도 매수했던 금액보다는 더 올라갈 수 있을 겁니다.

이렇게 인천의 8개 구역을 다 분석했습니다. 지금까지 제가 말했던 포인트와 구별 단지와 호재를 현장에 가서 한번 확인해보는 것도 좋겠습니다. 특히 아파트를요.

가치를
끌어올리는
정비사업
동구 아파트 투어

인천 부동산의 미래는
서울 부동산의 미래와 함께 결정될 것입니다

『인천 부동산의 미래』를 마지막으로 정리하겠습니다. "인천광역시 입지의 스펙트럼이 다양해지고 있다."라는 이야기를 첫 번째로 했었고, 다시 한번 반복하는 겁니다. 그만큼 중요하니까 말입니다.

10년 전 빠숑 수첩 메모

중구 - 영종국제도시
연수구 - 송도국제도시, 연수지구
남동구 - 논현지구, 서창지구, 시청 소재지
부평구 - 삼산지구
계양구 - 계양신도시
서구 - 청라국제도시, 루원시티, 검단신도시

앞에서 10년 전의 메모를 이야기했어요. 2부에서 8개 구 분석까지 전부 마무리했으니, 다시 한번 살펴보겠습니다.

중구는 영종국제도시입니다. 영종국제도시는 10년 전에도 이슈였고, 지금도 이슈입니다. 무슨 이야기냐면 10년 후에도 영종국제도시는 이슈일 것 같다는 겁니다. 영원히는 아니지만 꽤 오랫동안 말이죠.

30년 동안 호재를 주는 것은 좋은 상품일까요, 나쁜 상품일까요? 실거주하는 사람에게는 나쁜 상품이겠죠. 이는 곧 기반이 부족하다는 이야기고 일자리가 부족하고 하는 이야기니까요. 그런데 기간이 길어지면 투자하는 사람에게는 좋은 겁니다. 들어갈 타이밍과 나올 타이밍이 명확하고 한 번 사이클을 놓쳐도 다음 사이클에서 해볼 수 있는 여지가 있거든요. 그러니 한 번이라도 주목해봤으면 좋겠습니다.

연수구 송도국제도시, 연수지구도 아직 호재가 안 끝났어요. 그러니까 이것도 30년 프로젝트가 되는 것이죠.

남동구 논현지구는 이미 에코메트로로 개발됐죠. 서창지구도 아파트가 들어갔죠. 시청 소재지도 거의 지금 끝났습니다. 남동구는 이미 도심이기 때문에 정비만 하면 되잖아요. 영종도, 송도는 신도시라 시간이 오래 걸리고, 남동구 같은 도심은 정비사업만 추진되면 빨리 완료된다는 것을 알 수 있습니다.

10년 전 부평구 삼산지구는 인기가 많은 지역이었지만 지금은 부평구에 다양한 지역들이 생기고 있죠. 말 그대로 다양한 스펙트럼이 생기고 있다. 그런 말씀이고요.

계양구에 있는 계양신도시라고 하는 계산동 등의 지역이 1990년대 아파트의 메인이었습니다. 계양구의 기존 신도시는 이제 이전 것이고, 신도시가 아닙니다. 우리는 이제 3기 신도시를 기다려야 합니다.

서구는 청라국제도시, 루원시티, 검단신도시일 텐데 10년 전에도 주목했었던 지역들입니다. 청라국제도시는 그래도 중반은 넘었고, 루원시티는 이제 입주를 시작하고 있죠. 검단신도시는 아직 분양 물량도 많이 남아 있습니다.

이렇듯 아직도 호재가 이어지고 있다는 사실을 알 수 있습니다.

지금 빠송 수첩 메모

시도	평단가(만 원)
연수구	2,124
부평구	1,650
인천광역시	1,619
남동구	1,528
서구	1,481
미추홀구	1,373
중구	1,363
계양구	1,329
동구	1,059
강화군	608

1. 연수구 - 송도국제도시
2. 부평구 - 7호선 라인
3. 남동구 - GTX-B 라인
4. 서구 - 청라국제도시, 검단신도시
5. 미추홀구 - 정비사업 몰린 지역
6. 중구 - 영종국제도시
7. 계양구 - 3기 신도시
8. 동구 - 정비사업 입지

지금의 빠숑 수첩 메모는 이렇게 적혀 있습니다.

연수구에서 주목할 것을 하나만 꼽으라고 하면 송도국제도시입니다. 갭투자도 송도국제도시에서, 장기 투자도 송도국제도시에서 하면 좋을 것 같습니다. 송도국제도시가 비싸다고 한다면 그 앞 동네, 즉 상대적으로 저렴한 지역에 투자해도 됩니다. 하지만 송도국제도시에 투자할 수 있는데 비싸다고 뒤쪽으로 하면 배가 아플지도 몰라요. 왜? 여기는 지금도 비싸지만 시세가 더 큰 폭으로 상승할 테니까요.

부평구는 7호선 라인에 있는 모든 호재를 받는 부동산은 놓치면 안 됩니다. 상가든 아파트든, 특히 새 아파트 위주면 좋을 것 같고요.

남동구는 GTX-B 라인, 2030년 이후에 개통되겠지만 그럼에도 불구하고 이 지역에 끊임없이 프리미엄을 줄 수 있는 가장 큰 호재이기 때문에 그렇습니다. 제가 일자리가 증가하는 라인과 연결되는 지역이 좋다고 이야기했잖아요. 인천은 일자리가 증가하는 라인이 많지 않습니다. 하지만 서울은 계속 일자리가 증가하고 있고, 일자리가 증가하고 있는 서울과 연결되는 교통망 라인은 무조건 좋습니다. 남동구는 그래서 좋은 입지고요.

서구 청라국제도시는 지금도 호재가 진행 중이고, 향후에도 호재는 계속 추가될 것입니다. 주거는 이미 많이 들어왔는데 일자리도 들어올 예정이기 때문에 그렇습니다. 검단신도시는 이제 시작이기 때문에 오르락내리락을 반복할 겁니다. 입주 물량이 많아지면 빠졌다가 마무리가 되면 또 올랐다가 내렸다가를 반복할 텐데, 그 패턴만 읽을 수 있다면 검단신도시는 굉장히 재미있는 투자처가 될 겁니다. 형광펜으로 별표 3개 해두세요.

미추홀구는 정비사업이 몰려서 좋아지는 입지들이 있죠. 정비사업 물량을 잡을 수 있으면 정말 좋겠지만 잡을 수 없다면 기존에 있는 좋은 아파트를 중단기 갭투자로 하는 것도 괜찮습니다. 미추홀구는 정비사업이 몰린 지역들을 보면 됩니다.

중구는 내륙의 정비사업도 있지만 그보다는 영종국제도시입니다. 오르고 내리기를 반복할 텐데 오르면 팔고 내리면 사고를 반복하면 좋겠습니다. 또 아파트가 들어와서 실제 입주하게 되면 거주민들이 많이 생기잖아요. 그럼 거주민들이 좋아할 만한 상가나 시설이 어디 생기는지도 한번 주목해볼 필요는 있습니다.

계양구는 3기 신도시가 계양구 전체의 프리미엄을 먹여 살릴 겁니다. 3기 신도시랑 경쟁하는 가장 좋은 방법이 뭐라고 했죠? 일단은 일자리가 많은 곳, 교통이 편리한 곳, 그리고 새 아파트, 하지만 3기 신도시 단지들이 월등히 크니까 경쟁이 어렵잖아요. 평수에 주목해주세요. 3기 신도시에 20평대가 많다고 이야기했습니다. 결국 우리는 입지가 괜찮고 30평대 아파트 단지가 많은 곳의 물량들을 공략하는 것이 계양구를 활용하는 방법입니다.

동구는 정비사업 입지만 보면 됩니다. 아파트 갭투자는 국가대표급 단타 투자 전문가가 아니면 하지 마시고요. 따라서 정비사업에만 집중하면 좋을 듯합니다.

이렇게 해서 『인천 부동산의 미래』를 마무리했습니다. 연수구, 부평구, 남동구, 서구, 미추홀구, 중구, 계양구, 동구 순으로 다뤘는데, 직접 방문할 때 꼭 이 순서대로 방문할 필요는 없습니다. 꼭 봐야 할 포인트도 짚어보았으니 반드시 확인해보고요.

그리고 인천 부동산을 분석한 방법으로 부산이나 광주, 대전이나 울산 등 지역들도 분석해보기를 바랍니다. 다른 광역시들도 크게 다르지 않을 겁니다.

● **기간별 관심을 가질 인천 부동산**

장기 (10년)	• 송도, 청라, 영종 신도시 • GTX-B 라인 광역 교통망 • 계양신도시(3기 신도시)
중기 (5년)	• 입지 좋은 기존 아파트 • 재건축 · 재개발
단기 (1년)	• 시세 변동성 큰 아파트 • 각종 분양권

마지막으로 기간별 관심을 가질 인천 지역을 다시 한번 짚어보겠습니다.

장기 10년이라면 송도, 청라, 영종. 이 지역들은 끊임없이 기회를 줬다 뺏었다 합니다. GTX-B는 다행히 개통 시기가 밀리는 바람에 우리에게 투자 기회를 준 것이나 다름없습니다. 그리고 계양신도시(3기 신도시)도 주목해야 합니다.

중기 5년으로는 입지 좋은 기존 아파트 단기 갭투자가 있습니다. 다만 입주 물량이 몰릴 때는 피해야 해요. 가격이 빠지면 그때 들어가는 겁니다. 그리고 재건축·재개발 입주권은 중기로 보고 실제 준공돼서 등기 치기 전까지 판다 하더라도 괜찮은 상품이기도 합니다.

단기로 봐야 할 것들이 있죠. 일단 거래할 수 있는 분양권은 단기가 더 좋습니다. 다만 변동성이 큰 아파트여야 하는데 시세가 저렴한 것들은 너무 싸기 때문에 변동 폭이 크지 않습니다. 오히려 시세가 비쌀수록 변동 폭이 크기 때문에 과거에 에이스였던 것들을 보면 됩니다. 제가 과거 랜드마크부터 다 짚어봤잖아요. 그런 것들 위주로 본다면 인천은 투자할 물건들이 생각보다 많습니다. 또 수요가 몰렸다 안 몰렸다를 반복하는 입지이기 때문에 그 사이클만 읽을 수 있다면 굉장히 좋은 단기 투자 상품도 많습니다.

이제 인천은 인천만의 수요를 고려하는 지역이 아닙니다. 광역화된 지역이고, 특히 서울과 경기도의 보조 역할이 점점 더 커지고 있습니다. 결국 인천 자체 수요, 서울과 경기의 연계 수요를 지속해서 추적하게 되면 인천 부동산의 미래는 누구나 상상할 수 있을 겁니다.

그 길에 스마트튜브 김학렬 소장이 늘 함께하겠습니다.

인천광역시로 다 함께 떠나시죠!

여러분들의 부동산 투자력을 퀀텀 점프하게 할
스마트튜브와 빠숑 김학렬 소장의 콘텐츠

- **네이버 블로그 - 빠숑의 세상 답사기**
  blog.naver.com/ppassong

- **네이버 카페 - 스마트튜브 부동산조사연구소**
  cafe.naver.com/ppassong

- **네이버 프리미엄 콘텐츠 - 스마트튜브 부동산조사연구소**
  contents.premium.naver.com/smarttube/ppassong

- **유튜브 - 빠숑의 세상 답사기**
  www.youtube.com/channel/UCKosTo5bqKm4v264z2zDnFQ

- **대한민국 1위 부동산 강의 플랫폼 - 스마트튜브 경제아카데미**
  www.smarttube.kr

인천
부동산의
미래

초판 1쇄 발행 2022년 7월 21일
초판 9쇄 발행 2022년 8월 18일

지은이 스마트튜브(소장 김학렬)
펴낸곳 원앤원북스
펴낸이 오운영
경영총괄 박종명
편집 최윤정 김형욱 이광민 양희준
디자인 윤지예 이영재
마케팅 문준영 이지은 박미애
등록번호 제2018-000146호(2018년 1월 23일)
주소 04091 서울시 마포구 토정로 222 한국출판콘텐츠센터 319호 (신수동)
전화 (02)719-7735 | **팩스** (02)719-7736
이메일 onobooks2018@naver.com | **블로그** blog.naver.com/onobooks2018
값 23,000원
ISBN 979-11-7043-326-2 03320